CB127156

CIDADANIA DIGITAL

CONSELHO EDITORIAL

Ana Paula Torres Megiani
Andréa Sirihal Werkema
Eunice Ostrensky
Haroldo Ceravolo Sereza
Joana Monteleone
Maria Luiza Ferreira de Oliveira
Ruy Braga

CIDADANIA DIGITAL

A CONEXÃO DE TODAS AS COISAS

Marina Magalhães
Massimo Di Felice
Thiago Franco
(Orgs.)

FAPEAM
Fundação de Amparo à Pesquisa do Estado do Amazonas

Alameda

Copyright © 2023 Marina Magalhães, Massimo Di Felice e Thiago Franco

Grafia atualizada segundo o Acordo Ortográfico da Língua Portuguesa de 1990, que entrou em vigor no Brasil em 2009.

Edição: Haroldo Ceravolo Sereza & Joana Montaleone
Projeto gráfico, diagramação e capa: Larissa Nascimento
Assistente acadêmica: Tamara Santos
Revisão: Alexandra Colontini, Adriano Clayton da Silva, Marina Magalhães de Morais e Aline Cristina Vilela
Imagem da capa: Pixabay

CIP-BRASIL. CATALOGAÇÃO-NA-FONTE
SINDICATO NACIONAL DOS EDITORES DE LIVROS, RJ

C51

Cidadania digital : a conexão de todas as coisas / organização Marina Magalhães, Massimo Di Felice, Thiago Cardoso Franco. - 1. ed. - São Paulo : Alameda, 2023.

431 p. ; 21 cm.

Inclui bibliografia
ISBN 978-65-5966-174-9

1. Tecnologia e civilização. 2. Mudança social. 3. Comunicações digitais - Aspectos sociais. I. Magalhães, Marina. II. Di Felice, Massimo. III. Franco, Thiago.

23-83729 CDD: 303.4833
CDU: 316.772.4

Meri Gleice Rodrigues de Souza - Bibliotecária - CRB-7/6439

ALAMEDA CASA EDITORIAL
Rua Treze de Maio, 353 – Bela Vista
CEP: 01327-000 – São Paulo – SP
Tel.: (11) 3012-2403
www.alamedaeditorial.com.br

AMAZONAS
GOVERNO DO ESTADO

WILSON MIRANDA LIMA
Governador do Estado do Amazonas

SECRETARIA DE
DESENVOLVIMENTO ECONÔMICO, CIÊNCIA, TECNOLOGIA E INOVAÇÃO

Marco Antônio de Oliveira Villela
Secretário de Desenvolvimento Econômico, Ciência, Tecnologia e Inovação - SEDECTI

FAPEAM
Fundação de Amparo à Pesquisa do Estado do Amazonas

Márcia Perales Mendes Silva
Diretora-Presidente da Fundação de Amparo à Pesquisa do Estado do Amazonas

Esta obra foi financiada pelo Governo do Estado do Amazonas com recursos da Fundação de Amparo à Pesquisa do Estado do Amazonas – FAPEAM.

Sumário

PREFÁCIO

Massimo Di Felice[1]

A nossa época é marcada por uma ruptura epistêmica que se expressa por uma alteração da nossa condição habitativa. Isto é, por um particular tipo de transformações que não acontecem apenas num mundo externo ou nas esferas das nossas percepções. As mudanças climáticas, a pandemia e as formas de conectividade produzidas pelas últimas gerações de redes digitais nos fizeram mudar de mundo. Deixamos de habitar somente cidades, países e nações e passamos a ser parte de um organismo vivo denominado Gaia e a residir num mundo infecto e conectado. Somos parte de uma complexidade hologramática. Não temos mais "ambiente" (*ambire, ambito*) externo nem apenas realidades internas. Habitamos e somos habitados. Não há onde aterrissar, pois nosso planeta é flutuante (*ukiyo*) e nosso modo de existência é temporário e impermanente. O que agora se parece sólido e material logo se desmanchará no ar.

A transformação em dados das biodiversidades, das coisas, dos territórios, do conhecimento e de todos as diversas partes do nosso mundo nos projeta num outro tipo de complexidade. Nes-

1 Professor titular da Escola de Comunicação e Artes da Universidade de São Paulo (ECA/USP). Doutor em Ciências da Comunicação pela USP, com pós-doutorado em Sociologia pela Universidade Paris Descartes V, Sorbonne. Fundador do Centro Internacional de Pesquisa Atopos. E-mail: massimo.atopos@gmail.com.

ta, temos acesso às materialidades e à natureza através de dispositivos de algoritmos e de plataformas digitais que, ao criarem ecologias de interações, produzem um inédito tipo de comum, caracterizado por um outro tipo de comunicação no qual cada entidade, orgânica e inorgânica, assume, ao lado de sua materialidade, o formato de informação, altera sua condição originária podendo conectar-se com as demais. Ao lado da expansão e da alteração da morfologia do social numa perspectiva não mais apenas delimitada aos cenários do agir dos humanos, o processo de datificação torna possível a alteração das sequências informativas das materialidades, orgânica e inorgânica, permitindo, assim, a superação da concepção ontológica que reduziu historicamente as florestas, as biodiversidades, a objetos inanimados e matéria-prima, permitindo a destruição ilimitada da mesma e a redução de suas naturezas ao uso.

Estes conjuntos de processos e de transformações desafiam nossa episteme nos alertando para a urgente necessidade de reformular a nossa ideia de cidadania, historicamente limitada aos direitos e ao agir dos humanos. Ao mesmo tempo, tal nova complexidade emergente e conectiva, promovida pela datificação e pelas últimas gerações de redes, nos convida para a superação de uma ideia midiática e industrial da comunicação em que está a base da época capitalocênica. Substituir a lógica disseminativa midiática e antropocêntrica por uma ideia ecológica e conectiva do comunicar é um dos pressupostos indispensáveis para a superação da cultura e da economia antropocênica. Longe de ser uma tarefa disciplinar, este desafio epistêmico será possível somente através da sinergia de diversos saberes e da positiva influência de formas de conhecimento não ocidentais. Uma cidadania e um saber conectados. Uma cidadania e uma comunicação não mais urbanas e antropocêntricas, mas uma cidadania e uma comunicação Amazônicas.

O III Congresso Internacional de Cidadania Digital, idealizado pelo Centro Internacional de Pesquisa Atopos e desenvolvido em parceria com a Universidade Federal do Amazonas (UFAM), é um desses esforços de pensar este desafio, ao lançar como tema "A comunicação da floresta e a conexão de todas as coisas". Realizado na Amazônia, centro do mundo, em novembro de 2022, o evento reuniu centenas de pesquisadores de diversas áreas de conhecimento e latitudes do mundo (Brasil, Portugal, Argentina, México, Itália, Canadá etc.) em torno de temas como os processos de participação e as práticas ecológicas construídas através das tecnologias digitais, as cosmologias amazônicas, a concepção comunicativa dos povos ameríndios, o net-ativismo, a educação e as perspectivas da comunicação na cidadania digital.

Este livro é o resultado da busca por juntar visões de diversas áreas que apresentam relatos desta mudança que caracteriza a passagem deste novo milênio.

Notas sobre o net-ativismo e a cidadania digital: uma introdução à obra

Thiago Franco[1]

Marina Magalhães[2]

Este livro coletivo foi organizado como proposta complementar ao III Congresso Internacional de Cidadania Digital, um espaço transdisciplinar criado no coração da Amazônia, nas cidades de Manaus e Parintins (AM), para debater o tema "A comunicação da floresta e a conexão de todas as coisas". As con-

1 Professor permanente do Programa de Pós-graduação Interdisciplinar em Direitos Humanos. Doutor em Ciências da Comunicação pela Escola de Comunicações e Artes da Universidade de São Paulo (ECA/USP). Pesquisador integrado ao Centro Internacional de Pesquisa Atopos e ao Sostenibilia (Osservatorio Internazionale di Teoria Sociale Sulle Nuove Tecnologie e la Sostenibilità), da Sapienza Università di Roma. E-mail: thiagofranco@ufg.br.

2 Professora Adjunta do Curso de Comunicação Social/Jornalismo da Universidade Federal do Amazonas (ICSEZ/UFAM). Doutora em Ciências da Comunicação pela Universidade Nova de Lisboa (Portugal). Pesquisadora integrada ao Centro Internacional de Pesquisa Atopos, ao Núcleo de Estudos de Linguagens da Amazônia (NEL-Amazônia) e ao Instituto de Comunicação da Universidade Nova de Lisboa (ICNOVA). E-mail: marinamagalhaes@msn.com.

ferências, exposições de *cases* e mesas coordenadas apresentadas durante o evento, promovido entre os dias 21 e 25 de novembro de 2022, na Universidade Federal do Amazonas (UFAM), foram transformadas em textos que buscam analisar as relações comunicativas com o ambiente.

Tais relações passam pelos entes, pelas cosmologias ocidentais e não-ocidentais, pelos atores humanos e não-humanos, pelos diversos povos, levando em consideração o antropocentrismo, as comunidades e grupos em situação de minoria ou vulnerabilidade social, a partir da perspectiva do estudo das redes, do net-ativismo (DI FELICE, 2017; FRANCO, 2019; FRANCO et al. 2020a; FRANCO et al. 2020b; MAGALHÃES, 2018; 2021) e da cidadania digital (DI FELICE, 2020). Logo, a partir de perspectivas diversas, são estudadas e analisadas quanto à qualidade da informação, às ações ativistas empreendidas, aos mecanismos de acesso à informação, aos espaços de voz e registro da memória, entre outros recortes que compõem o debate da cidadania digital no âmbito multidisciplinar.

Para começar, cumpre situar o net-ativismo, conceito que atravessa essa obra e deve ser observado como fenômeno distribuído em redes de computação móvel, no uso de *boots* e na análise de Big Data. É uma posição aprofundada em relação ao conceito de ativismo nas redes sociais (CASTELLS, 2013) ou ciberativismo, ou ainda webativismo, estes últimos atrelados à Internet 1.0 e 2.0. Desse modo, o net-ativismo é uma manifestação ecológica e/ou reticular, que envolve o orgânico e o inorgânico, perante sua legitimidade. Essa manifestação, em alguns casos, surge como uma associação involuntária, um protesto cibernético que emerge *em* forma de rede e *nas* redes digitais, geralmente em nome de uma causa, e pode ir às ruas espalhada em múltiplas bandeiras. Ocorre independentemente da posição política. Está relacionada a uma prática e a um comportamento que envolvem tecnologias, algoritmos, inteligências cibernéticas, humanos e não humanos, no uso e no contexto de atores reivindicantes.

Basicamente, este livro acolhe reflexões sobre tecnologias, inteligências, não-humanos, em consonância com as comunidades tradicionais e com a floresta Amazônica. Como ponto em comum, os textos apresentam aspectos da vida em rede. Também abordam as paisagens antropocêntricas, digitais e da floresta conectadas por diversidades cosmológicas.

O presente projeto coletivo também é resultado de um provocação importante, embasada no manifesto da Cidadania Digital apresentado à União Europeia, em 2018[3], e na Assembleia Geral da Organização das Nações Unidas (ONU) em Nova Iorque (EUA), em 2019. Professores e pesquisadores de centros de pesquisa de diferentes países, juntaram-se em torno dessa temática atual para o debate promissor sobre a descentralização da figura humana ocidental, os desafios tecnológicos e ambientais, em meio a um mundo hiperconectado. Levamos em consideração o fato de nossa era estar caracterizada por uma importante transformação de formas subjetivas e humanísticas de interação/interatividade da cidadania para formas digitais, algorítmicas e infoecológicas de participação e vida (DI FELICE, 2020).

Embora seja um fenômeno crescente, com inúmeros textos sobre o digital, há poucos estudos no Brasil que abordam o processo a partir de uma perspectiva ecológica das redes, das florestas (PEREIRA, 2013), dos povos originários, o que parece tornar ainda mais relevante a pertinência deste livro.

3 O documento pode ser encontrado no seguinte endereço: https://www.cittadinanzadigitale.com.br/. Acesso em: 18 nov. 2018.

As redes de dados e arquiteturas de conexão estão sob formas distribuídas de inteligência, capazes de conectar entidades diversas. Desse modo, não vivemos mais apenas sob as fronteiras de países, cidades ou nações, mas por intermédio dos modos de conexão que estão distribuídos por toda a biosfera, que atravessam paisagens, florestas, de uma maneira muito particular, como um *transiti*, para usar uma expressão conceitual de Perniola (1985).

A corrente ecológica das redes leva em consideração algumas perspectivas fundamentais: as conexões ecologias (BATESON,1985); a crise ecológica global, que se manifesta na emergência de Gaia e na possível definição de uma nova época geológica; o Antropoceno (LATOUR, 2015), ou ainda melhor, uma crítica antropocênica, o *Chthulucene* (HARAWAY, 2016).

Nesse contexto, entende-se Gaia como um emaranhado de redes dispersas que coloca em questão os dualismos clássicos entre homem/ambiente, natureza/cultura, de acordo com Latour (2001; 2004; 2012). Sendo assim, a ecologia das redes deve abranger entre as interações a serem estudadas não apenas os processos humanos, mas os não-humanos, incluindo os tecnológicos.

Diante desse desafio, a rede de reflexões composta neste livro conta com 19 capítulos, escritos por um ou mais autores, divididos em cinco seções: 1) Para pensar o Antropoceno; 2) Cosmologias amazônicas; 3) A conexão de todas as coisas; 4) Educação na cidadania digital e 5) Perspectivas da comunicação para a Cidadania Digital.

A primeira parte do livro, intitulada *Para pensar o Antropoceno*, começa com o texto de Massimo Di Felice, "A cidadania digital e a complexidade amazônica (ideias para acelerar o fim do Antropoceno)", no qual ele reflete sobre o Antropoceno como produto do pensamento ocidental e busca nas redes amazônicas inspiração para um novo paradigma epistêmico. Em seguida, em "Compreender e agir no Antropoceno", Lucia Santaella parte de uma noção ampla e inclusiva de semiosfera para entender suas relações com os problemas a serem enfrentados no Antropoceno, em especial na Amazônia. Derrick de Kerckhove, no capítulo "O coração quântico da Amazônia", aborda a física quântica e seus impactos na cultura atualmente, enquanto Thiago Franco pensa os "Caminhos não-ocidentais compartilhados e a experiência do digital" a partir do caso da etnia Krahô.

Em *Cosmologias amazônicas*, segunda parte da obra, Maria Audirene de Souza Cordeiro abre o debate sobre outros modos de ser e viver com o texto "A amazonização do pensamento como re-existência decolonial", no qual dialoga com dados etnográficos acerca das práticas de cura não institucionalizadas no Baixo Amazonas. No capítulo "Genealogia e perspectivas epistemológicas da comunicação indígena digital no Brasil", Eliete da Silva Pereira reflete sobre a interação dos povos indígenas com os dispositivos e as linguagens midiáticas após o surgimento da Internet, descrevendo as experiências ou casos indígenas mais marcantes e as perspectivas epistemológicas dos estudos sobre essas experiências. Em "A comunicação digital indígena", Ariene Susui aborda o conceito em questão e as metodologias para estudá-lo enquanto pesquisadora indígena (do Povo Wapichana). Na mesma vertente, Josias Ferreira de Souza apresenta, no texto "Experiências Sateré-Mawé no uso das tecnologias digitais", como o seu povo se apropria dessas tecnologias no processo comunicacional e na luta por seus direitos. Por fim, em "Tecnologias de tradução como ponte para a cidadania dos povos indígenas não falantes do português", Adriano Clayton da Silva,

Suanny Beatriz S. Lira e Francy Wotete abordam a importância de construir, em colaboração com as tecnologias digitais, processos e conhecimentos que auxiliem comunidades falantes de línguas minoritárias/ameaçadas na ampliação e fortalecimento de tais línguas.

Na terceira parte, *A conexão de todas as coisas*, José Alberto Sánchez Martínez propõe um debate que toma a cidadania digital como centro de reflexão em "Ecología política de la ciudadanía digital: Reflexiones para América Latina". Já no texto "A participação em rede na cidadania digital: experiências net-ativistas dez anos após as Jornadas de Junho de 2013", Marina Magalhães, Matheus Soares M. Cruz e Marcella S. Faria-Santos discutem a relação entre as mobilizações net-ativistas e a cidadania digital a partir de movimentos recentes – Black Lives Matter, Me Too, Coletes Amarelos, Protestos da folha em branco e os Protestos Feministas no Irã. No capítulo "As ecologias transorgânicas e conectivas do cuidado (e da saúde) digital", Silvia Surrenti propõe uma releitura do debate da saúde e do cuidado em novos termos e conexões. Na conclusão da terceira parte, Suzana Gilioli da C. Nunes, Mariana Lacerda B. Melo, Janete M. Gomes e Rodrigo José L. Almeida apresentam reflexões sobre "O fortalecimento dos direitos e garantias constitucionais por meio do portal da Transparência do Estado do Tocantins".

Educação na cidadania digital, quarta parte da obra, começa pelo capítulo "Uma outra universidade possível: perspectivas pós-pandêmicas, epistemes e saber tradicional", de autoria de Teresa Neves, Eli Borges Jr. e Marcelo Rodrigo da Silva, que trata da crise do ensino superior como uma crise na relação entre pensamento e seu lugar no contexto universitário. Na sequência, Eliane Schlemmer aborda as novas formas de habitar a educação frente às novas arquiteturas de conhecimento em "Metaversos e novos mundos numa ecologia de inteligências: o habitar da cidadania digital na educação OnLIFE". Já no texto "Futuro da educação: seleção de indicadores do PNE 2014-2024 e sugestões de aportes da perspectiva reticular para a próxima década", André Dalla Pozza e Gustavo V. Costa analisam dados oficiais sobre a educação brasileira nos seus diferentes níveis e modalidades, com sugestões que atentam aos aspectos epistemológicos da cultura digital em favor de um modelo mais reticular de educação.

Na quinta e última parte do livro, *Perspectivas da comunicação para a cidadania digital*, Eli Borges Jr., Bruno Madureira Ferreira e Rita Nardy abrem a discussão em torno do design, suas conexões e agenciamentos, com o capítulo "Pensando o design como prática de conexão com Gaia: uma introdução". No campo do jornalismo, Evandro J. M. Laia, Lara L. Guimarães e Adriana Bravin contribuem para o debate com o texto "Jornalismos possíveis: comunicação pelo equívoco e traduções de mundo", no qual abordam a experiência de um jornalismo no plural, entendido de forma ampla como tradução de mundos e motor da imaginação de outras comunicações possíveis. Por fim, o último artigo do livro, "Jornalismo de soluções como estratégia para conquistar a audiência", de autoria de Antonio Simões, mostra como esta abordagem pode contribuir para recuperar o interesse da população pelos relatos jornalísticos, fomentar e dar visibilidade às práticas cidadãs.

Que a rede de reflexões transdisciplinares reunidas neste livro ofereça novos caminhos para pensar – e habitar – Gaia.

Referências

BATESON, G. *Pasos hacia una ecología de la mente*. Buenos Aires, Argentina: Carlos Lohlé, 1985.

CASTELLS, M. *Redes de indignação e esperança*: movimentos sociais na era da internet. Tradução Carlos Alberto Medeiros. Rio de Janeiro: Zahar, 2013.

DI FELICE, M. *A cidadania digital*: a crise da ideia ocidental de democracia e a participação nas redes digitais. São Paulo: Paulus, 2020.

________. *Net-ativismo*: da ação social para o ato conectivo. São Paulo, SP: Paulus, 2017.

FRANCO, T. *Ameríndios conectados*: As formas comunicativas de habitar e narrar o mundo, de acordo com as imagens dos modernos e dos Krahô. ECA, 2019. 350f. Tese (Doutorado) – Escola de Comunicações e Artes da Universidade de São Paulo, São Paulo, SP.

FRANCO, T.; DI FELICE, M.; PEREIRA, E. O net-ativismo indígena na Amazônia, em contextos pandêmicos. *Estudos em Comunicação*, v. 31, p. 109-131, 2020a.

FRANCO, T.; SILVA, M. R. Cosmofagia e net-ativismo indígena brasileiro, durante a pandemia da Covid-19. *Revista Latinoamericana Comunicación Chasqui*, v. 145, p. 181-196, 2020b.

HARAWAY, D. *Staying with the Trouble*: Making Kin in the Chthulucene. Durham: Duke University Press, 2016.

LATOUR, B. *Esperança de pandora*. Bauru, SP: EDUSC. 2001.

________. *Politics of nature*: How to bring the sciences into democracy. Cambridge, Mass: Harvard University Press, 2004.

________. *Reagregando o Social*. Bauru, SP: EDUSC/ Salvador, BA: EDUFBA, 2012.

________. *Face à Gaïa*: huit conférences sur le Nouveau Régime Climatique.

Paris: La Découverte, 2015.

MAGALHÃES, M. *Net-Ativismo*: protestos e subversões nas redes sociais digitais. Lisboa: ICNOVA, 2018.

________. *"Nossos sonhos não cabem nas urnas"*: a crise da política e o net-ativismo. João Pessoa: Marca de Fantasia, 2021.

PEREIRA, E. S. *O local digital das culturas* – as interações entre culturas, mídias digitais e territórios. ECA, 2013. 295f. Tese (Doutorado) – Escola de Comunicações e Artes da Universidade de São Paulo, São Paulo, SP.

PERNIOLA, M. *Transiti*. Come si va dallo stesso allo stesso. Bologna: Cappelli, 1985.

PARTE I

PARA PENSAR O ANTROPOCENO

A cidadania digital e a complexidade amazônica (ideias para acelerar o fim do Antropoceno)

Massimo Di Felice[1]

Bem-vindos ao III Congresso Internacional de Cidadania Digital. Bem-vindos à floresta amazônica e à cidade de Manaus. Bem-vindos a um dos lugares mais vivos do planeta. Bem-vindos a um dos lugares com a maior biodiversidade do planeta. Bem-vindos ao lugar com a maior diversidade linguística do continente. Bem-vindos à fronteira principal da batalha entre a vida e o Antropoceno, entre o conservadorismo e o futuro. Bem-vindos ao novo centro epistêmico do mundo.

A episteme antropocênica

P. Crutzen, ganhador do prêmio Nobel de Química em 1995, utilizou o termo "Antropoceno" num artigo publicado em janeiro de 2002, na revista *Nature,* intitulado "Geology of

1 Professor titular da Escola de Comunicação e Artes da Universidade de São Paulo (ECA/USP). Doutor em Ciências da Comunicação pela USP, com pós-doutorado em Sociologia pela Universidade Paris Descartes V, Sorbonne. Fundador do Centro Internacional de Pesquisa Atopos. E-mail: massimo.atopos@gmail.com.

Mankind", no qual considerava o advento da revolução industrial como o começo de uma nova época geológica. Se o holoceno – período sucessivo à última era glacial, iniciado há cerca de 12 mil anos – caracterizou-se pelo começo da sedentarização e pelo advento da agricultura, que contribuíram para a estabilização da espécie humana no planeta, com a máquina a vapor e a formação do processo industrial a espécie humana se tornou agente geológico: passou a atuar no subsolo e não mais apenas na superfície do planeta.

Seria, de fato, somente a partir da revolução industrial que assistiríamos ao começo de uma nova época da terra, na qual aparece uma mudança nas assinaturas geoquímicas dos fósseis, isto é, surge um novo tipo de fóssil criado pela interação tecnológica do humano com os minerais. Este novo tipo de tecno-fósseis, como o alumínio metálico e o plástico, entre outros, seriam a expressão de um novo formato de ecologia, resultante da formação de uma geologia tecnologizada, produzida pela interação complexas entre diversos agentes.

Em seu último livro, *Novaceno*, J. Lovelock identifica, metaforicamente, como fundadores do Antropoceno Thomas Newcomen, o inventor da máquina a vapor, e Guglielmo Marconi, inventor do telégrafo sem fio, cuja disseminação foi responsável pela aceleração das comunicações e de todos os processos econômicos e socias. Portanto, para Lovelock, o Antropoceno seria gerado pela sincronia de dois fenômenos: a utilização da energia solar para gerar movimento – por meio da máquina a vapor, que ao queimar o carvão libera a antiga energia solar armazenada na madeira fóssil, gerando calor – e a aceleração das informações – através da sua disseminação pelo ar por ondas eletromagnéticas.

Ao lado dos aspectos geológicos, tecnológico-comunicativos e produtivos, a passagem do holoceno à era do Antropoceno coincide, também, com um incremento exponencial da população humana no planeta.

Calcula-se que, na época de Cristo, a população chegava a beirar os 170 milhões de indivíduos, subindo para o ano 1000 com cerca de 250 milhões, chegando a alcançar um bilhão apenas no começo do século XIX, isto é, no início da época industrial. Hoje, e em particular na última semana, a espécie humana superou a marca de 8 bilhões, tornando evidente o crescimento exponencial que se determinou depois da revolução industrial, com a expansão do conhecimento científico e o progresso da medicina e das tecnologias modernas.

Além de seu aspecto demográfico e daquele tecnológico, comunicativo e produtivo, o Antropoceno configura-se, também, como produto de uma visão de mundo específica. O que pretendo afirmar, no limite da brevidade e do formato desta apresentação, é que a atual era geológica denominada Antropoceno é o resultado, a plena e madura expressão, da episteme ocidental. A partir desta perspectiva, o advento do Antropoceno não seria apenas a consequência de um modelo de relação predatória entre o humano, a técnica e o meio ambiente. Nem seria somente o resultado de um modo de produzir e de consumir. O Antropoceno é também, e geneticamente, produzido por um modo específico de pensar, pela expressão de uma forma particular de conhecimento. Em outras palavras, o Antropoceno é a criação da nossa episteme e o produto da episteme ocidental.

Desde o seu processo de formação na Grécia Antiga, a episteme ocidental inventa um tipo específico de ecologia, baseada na separação ontológica entre o humano, a natureza (*physis*) e a técnica (*tékhne*). É esta episteme que descreve a realidade ontologicamente, procurando a essência das coisas e produzindo oposições identitárias entre nós, as biodiversidades e a técnica, a gerar a ideia da atuação do humano sobre o mundo, considerando este último como realidade externa. Em outras palavras, é este tipo de episteme a representar uma ecologia da ação na qual o humano não é parte de um mundo, mas atua sobre ele para realizar suas finalidades e cumprir sua jornada, enquanto único ser comunicante e capaz de discernimento (Aristóteles).

Dada esta consideração, é importante entender que a época do Antropoceno é produto de uma narração que gera um fazer e que descreve a geometria de uma ação vetorial do humano em direção ao seu externo, desenvolvendo tecnologias portadoras de um impacto ambiental devastador.

A parte da humanidade que é responsável por isso é aquela que criou o modelo industrial e o modo de produção capitalista. Antes, na Europa, e depois, exportado para o mundo inteiro. As caraterísticas deste modelo, além de seus aspectos tecnológicos, econômicos e comunicativos, residem numa concepção e num tipo de saber específicos, que se originam na Grécia Antiga e que marcam a história de todo o ocidente.

A cidadania antropocênica

A episteme ocidental criou um formato de sociedade composto apenas por humanos e uma ideia de cidadania reduzida aos membros da polis, isto é, aos sujeitos moradores das cidades. Esta concepção antropomórfica de cidadania caracteriza e orienta toda a história social e política do ocidente, tornando-se uma sua peculiaridade disseminada em muitos países, através do colonialismo e da difusão das universidades.

A evolução histórica viu primeiro na forma da cidadania romana, e depois naquela burguesa, inglesa e iluminista, os seus principais momentos. Embora seus formatos e caraterísticas tenham se modificado, não houve uma alteração da sua morfologia antropocêntrica, a qual delimita a participação na vida pública e coletiva apenas aos indivíduos pertencentes à espécie humana.

Esta ideia de cidadania, produto de uma episteme específica, a ocidental, baseada em suas representações filosóficas, inventa uma ecologia caracterizada pela separação do sujeito do objeto, e pela distinção ontológica entre o humano, a técnica e a natureza. Os pressupostos de tal cidadania são o reconhecimento dos direitos apenas aos "antropos" e a consequente negação de qualquer forma de participação e de protagonismo à biodiversidade, à técnica, às florestas e às outras entidades. A própria construção dos muros que cercam a polis e separam os cidadãos do mundo externo, além dos óbvios motivos de defesa, encontra sua justificação na ontologia separatista que reivindica a primazia e a superioridade da espécie humana, criando a sua dimensão urbana como alternativa àquela da floresta e dos biomas.

A expulsão das biodiversidades e da técnica do convívio humano e das arquiteturas da polis é o pressuposto para a criação de uma forma de governança centrada apenas na inteligência dos humanos e por meio do debate de ideias (polemos) limitado a suas escolhas. A relação entre o modelo ocidental de cidadania e o Antropoceno está, exatamente, na condivisão do mesmo pressuposto e na comum ilusão que levou ambos a acreditar na autonomia do agir humano e na unidirecionalidade do seu agir. Ao considerar o ambiente como objeto e a técnica como instrumento (*tékhne* aristotélica), a episteme ocidental atribui à política e ao fazer o significado da ação autônoma do sujeito sobre o mundo, considerando apenas o humano como o dono do poder deliberativo e do agir. Logo, como o Antropoceno, a ideia ocidental de cidadania baseia-se na ideia do poder exclusivamente humano do agir e numa ecologia submetida e vítima desse agir isolado.

Como é conhecido, a ideia do Antropoceno encontra diversas críticas a partir do questionamento de seus pressupostos:

> O Antropoceno tornou-se o mais importante – e também o mais perigoso – conceito ambientalista da nossa época. (...) O aquecimento global não é a realização de uma humanidade abstrata, o Anthropos. O aquecimento global é o coroamento do capital. O aquecimento global é capitalogênico. (MOORE, 2016, tradução minha)

O teor da crítica ao conceito de Antropoceno tem sua razão na própria concepção simplificada de ação nele embutida.

> A ideia popular do Antropoceno é apenas a última de uma longa série de conceitos ambientais cuja função é negar a violência multiespécie e a desigualdade do capitalismo e afirmar que os problemas criados pelo capital são de responsabilidade de todos os seres humanos (...) O capitaloceno é, portanto, uma manobra conceitual e metodológica chave para repensar o capitalismo "como um complexo historicamente situado de metabolismos e conjuntos" (HARAWAY et al., 2015, 21). Este complexo inclui – mas não pode ser reduzido a – o circuito de reprodução estendida do capital. A virtude do conceito em relação às suas alternativas é o seu enfoque histórico-relacional. (MOORE, 2016, tradução minha)

A cidadania antropocênica pensa o mundo e suas ecologias como o espaço de ação e o palanque do agir do ator humano que, enquanto produz e gerencia a ação, se torna o responsável único e solitário.

A complexidade amazônica

O começo deste terceiro milênio é marcado por uma ruptura epistêmica. Uma passagem paradigmática – para usar os termos que T. Khun nos apresenta –, como sempre acontece com uma alteração epistêmica e linguística. A história da ciência e do conhecimento é repleta desses momentos. Continuamente, o conhecimento científico renova-se e altera-se, modificando-se ou, como em alguns casos, trocando até seus pressupostos e paradigmas, conforme sugerido por T. Khun. Este processo natural de alteração e de ruptura interessa não somente às ciências nomotéticas, mas também às ciências humanas e sociais, embora estas últimas apresentem objetivamente uma maior lentidão e mais resistência.

Do meu ponto de vista, a ruptura epistêmica da nossa contemporaneidade origina-se de uma profunda alteração da nossa condição habitativa e, ao mesmo tempo, dos nossos princípios de complexidade. Considero os dois aspectos interligados e inseparáveis, ambos mostram a impossibilidade da permanência do paradigma humanista e da perspectiva antropocêntrica nos estudos da contemporaneidade. A alteração da condição habitativa é resultado do conjunto de alterações tecnológicas que, nas ultimas gerações de redes digitais, começaram a conectar, para além das pessoas e dos dados, também as biodiversidades e o meio-ambiente, gerando uma condição habitativa inédita, construída junto a sensores, dados e desenvolvida em ambientes conectados e híbridos (*Internet of Things*, plataformas, GIS, *blockchain* etc.).

Não somente as redes e o conjunto de dispositivos alteraram nossa forma de interagir com o meio-ambiente, mas os diversos tipos de sensores, os satélites, os dados ambientais contribuíram, de maneira decisiva, para a melhoria do conhecimento sobre as nossas pegadas e sobre os processos de alteração climática, permitindo o monitoramento, em tempo real, das próprias características interativas das diversas entidades conectadas (*green data*). Longe de ser uma dimensão de virtualidade, esta perspectiva de interação e conhecimento digital entre humanos, tecnologias (dispositivos, *data* etc.) e meio ambiente configura-se como o advento de uma condição habitativa atópica, que altera o paradigma e a morfologia da ecologia ocidental baseada na separação ontológica entre humano, técnica e natureza.

Além deste aspecto de natureza tecnológica, e provavelmente em consequência deste, uma segunda e importante evidência da alteração da condição habitativa contemporânea encontra-se na mudança de paradigma produzida pela teoria de Gaia, que muda para sempre a nossa concepção de planeta e a nossa ideia de ambiente. Segundo esta teoria, não estaríamos vivendo em cima de um planeta terráqueo, mas seríamos parte de um organismo vivo, cujo tamanho coincide com o da biosfera. Como cada organismo, Gaia seria composta por bilhões de outros organismos e, como teorizado por J. Lovelock, tenderia à manutenção de um equilíbrio climático. Esta importante alteração paradigmática nos transforma de moradores e cidadãos de países e nações a habitantes da biosfera, membros de um organismo biológico maior.

No começo deste terceiro milênio, ao descobrirmos que habitamos um mundo infectado e conectado, assistimos a uma ruptura epistêmica que nos obriga a repensar a nossa ideia de humano, sociedade, comunicação e economia a partir das redes de redes que constituem e habitam a floresta: as redes dos rios, as redes das árvores, as redes vegetais, as redes animais, as redes dos povos, as redes dos fungos e dos musgos, as redes dos sensores, as redes das ondas de rádio, as redes dos sinais dos satélites, as redes do *big data*.

Se observarmos a complexidade e o conjunto infinito de interações de uma floresta tropical como a Amazônia, ou o próprio processo da fotossíntese, constatamos que não se trata apenas de repasse e troca de informações entre as partes. A floresta não é feita apenas de árvores e de animais. A Amazônia não é feita em camadas. É uma rede de redes que conecta o subsolo, a superfícies e o ar com as águas do lençol freático, com aquelas dos rios das superfícies e, também, com aquelas dos rios voadores, influenciando e equilibrando o clima não apenas daquela região, mas do continente inteiro e, através deste, contribuindo para a estabilidade do clima do planeta.

A complexidade da floresta não é uma complexidade sistêmica, não é uma máquina ou um motor. Nem um território delimitado. Neste tipo de complexidade não há onde aterrissar... Não é possível estar diante da Amazônia, assim como não é possível estar diante de Gaia. Assim como em qualquer rede, a lógica não é comunicativa, mas habitativa. Ao ingressar numa floresta, nos tornamos floresta, pois não somente o nosso andar passa a transformá-la, mas, também, porque ela passa a nos habitar.

Um blockchain, uma plataforma de interação digital, uma floresta pluvial, uma pandemia não compõem uma complexidade sistêmica, feita de partes separadas e comunicantes que podemos observar à nossa frente. Estes exprimem um outro tipo de complexidade, reticular e conectiva, caracterizada por um conjunto de transformações que, além de se modificarem continuamente, produzem alterações em nós.

A cidadania digital amazônica

A informatização de todos os agentes que compõem as ecologias de um determinado território significa, de fato, não apenas o seu monitoramento, mas a possibilidade de gerenciar suas interações, melhorando seus desempenhos, contribuindo para a construção otimizada das dinâmicas de crescimento e reprodução. Longe de ser um incremento da intervenção invasiva do homem na natureza, a agricultura de precisão introduz uma adaptação da atividade agrícola às necessidades de cada entidade específica, de cada planta e de cada animal.

A utilização de *Variable Rate Application* (VRA) (em português, Aplicação em taxa variável) é baseada nesse princípio e permite que a intervenção seja condicionada tanto no nível da irrigação como no nível terapêutico, em cada folha ou em cada animal, oferecendo-lhe um tratamento individualizado, segmentado e fragmentário. Portanto, mais do que o aumento da ação externa humana, trata-se do advento de um novo tipo de cultivo baseado na escuta sensorizada, por meio do uso de *big data* e de algoritmos para o reconhecimento de imagens. Estas permitem a revelação das necessidades específicas e do estado real das entidades cultivadas ou criadas e, consequentemente, a realização de práticas agrícolas de precisão que evidenciam um novo tipo de relação do ser humano com as necessidades do ambiente.

O processo de informatização das ecologias conectou em rede os diversos agentes que interagem em um determinado ecossistema, permitindo, a partir de sua transubstanciação em códigos binários e em dados, o reconhecimento, a escuta e construção de um tipo de interação mais inteligente.

A introdução de *big data* na agricultura será cada vez mais responsável pelo aumento das práticas de inteligências, permitindo o gerenciamento de bancos de dados capazes de conectar diretamente os consumidores com os produtores, os fornecedores e os distribuidores, criando, assim, ecologias relacionais aptas a monitorar, em tempo real, a qualidade da produção, a demanda e adaptar, ao mesmo tempo, todo o ciclo produtivo, tornando-o mais eficiente e menos agressivo. As práticas agrícolas de produção, distribuição e consumo tornar-se-ão, cada vez mais, um processo qualitativamente informativo.

O povo Paiter Suruí, localizado no estado de Roraima, na Amazônia, digitalizou parte da floresta que habita, informatizando seu extenso território. Suas várias aldeias ocupam uma área de cerca de 2.480 quilômetros quadrados de selva virgem, de onde saíam, diariamente, cerca de 400 caminhões cheios de madeira derivada da derrubada ilegal de árvores operada pelos comerciantes de "madeira ilegal". Os habitantes das aldeias assistiam impotentes a tal destruição, não havendo meios suficientes para monitorar o perímetro de uma área tão grande. Perante essa condição, o povo Suruí decidiu apresentar o problema ao Google. Em poucos meses, o Google Earth Outreach colocou sensores nas árvores capazes de captar o barulho das motosserras, de localizar a origem do ruído e de transmitir informações via internet. Os dados enviados eram recebidos em tempo real via tablet ou smartphone das comunidades indígenas, as quais, usando o Google Earth, conseguiam obter a localização exata dos desmatadores, possibilitando, assim, a pronta intervenção em defesa da floresta e de seu território.

A conexão das aldeias indígenas na Amazônia criou um novo tipo de ecologia, além de ter formado uma rede de comunicação dos povos que habitam a floresta (Rede Índios On-line) e de ter permitido o início de formas de diplomacia direta que possibilitaram a essas populações, mediante o seu acesso à rede, dialogar com o resto do mundo e superar as distâncias geradas pelo isolamento geográfico e político. A disseminação de sensores, de formas de geolocalização, de monitoramento por satélite, assim como a criação de bancos de dados próprios, criados por diferentes grupos étnicos construídos com dados de todos os tipos (linguísticos, diversidade vegetal e cultural etc.), gerou um novo tipo de ambiente, uma info-floresta formada por um conjunto de redes informativas, conectadas umas às outras por ondas de rádio RFID, sensores, satélites e smartphones.

As ecologias naturalmente conectivas da maior floresta tropical do planeta, por meio de processos de digitalização, adquiriram um novo formato que permitiu o advento de uma nova conexão, criando uma rede de redes de dados disponíveis e visíveis em tempo real. A digitalização de uma parte da maior biodiversidade do planeta também tornou interativo o processamento de todas as redes de dados que compõem os vários ecossistemas das florestas (biológicos, sociais, minerais, tecno-informativos, etc.), permitindo, assim, a criação de formas de interação mais inteligentes.

A floresta assume, assim, uma nova dimensão, expressão de um novo tipo de ecologia, conjuntamente informativa e material, biológica e algorítmica, habitável e percorrível apenas através da conexão a dispositivos móveis. Nasce, assim, um *genius loci* tecnológico[2], produto da interação fértil entre dados, dispositivos, ondas de rádio, computação móvel, paisagens materiais e substâncias orgânicas.

A empresa britânica de biotecnologia Oxitec é capaz de produzir dois milhões de mosquitos geneticamente modificados por semana. Esses insetos são capazes de combater a disseminação do mosquito *Aedes aegypti*, um dos principais vetores da dengue, doença para a qual ainda não existe cura.

O mosquito criado pela Oxitec tem um gene letal condi-

2 Para esclarecer e aprofundar o termo "*genius loci* tecnológico", permitam-me recomendar a leitura do meu livro *Paisagens pós-urbanas: o fim da experiência urbana e as formas comunicativas do habitar*, São Paulo, Annablume, 2009.

cional que mata apenas se não estiver em contato com o antibiótico tetraciclina. Uma vez produzida uma grande quantidade de machos geneticamente modificados, estes são liberados no ambiente para acasalar com fêmeas não modificadas. Os filhotes resultantes dessas uniões herdarão o gene condicional, mas, não tendo a tetraciclina, a nova geração de mosquitos nascidos desse acoplamento terá uma morte quase imediata. Dessa forma, o objetivo de deter a multiplicação de insetos e, com isso, a disseminação da dengue, será alcançado.

As formas de manipulação genética criadas pela biotecnologia estão implementando novos insetos e novos tipos de plantas criados por meio da introdução de uma sequência de DNA nos cromossomos, manipulada em laboratório através do uso de equipamentos de informática. Os insetos geneticamente modificados desempenham diferentes funções, que vão desde a inibição da disseminação de outros insetos nocivos até a inseminação de determinados tipos de plantas, a fim de influenciar seu crescimento e produção. Atualmente, mosquitos transgênicos *Aedes aegypti* já foram produzidos e lançados no Brasil, Panamá, Malásia e Ilhas Cayman.

Como lembrado por B. Latour (1997), o processo científico não é o simples resultado da ação do sujeito humano sobre a natureza-objeto, mas, ao contrário, o enredo de uma complexa rede de interações que constituem uma verdadeira ecologia de "actantes", isto é, de entidades agentes que contribuem, de maneira diferente, para a realização da ação. Desse ponto de vista, a ciência contemporânea, mais do que uma manipulação humana da natureza e uma intervenção técnica do cientista, deve ser entendida como o desenvolvimento de ecologias interacionais e como a produção de inteligências transorgânicas, capazes de hibridizar mundos e entidades.

A floresta digital dos povos Paiter Suruí, o mosquito anti-dengue e a introdução de tecnologias digitais e da inteligência artificial na agricultura mostram claramente a inadequação do paradigma epistêmico que separa o natural do artificial, o humano da técnica e da natureza.

As florestas, o clima, os rios, por meio de sensores e das tecnologias de conexão começaram a se comunicar e a interagir conosco, expandindo nossa concepção ecológica. Como demonstrado pelas cúpulas periodicamente organizadas pelas Nações Unidas, o clima é hoje um agente importante, capaz de influenciar as decisões dos governos, estimular políticas e influenciar a produção de grandes multinacionais.

Em 20 de março de 2017, o Supremo Tribunal de Uttarakhand (Nainital, Índia) conferiu o estatuto de pessoa viva aos rios Ganges e Yamuna, considerando-os entidades que respiram, sustentam e convivem com diferentes comunidades, numa extensão que vai das montanhas até o mar. Os dois cursos de água e todos os seus afluentes foram declarados "*juristic/legal*", "*persons/living entities*" e, portanto, equiparados, por direitos e deveres, às pessoas vivas. Também em março do mesmo ano, o parlamento da Nova Zelândia aprovou a lei "Te Awa Tupua Bill", que concede o direito legal à vida ao rio Whanganui, seus afluentes e a todos os elementos, físicos e metafísicos, distribuídos ao longo de seu curso, da nascente ao deságue. O maior rio navegável da Nova Zelândia, o qual se estende do Monte Tongariro ao Mar da Tasmânia, é um ser vivo para o povo Hapu de Whanganui Iwi.

Considerações Finais

O novo centro epistêmico do mundo é a Amazônia. A floresta conectada também digitalmente, através de torres, satélites, de dados e sensores, é hoje o principal laboratório para a construção de um outro tipo de cidadania, capaz de conectar ecossistemas e de criar formas mais inteligentes de interações entre espécies, territórios e biodiversidades. O futuro do saber e do conhecimento científico depende hoje da sua capacidade de se confrontar com a complexidade da Amazônia, com a complexidade de Gaia.

A nossa época é a época da passagem não apenas de uma tipo de episteme para outro, de um tipo de humano para outro, de um modo comunicativo e organizacional para outro, mas, também, da passagem de um mundo para outro. O fim do mundo já aconteceu. Acabou a velha ideia de mundo criada pelo Antropoceno, agora começa a época denominada por J. Lovelock como "Novaceno", a época das conexões das inteligências e de todas as coisas. Acabou a época milenária da inteligência humana e do seu ilimitado domínio sobre a natureza e a técnica. Acabou a época da objetividade, da verdade e da comunicação. A época a começar agora será a época do desvelamento e da conectividade, a época das redes de redes da Amazônia.

O futuro do saber e de todos os tipos de ciências depende hoje da sua capacidade de se confrontar com a Amazônia. Os saberes da academia, se querem sobreviver, devem reproduzir não a divisão das disciplinas e aquelas políticas dos departamentos, mas a complexidade simpoietica da floresta. A Amazônia contemporânea não é um ecossistema virgem, um lugar incontaminado.

As alturas dos ypês e das árvores hoje determinam a altura das torres de sensores e transmissões. Sensores, satélites *big data*, internet das coisas formam hoje, junto aos fungos, às árvores, aos animais, o ecossistema da Amazônia contemporânea, biológico e digital. Os vírus, o clima, o *big data*, os algoritmos, os sensores são entidades epistêmicas, são portadores de um outro tipo de inteligência. Não existe inteligência humana e inteligência artificial. Existe a inteligência antropocênica, a episteme destruidora e as hiperinteligências, a episteme amazônica.

O futuro da nossa civilização depende, em primeiro lugar, da confrontação com a floresta amazônica. E o futuro da ciência depende também da nossa capacidade de compreender e assumir a complexidade emergente das redes transorgânicas amazônicas como novo paradigma epistêmico.

A complexidade amazônica se apresenta não como uma ecologia composta de sujeito e objeto, mas como uma complexidade de redes indivisíveis, como uma realidade não apenas externa, mas também como algo que nos constitui. A época da cidadania amazônica já começou.

Referências

CRUTZEN, P. Geology of mankind. *Nature*. Londres, v.415, n.23, jan./2002. Disponível em: https://doi.org/10.1038/415023a. Acesso em 10 nov. 2022.

LATOUR, B. *Ciência em ação*. São Paulo: Ed. Unesp, 1997.

LOVELOCK, J. *Novaceno*: o advento da era da hiperinteligência. Lisboa: Edições 70, 2020.

MOORE, J. W. Name the System! Anthropocenes & the Capitalocene Alternative. *Jason Moore*. 2016, October 9. Disponível em: https://jasonwmoore.wordpress.com/2016/10/09/name-the-system-anthropocenes-the-capitalocene-alternative/. Acesso em 15 nov. 2022.

Compreender e agir no Antropoceno

Lucia Santaella[1]

Minha proximidade com a Amazônia e com as questões do meio ambiente, inclusive das populações ribeirinhas da região, teve início há vinte anos, na experiência vivida dos anos 2002 a 2010, quando ocupei o cargo de coordenadora científica de um projeto coletivo de pesquisa junto ao Cenpes, Centro de Pesquisa da Petrobrás, sob o nome de "Cognitus. Novas ferramentas cognitivas para a Amazônia". Nascido sob inspiração do artista Wagner Garcia em parceria com o geólogo Fernando Pellon, do Cenpes, esse projeto se enquadrava no setor de Geologia e Meio Ambiente.

Sem mencionarmos as mazelas das diferenças sociais e culturais, da miséria que ainda assola o nosso país e dos escândalos das corrupções das mais diversas ordens, foram pelo menos quatro as metonímias, partes pelo todo, que fizeram o Brasil conhecido ao mundo: o café, o carnaval, o futebol e a Amazônia. Mais recentemente o país repercutiu internacionalmente devido a um governo nefasto, em especial naquilo que diz respeito à

1 Professora titular do Programa de Pós-Graduação em Comunicação e Semiótica da Pontifícia Universidade Católica de São Paulo (PUC-SP). Doutora em Teoria Literária pela PUC-SP, com Livre-Docência em Ciências da Comunicação pela Escola de Comunicação e Artes da Universidade de São Paulo (ECA/USP). E-mail: lbraga@pucsp.br.

proteção ambiental e à proteção de populações indígenas contra o garimpo, a grilagem e a venda de madeira. Por isso, a atenção voltada para a Amazônia tem de longe suplantado quaisquer outros fatores do passado ou do presente, a ponto de podermos afirmar que os olhos do mundo estão hoje voltados para esse local do planeta.

É em razão disso que, no contexto dos dilemas ecológicos que hoje atingem uma escala planetária, o Brasil tem estado no centro não apenas da inquietação dos leigos por todo o mundo, mas também das preocupações dos ambientalistas internacionais. Afinal, no território deste país encontra-se a bacia Amazônica, nada mais nada menos do que um dos maiores tesouros ecológicos de inestimável valor para a sobrevivência do planeta.

O projeto Cognitus

O ecossistema amazônico hipercomplexo é realmente privilegiado. A espantosa biodiversidade da maior floresta tropical do mundo apresenta uma maravilhosa disposição para funcionar como um dos mais importantes reservatórios para a continuidade vital da biosfera. Não foi difícil imaginar que, no subsolo dessa potente biodiversidade, houvesse petróleo. De fato, havia e, desde que esse petróleo foi encontrado, cruzaram-se os destinos da Amazônia e da Petrobrás. É bastante conhecido o fato de que que a Petrobrás construiu um gasoduto na Amazônia Ocidental para o transporte de óleo cru da região de produção de Urucu ao terminal do rio nas proximidades de Coari, uma cidade situada na margem direita do rio Solimões. Petroleiros em seguida enviam o óleo para outro terminal em Manaus.

Entre as estações seca e úmida, o nível da água muda dramaticamente no Rio Solimões, chegando a subir, e depois descer, quatorze metros. Este forte caráter sazonal do clima amazônico dá origem a quatro cenários distintos no ciclo hidrológico anual: água baixa, água alta, água de alta recuando e água subindo. Estes cenários constituem o enquadramento para a definição de planejamento de resposta a derrames de petróleo na região, já que floresta inundada e vegetação inundada são os ambientes fluviais mais sensíveis para derramamentos de óleo. A metodologia que era utilizada na Amazônia para avaliar o risco ambiental a derrames de petróleo incluia sistemas de informação geográfica, processamento de imagem de dados de sensoriamento remoto e de conversão cartográfica e geração de valor agregado do produto utilizando visualização 3D. Estes procedimentos eram realizados a fim de melhorar a análise de dados topográficos digitais e gerar mapas de sensibilidade índice para regiões fluviais do rio Solimões.

Quando a metodologia NOAA (*National Oceanic and Atmospheric Administration*) foi aplicada para a região, esta revelou que os pontos de maior sensibilidade ambiental nos meses de cheias ocorrem em 57,60% da raiz de transporte fluvial de petróleo do Terminal de Solimões, em Coari, para o Terminal de Manaus. Embora essa metodologia tenha fornecido informações cruciais sobre a sensibilidade ambiental ao derramamento de óleo na Amazônia Ocidental, ela não era capaz de nos dar uma compreensão mais refinada da variação sazonal do rio, que é representada por um arranjo complexo de canais que mudam com o tempo. O ciclo hidrológico produz e elimina manchas enormes de floresta inundada, um tipo de paisagem que regula a distribuição espacial da flora e fauna, bem como os hábitos sociais das aldeias ribeirinhas. Esta teia de relações é progressiva e abordagens evolutivas e convencionais não eram robustas o suficiente para lidar com a complexidade de padrões espaciais e temporais na planície aluvial do rio Solimões. Por isso, uma abordagem científica mais ampla e complexa mostrou-se necessária. Disso nasceu o Projeto "Cognitus" de que tomei parte e cujos principais propósitos eram os seguintes:

A. Conceber uma metodologia científica inovadora para identificar os ecossistemas a serem prioritariamente protegidos na planície inundável do Solimões, na eventualidade de acidentes com derrame de óleo;

B. Desenvolver tecnologia inovadora para a coleta de dados;

C. Desenvolver interfaces humano-computador para responder às exigências de integração, visualização e interpretação de dados apresentadas pela complexidade ecológica da Amazônia;

D. Estabelecer bioindicadores e biomarcadores capazes de contemplar desde a escala de observação planetária (imagens de satélites) até a nanoescala (processos bioquímicos).

Depois de oito anos de execução, quando já contava com 46 pesquisadores, esse projeto foi abalroado pelo Pré-Sal, o qual retirou da Petrobrás, naquele momento, o interesse prioritário na Amazônia. O Projeto Cognitus foi descontinuado da noite para o dia. O que me restou da experiência, além de uma imensa frustração, foi a reflexão sobre as condições da biosfera e a busca por uma concepção da ecologia mais consciente e ética quanto ao processo evolutivo da presença humana na Terra.

Um projeto teórico correndo em paralelo

Na qualidade de especialista na obra do cientista, filósofo e lógico C. S. Peirce, conhecido como criador da moderna ciência semiótica, uma semiótica de feição sobretudo filosófica, venho há algum tempo cultivando e publicando, em artigos esparsos, a ideia de levar o pensamento de Peirce até o limite de sua radicalidade, o que implicaria evidenciar a continuidade da noção de semiose, ou seja, da ação dos signos, desde o universo puramente físico até o universo antropotécnico, respeitando as diferenças específicas que cabem a cada um dos universos no percurso.

Na verdade, desde a década de 1970, antes mesmo de começar a me especializar nos estudos de Peirce, já estava fascinada pela ideia de um reino de signos. Naquela época, o tópico era discutido sob o nome de noosfera (CHARDIN ,1956; AUGER, 1966; MONOD, 1970; MORIN, 1973). À medida que avançava em minhas leituras de Peirce na década de 1980, comecei a perceber que havia uma conexão natural entre o conceito de semiose de Peirce e a noosfera. Em 1990, esse entusiasmo foi revigorado pela noção de semiosfera, cunhada pelo semiólogo I. Lotman (1990) no seu livro *Universo da mente*. Com isso, a conexão entre as noções de noosfera e a ideia de um universo permeado de signos tornou-se disponível, e com um avanço. A transposição da raiz grega νοῦς- (*noo*, pensamento), e a sua noção bastante vaga de uma "esfera de ideias"", para a raiz neoclássica *semios-* ("signo"), de fato, trouxe contribuição às minhas ideias que iam, com base em Peirce, na direção de uma teoria de signos corporificados em várias esferas, começando pela esfera física.

Na semiótica de Lotman, a noção de semiosfera começou a tomar forma quando o autor passou a questionar o modelo tradicional de comunicação em que uma mensagem é transmitida de um emissor por meio de um canal para um receptor. Para Lotman, essa explicação da comunicação é inadequada na medida em que impede a percepção da essência do que significa "estar imerso em um espaço semiótico". Em analogia à noção de biosfera de Vernadsky, Lotman definiu a semiosfera como "o espaço semiótico necessário para a existência e o funcionamento das linguagens" e concluiu que "fora da semiosfera não pode haver nem comunicação, nem linguagem." (LOTMAN, 1990, p. 123-24, tradução minha)

Contudo, enquanto Lotman restringe o significado do termo semiosfera à cultura humana e ao *Universo da Mente*, o biólogo molecular dinamarquês Jesper Hoffmeyer, em *Signs of Meaning in the Universe*, estende seu escopo aos domínios dos organismos em sua interação com seu ambiente:

> a semiosfera é uma esfera como a atmosfera, a hidrosfera e a biosfera. Ela penetra em todos os cantos dessas outras esferas, incorporando todas as formas de comunicação: sons, cheiros, movimentos, cores, formas, campos elétricos, radiação térmica, ondas de todos os tipos, sinais químicos, toques e assim por diante. Em suma, sinais de vida. (HOFFMEYER, 1996, p. vii, tradução minha)

Sem dúvida o autor dá um passo avante na direção da constatação de que nós, humanos, vivemos, como todos os outros animais, plantas, protistas, fungos e bactérias, dentro de uma "semiosfera" (1996, p. vii-viii). Uma premissa fundamental da investigação biossemiótica de Hoffmeyer é "que a biosfera deve ser vista à luz da semiosfera e não o contrário", e o objetivo de seu programa de pesquisa propõe "acompanhar o crescimento dessa semiosfera desde seus primórdios infantis, por volta de setecentos mil anos depois do Big Bang, até os animais e plantas de hoje" (1996, p. VIII). Além disso, a pesquisa biossemiótica também tem o objetivo de "seguir a semiosfera até o coração dos organismos, onde as células fervilham em meio a uma cacofonia de mensagens" e "demonstrar como foi possível para essas células enxameantes finalmente se transformarem em enxames de pensamento dentro dos seres humanos que sabem falar uns com os outros e podem diferenciar entre o bem e o mal" (Ibid. p. viii).

A tese de Hoffmeyer, de que a semiose está na raiz da vida e de que a linguagem dos humanos nada mais é do que a extensão de processos semióticos que começam no nível da biologia molecular, encontrou amplo reconhecimento internacional, mas o mesmo dificilmente pode ser dito sobre a ainda mais ambiciosa teoria de que a semiose começa na esfera dos processos físicos. De qualquer modo, a alegação de que há também uma fisiosfera semiótica da qual a semiosfera biológica pode ter emergido, uma alegação que aceita o ditado peirceano de que o universo está permeado de signos, foi defendida por Deely (1990, 1998, 1999 , 2001, 2006, 2012), Nöth (2000, 2001, 2002, 2004), Hulswit (2002), Santaella (1994, 1996, 2004, 2007, 2009) e Zengiaro (2022).

Se a hipótese do universo permeado de signos se provar válida, a conclusão é que os processos de signos não estão restritos às mentes humanas e à agência de outros organismos biológicos, mas também operam na natureza física não orgânica. Que Peirce estava de fato convencido da validade dessa premissa também pode ser inferido da seguinte afirmação presente em seu artigo "*Prolegomena to an Apology of Pragmaticism*":

> O pensamento não está necessariamente conectado com um cérebro. Aparece no trabalho das abelhas, dos cristais e em todo o mundo puramente físico; e não se pode negar que ele está realmente lá, assim como as cores, as formas, etc. dos objetos estão realmente lá. Adira consistentemente a essa negação injustificável e você será levado a alguma forma de nominalismo idealista semelhante ao de Fichte. (PEIRCE, CP 4.551, tradução minha)

Apesar de tais evidências textuais, de forma alguma isoladas nos escritos de Peirce, a premissa de que a semiose também pode ser estudada no mundo dos processos físicos foi ignorada ou mesmo rejeitada por um bom número de estudiosos do pensador norte-americano. Isso provavelmente ocorreu porque os campos de pesquisa física, biológica e antropológica têm sido tradicionalmente estudados como disciplinas totalmente separadas, sem quaisquer vínculos interdisciplinares. No entanto, desde meados do século XX, novas pesquisas, especialmente da nanotecnologia e da engenharia computacional, desafiaram a separação doutrinária entre as ciências da vida e da natureza não orgânica. Os avanços nas ciências básicas e aplicadas estão colocando em questão as antigas distinções entre o natural e o artificial, o físico e o mental e, com elas, todos os parâmetros tradicionais do humanismo, das ciências humanas e da natureza (DI FELICE, 2021).

À luz desses desenvolvimentos, autores como Featherstone e Burrows (1996, p. 6) já estavam convencidos, há mais de 15 anos, de que "as principais categorias analíticas que usamos há muito tempo para estruturar nosso mundo, que derivam da divisão fundamental entre tecnologia e natureza", estão se dissolvendo, pois as categorias do biológico, do tecnológico, do natural, do artificial e do humano estão se confundindo.

Diante disso, os avanços da ciência e da tecnologia em conjunto com o sinequismo ou continuidade radical, o antidualismo e o idealismo objetivo de Peirce me inspiraram a abandonar todos os dualismos residuais herdados das tradições cartesianas e a adotar a posição de que é insustentável qualquer separação semiótica fundamental entre as esferas da vida humana, da cultura, de outros seres vivos e até mesmo de coisas físicas inorgânicas. Portanto, considero que uma linha divisória e separatista entre as bio-, eco-, antropo- e tecnosferas, bem como a fisiosfera, não pode mais ser aceita, apesar de todas as distinções internas e irredutíveis que possam existir entre elas.

As premissas aí expostas do projeto já foram delineadas há alguns anos, mas sua realização ficou à espera por uma série de razões, de resto muitas, dentre as quais as prioridades dadas a outros projetos que foram passando na frente. Mas, na verdade, agora posso ver que existe um tempo certo para que nossas ideias se tornem oportunas. Isso foi ficando mais claro quando percebi as relações que podem ser estabelecidas entre a noção ampla e inclusiva de semiosfera e os problemas a serem enfrentados pelo Antropoceno.

A entrada do Antropoceno no percurso da pesquisa

Foi em 2015 que o tema do Antropoceno me fisgou certamente por sua pertinência, mas, em especial, devo confessar, também porque, já nas primeiras investigações sobre o tópico, reencontrei a "noosfera" e, como consequência, deu-se aí o engate entre o projeto da semiosfera com o Antropoceno. Seguem abaixo as primeiras informações que colhi sobre o Antropoceno (SANTAELLA, 2015) e que retomo para uma breve apresentação ao leitor.

Em 1870, o geólogo italiano Antonio Stoppani propôs que o ser humano introduziu uma nova época na biosfera, que ele chamou de Antropozóica, no sentido de que as atividades humanas no planeta gradativamente se transformaram em uma força morfológica e geológica. Poucos cientistas lhe deram atenção. Desde então, a população humana no globo quadruplicou e seus impactos sobre a Terra foram se tornando cada vez mais óbvios. Para o biólogo E. O. Wilson, o padrão de crescimento da população no último século se aproxima do padrão de crescimento bacteriano (KOLBERT, 2011).

Algumas décadas mais tarde, em 1926, o geólogo russo V. I. Vernadsky reconheceu o poder crescente do humano sobre a biosfera. Tendo em vista que a tendência do crescimento caminhava na direção das influências das formas de pensamento sobre os ambientes, já em 1924, junto com o jesuíta francês Teilhard de Chardin e E. Le Roy, chamaram de "noosfera" o mundo do pensamento, "para marcar o crescente papel do poder da mente e dos talentos tecnológicos humanos para conformar seu futuro e ambientes" (CRUTZEN & STOEMER, 2000, p. 17). Foi só em 2000 que a denominação Antropoceno foi proposta por Paul Z. Crutzen (2002), prêmio Nobel, em 1995, por seu trabalho sobre química atmosférica, e por Eugene F. Stoemer, em uma publicação do *International Geosphere-Biosphere Pragramme.*

Utilizando um método denominado estratigrafia, os especialistas avaliam sedimentos, mudanças preservadas nas rochas, desaparecimento e surgimento de novos fósseis, marcas glaciais, elevação das águas etc. para determinar as épocas, os períodos e as eras geológicas. Embora possam se estender por dezenas de milhões de anos, as épocas são relativamente mais curtas do que os períodos. Estes, como o período Cretácio, são mais longos, enquanto as eras, como a Mesozóica, são ainda mais longas. Para não irmos muito longe, o Holoceno, no qual estamos inseridos, é uma época geológica pós-glacial, cujo início data de doze mil anos. Trata-se de uma época marcada, por exemplo, pelo advento da agricultura, pela formação de cidades, meios de comunicação e por novas formas de energia. Durante toda essa época, o regime climático estabilizou-se com climas temperados e os humanos se fizeram presentes em todos os continentes.

Oficialmente, continuamos no Holoceno, ou melhor, na era Cenozóica do Éon Fanerozóico, que se estende de 545 milhões de anos até os dias de hoje, e é caracterizado por abrigar a vida. O Fanerozóico é subdividido em três eras: o Paleozóico, subdividido em seis períodos, o Mesozóico, subdividido em três períodos, e o Cenozóico (do grego: *kainos* = recente + *zoe* = vida), que teve início há 65 milhões de anos e chega até os dias de hoje, subdividido em dois períodos: o Terciário e o Quaternário. O Holoceno é uma época do período Quaternário.

Entretanto, nas últimas décadas foi se criando um consenso entre os cientistas de que a biosfera deixou de se comportar dentro dos padrões do Holoceno: a atmosfera, o clima, os oceanos e o ecossistema estão todos operando fora das normas holocênicas. A antroposfera, a camada humana que cresceu dentro da biosfera, e suas pegadas sobre a Terra tornaram-se sobremaneira pesadas, o que está decididamente dando passagem a um novo período geológico que está sendo chamado de Antropoceno (do grego *anthropos* = ser humano + *Kainos* = recente, novo).

Entretanto, não existe um consenso relativo sobre o ponto exato de início desse novo período geológico. Poucos acreditam que tenha se iniciado com o advento da agricultura há oito mil anos e que levou hoje à cobertura de uma extensão de 38% da terra não gelada do planeta. A maioria dos especialistas se distribui entre duas opções: final do século XVIII, com a revolução industrial, ou então 1945, depois da Segunda Guerra Mundial. No primeiro caso, a análise do ar mostra o início da concentração global crescente do dióxido de carbono e metano, o que coincide com a invenção da máquina a vapor em 1784, por James Watt. É a partir dessa data também que a expansão do ser humano, que então estava na margem de um bilhão, se fez acompanhar pela exploração dos recursos da Terra a ponto de se esperar que neste século a população chegue a dez bilhões de pessoas. As florestas tropicais desaparecem em um ritmo alarmante soltando dióxido de carbono e levando à extinção de várias espécies.

No segundo caso, sob a égide da "grande aceleração", 1945 é sinalizado como data inicial do Antropoceno. Foi essa época que marcou o surgimento da era nuclear e a assinatura radioativa que ela deixou sobre a superfície da Terra. Paralelamente, a economia global cresceu dez vezes em apenas algumas décadas. Mas uma das grandes preocupações nessa aceleração encontra-se na perda da biodiversidade, quando o ritmo de extinção das espécies da biosfera está correndo ao passo de cem a mil vezes mais rapidamente. Enfim, o grande problema é que, acompanhando esse ritmo, estamos consumindo exponencialmente mais recursos da natureza (FALCON-LANG, 2015; KOLBERT, 2015).

Estavam aí lançados os dados, que também posso chamar de oportunidade, para retomar a questão da semiosfera sem que ela nunca, de fato, tenha deixado de ocupar um lugar de espera no meu pensamento, com a diferença de que a questão surge agora na relação com o Antropoceno e com a Amazônia. Os fios foram se amarrando e foi assim que, em 2022, tomei como prioridade a elaboração do projeto cuja síntese segue abaixo.

A amarração dos fios

Não restam dúvidas de que o Antropoceno é um dos problemas mais desafiadores para as sociedades humanas (REES, 2021; GHOSH, 2022). Como dito anteriormente, já é notório não só entre os cientistas de que a biosfera deixou de se comportar dentro dos padrões do Holoceno: a atmosfera, o clima, os oceanos e o ecossistema estão todos operando fora das normas holocênicas. A antroposfera é uma realidade. Os sinais de que o planeta deixou as condições de equilíbrio mantidas no holoceno apresentam-se agora nitidamente na crise climática, no alargamento da camada de ozônio e na perda da biodiversidade, com a extinção de espécies da biosfera numa proporção alarmante. Além de que, vale reforçar, estamos consumindo muito mais recursos da natureza.

Resultante das discussões sobre o Antropoceno, no plano epistemológico com consequências políticas, encontra-se a descentralização do humano, ou seja, tornou-se imperioso repensar o humano nas suas relações com as outras espécies como meio de conscientização para ações que tenham em vista as necessárias pluri soluções para a crise que o planeta atravessa. Essas soluções não devem se restringir a políticas globais, mas também devem atingir a mudança de mentalidade relativa à posição que o humano desempenha na biosfera, questão fundamental na base das ações que visam à sustentabilidade.

Sob o título de "A semiosfera como síntese entre fisio-bio-eco e tecnosfera", na sua parte teórica, este projeto está voltado para uma fundamentação que seja capaz de promover a necessária mudança de mentalidade que coloque o humano na continuidade com os outros seres da biosfera. Assim sendo, tomando como base o sinequismo ou antidualismo radical da metafísica idealista objetiva de Peirce, propõe-se uma ruptura radical com todas as divisões dualistas herdadas de Descartes para, a partir disso, desenvolver a tese da inexistência de separação não apenas entre a biosfera e a esfera da cultura ou antroposfera, mas também entre estas e a fisiosfera. Objetiva-se, portanto,

1. Evidenciar que, embora haja miríades de distinções de graus entre si, não há distinção de espécie entre a bio-eco-antropo-tecnosfera e a fisiosfera.

2. Explorar o conceitos de semiose para pensar as gradações entre as esferas. Quando estudado para além de uma mera definição técnica, à luz do conceito metafísico de sinequismo, a noção de semiose aparece como uma noção-síntese que integra em um mesmo tecido lógico as distintas substâncias do mundo físico, do ecobiológico, do tecnológico e do antropológico.

3. Questionar o cartesianismo que ainda está implícito em quaisquer oposições entre fisio e biosfera, entre bio e semiosfera, entre fisio e semiosfera. Longe das simples oposições, o conceito peirceano de semiose nos leva a compreender as diferenças entre essas esferas como diferenças de graus e não de natureza, o que faz jus à afirmação de que o universo está permeado de signos, constituindo-se, portanto, em uma vasta semiosfera, prenhe de diferenciações, mas todas elas unidas pelos fios lógicos da semiose.

Entrar no tema do Antropoceno sem uma preocupação com a empiria indicaria uma falta, especialmente para um projeto que se desenvolve em terras brasileiras. Por isso, a partir dos fundamentos extraídos da teoria, o projeto pretende fazer um levantamento preliminar de grupos de militância ecológica relativos à Amazônia, buscando dar início a um observatório relativo ao tema. Para isso, será elaborado um repositório que contará com informações sobre os grupos militantes selecionados de acordo com os propósitos e critérios do projeto de pesquisa.

O projeto de pesquisa como um todo localiza-se na modalidade da pesquisa básica. Entretanto, por ter como foco de atenção a questão da crise climática, e por estarmos no Brasil, país em que essa questão é de extremo relevo, o projeto deve contar com uma pesquisa empírica meramente exploratória, com a função de colocar um pé na realidade para providenciar um balanço entre o que o projeto propõe conceitualmente e aquilo que grupos militantes produzem enquanto forma de pensamento como guia de suas ações. O objetivo final é que o projeto possa trazer alguma contribuição para os grupos militantes selecionados na sua forma de compreender a biosfera: compreender para melhor agir.

A sincronia entre os fios

A sincronia ou feliz coincidência é ter sido convidada para participar do III Congresso Internacional de Cidadania Digital, em 2022, que versa sobre o tema "A comunicação da floresta e a conexão de todas as coisas", justamente neste momento em que estou dando início ao projeto de pesquisa, que na sua parte empírica terá como objeto justamente a Amazônia. Entretanto, a sincronia não se encontra apenas na parte empírica, mas também nas ligações das hipóteses que levanto e os argumentos que pretendo defender em consonância com o pensamento que Massimo Di Felice vem desenvolvendo sobre a descentralização do humano na biosfera.

Para Di Felice (2017, 2021), a ontologia antropocêntrica chegou ao fim diante da emergência de um novo tipo de materialidade, um novo tipo de matéria informatizada. Nem apenas física, nem apenas informação, mas transorganicamente comunicante, enquanto parte, membro, de uma nova ecologia informativa. Consequentemente, a internet social, a internet das coisas, a internet dos dados formam redes conjuntas e interdependentes na composição de uma *internet of everything*.

Não é preciso que aqui me estenda nas ideias de Di Felice, que já estão claramente formuladas em seus livros (2017, 2021). Minha familiaridade com o pensamento de Di Felice não é recente. Já o acompanho há pelo menos duas décadas. O que posso adiantar é que o design dessa nova ecologia informativa de conectividade onipresente, por ele desenvolvida, trará uma grande contribuição para pensar a semiosfera como síntese, a saber, uma síntese que resulta da conexão das diversas e diferenciadas esferas semióticas – fisio-bio-eco-anpropotecno – que abrigam todas as coisas.

Na correspondência que manteve com Lady Welby, Peirce afirmou que, quando duas pessoas, que se põem a pensar, acabam por chegar a ideias similares, embora por caminhos diversos, há uma grande probabilidade de que estejam chegando a conclusões corretas. Que assim seja!

Referências

AUGER, Pierre. *L 'homme microscopique*. Paris: Flammarion, 1966.

CHARDIN, Pierre Teilhard de. *Oeuvres*, tome I: Le phénomène humain. Paris: Du Seuil, 1956.

CRUTZEN, Paul J. Geology of mankind. *Nature*, 415, 23, 2002.

CRUTZEN, Paul ; STOEMER, Eugene F. The "Anthropocene". In *IGBP Newsletter*, 41, Royal Swedish Academy of Sciences, Stockholm, 2000.

DEELY, John. *Basics of Semiotics*. Bloomington: Indiana University Press, 1990.

________. How is the universe perfused with signs? In DEELY, J.; SPINKS, C. W. (eds.). *Semiotics 1997*. New York: Peter Lang, 1998, p. 389-394.

________. Physiosemiosis and semiotics. In DEELY, J.; SPINKS, C. W. (eds.). *Semiotics 1998*. New York: Peter Lang, 1999, p. 191-197.

________. Physiosemiosis in the semiotic spiral: A play of musement. *Sign Systems Studies*, vol. 29, n. 1, p. 27-48, 2001.

________. Let us not loose sight of the forest for the trees. *Cybernetics and Human Knowing*, vol. 13, n. 3-4, p. 161-193, 2006.

________. Physiosemiosis as an influence of signs: How would semiosis precede life? Paper presented at the *11th World Congress of Semiotics Nanjing Normal University*, 2012.

DI FELICE. Massimo. *Net-ativismo*: da ação social para o ato conectivo. *São Paulo: Paulus, 2017.*

________. *A cidadania digital*: a crise da ideia ocidental de democracia e a participação nas redes digitais. São Paulo: Paulus, 2021.

FALCON-LANG, Howard. Anthropocene: Have humans created a new geological age? In *BBC News* – Science, 11/05/2021. Disponível em: http://www.bbc.com/news/science-environment-13335683, 2011. Acesso em 11 fev. 2023.

FEATHERSTONE, Mike; BURROWS, Roger. Cultures of Technological Embodiment: Introduction. In *Cyberspace/Cyberbodies/Cyberpunks:* Cultures of Technological Embodiment. London: Sage, 1996, p. 1-15.

GHOSH, Amitav. *O grande desatino* – Mudanças climáticas e o impensável. São Paulo: Quina Editorial, 2022.

HOFFMEYER, Jesper. *Signs of meaning in the universe*, Tradução Barbara J. Haveland. Bloomington and Indianapolis: Indiana University Press, 1996.

HULSWIT, Menno. *From Cause to Causation*: A Peircean Perspective. Dordrecht: Kluwer, 2002.

KOLBERT, Elizabeth. Enter the Anthropocene – Age of Man. *Na-*

tional Geographic, 03/2011. Disponível em https://www.nationalgeographic.com/magazine/article/age-of-man. Acesso em 11 fev. 2023

LOTMAN, Iuri. *The Universe of the Mind*: A Semiotic Theory of Culture. Tradução Ann Shukman. Bloomington: Indiana University Press, 1990.

MONOD, Jacques. *Le hasard et la nécessité*. Paris: Seuil, 1970.

MORIN, Edgar. *Le paradigme perdu*: La nature humaine. Paris: Seuil, 1973.

NÖTH, Winfried. *Handbuch der Semiotik*, 2. Aufl. Stuttgart: Metzler, 2000.

________. Protosemiocs and physiosemiosis. *Sign Systems Studies*, vol. 29, n. 1, p. 13-26, 2001.

________. Semiotic machines. *Cybernetics & Human Knowing*, vol. 9, n. 1, p. 5-22, 2002.

________. Semiogenesis in the evolution from nature to culture. In ALAČ, M; VIOLI, P. (eds.). *In the Beginning*: Origins of Semiosis. Turnhout: Brepols, 2004, p. 69-82.

PEIRCE, Charles S. *Collected Papers*. 8 vols. Ed. by Charles Hartshorne and Paul Weiss (vols. 1-6) and Arthur Burks (vols. 7-8). Cambridge, MA: Harvard University Press (citado como CP, seguido pelo volume e parágrafo), 1931-1958.

REES, Martin. *Sobre o futuro*. Rio de Janeiro: Alta Books, 2021.

SANTAELLA, Lucia. Peirce's broad concept of mind. *S. European Journal for Semiotic Studies*, vol. 6, p. 399-411, 1994.

________. Semiosphere: The growth of signs. *Semiotica*, vol. 109, p. 173-186, 1996.

________. O amplo conceito peirciano da mente: sua relevância para a biologia, inteligência artificial e cognição. In FERREIRA, A. et al. (org.). *Encontro com as ciências cognitivas*. São Paulo: Cultura Acadêmica, 2004, p. 167-180.

________. O conceito de semiosfera à luz de C. S. Peirce. In MACHADO, I. (org.). *Semiótica da cultura e semiosfera*. São Paulo: Annablume/Fapesp, p. 2007, p. 113-124.

________. 2007 Presidential address: Pervasive semiosis. *Transactions of the Charles S. Peirce Society*, vol. 45, p. 261-272, 2009.

________. A grande aceleração & o campo comunicacional. *Intexto*, Porto Alegre, UFRGS, n. 34, p. 46-59, set./dez. 2015.

ZENGIARO, Nicola. From biosemiotics to physiosemiotics. Towards a speculative semiotics of the inorganic world. *Linguistic Frontiers*, vol. 5, n. 3, p. 37-48, 2022.

O coração quântico da Amazônia[1]

Derrick de Kerckhove[2]

Hoje eu vou falar com vocês sobre o meu assunto favorito, que é a física quântica e seu impacto na cultura atualmente. Então, a física quântica está no limite da realidade. Logo após o Big Bang, a primeira coisa foi quântica. E isso é realmente incrível. Descobrimos isso recentemente.

Este é um campo quântico em funcionamento. Agora, você pode pensar que o campo quântico é algo que tem que chegar a algum lugar. Não, ele está sempre lá. Não existe isso de "nada real" ou "vazio real". Existem sempre ondas de energia com nível muito baixo por causa do Big Bang; provavelmente, é a menor unidade mensurável de qualquer fenômeno material.

Um quantum de luz é chamado de "fóton". Você certamente já ouviu falar sobre fótons. E um quantum de eletricidade é

1 Transcrição de palestra apresentada no III Congresso Internacional de Cidadania Digital. O texto foi traduzido do inglês pelos pesquisadores Eli Borges Junior, Marcella Schneider Faria-Santos e Rita Nardy.

2 Professor de Antropologia do Instituto Politécnico de Milão. Doutor em língua e Literatura Francesa pela Universidade de Toronto (Canadá) e em Sociologia da Arte pela Universidade de Tours (França). Foi diretor do Programa McLuhan em Cultura e Tecnologia na Universidade de Toronto entre 1983 e 2008.

um elétron. E você ouviu ainda mais sobre elétrons. Mas, o importante é que essas palavras dizem respeito a partículas, isto é, pedaços de matéria. Os quanta, entretanto, nem sempre estão sob a forma de partículas. Eles podem ser tanto ondas quanto partículas e geralmente se tornam partículas depois de terem sido uma onda. Não é possível saber com antecedência; antes de medi-los, você não pode saber se algum quantum vai emergir como uma onda ou uma partícula, o que é o maior mistério de todos. Ele muda todas as leis da física e o que nos diz é que a matéria não é sólida, mas está em constante estado de emergência.

Tudo está se movendo. Tudo é um estado de fluxo. Tudo está "em formação". Então, quais são os princípios da física quântica? Eles são todos totalmente extraordinários. Primeiramente, essa questão que eu já mencionei, a superposição de partículas e ondas. Mas, ainda mais importante é o entrelaçamento, uma vez que, quando uma partícula começa a decair, ela se torna duas partículas. E essas duas partículas estão entrelaçadas, o que significa que estão juntas para sempre, enquanto existirem. Às vezes por um tempo muito curto, um milissegundo. Mas o fato é que elas estão juntas. Elas se relacionam, não importa onde estão. E é isso que as pessoas chamam de *não-local.*

Não-local é a física menos clássica que você pode imaginar. Por quê? Porque, na física clássica, tudo tem um lugar em algum lugar, até mesmo seus pensamentos têm um lugar. Mas, na física quântica, o entrelaçamento entre duas partículas não depende de seus respectivos lugares, onde quer que estejam. Elas estão conectadas, no entanto, por regras de comportamento que ainda não entendemos. Sabemos que elas existem. Sabemos que elas funcionam, pois temos aplicações industriais como criptografia e todos os tipos de ressonância magnética. Você verá alguns deles. As implicações para o ambiente, o ambiente humano ou o ecológico, são muito profundas. O que a relação não-local implica é que os humanos, na natureza, estão profundamente interconectados em níveis que ainda dificilmente podemos entender. Mas, no momento em que o fizermos, tudo mudará.

Sugiro que a física quântica pode se tornar o próximo terreno da cultura, tecnologia e economia. Há 32 anos escrevi um livro sobre a transformação digital que fez bastante sucesso – e, naquela época, não tínhamos iPhones e nada além do começo da Internet. Quero dizer, no tímido começo da Internet, eu sabia que seria algo que mudaria tudo e, claro, agora sabemos que era um fato. Mas por que eu sabia disso? Eu sabia disso porque já existiam tecnologias com as quais as pessoas estavam muito entusiasmadas, como blogs e compartilhamento de algumas informações por escrito. Todas essas coisas eram tão misteriosas e, gradualmente, coisas cada vez mais extraordinárias e misteriosas estavam acontecendo. Hoje, posso ver a mesma coisa com a física quântica. Todo mundo fala sobre isso.

Muitas empresas estão investindo grandes quantias de dinheiro em física quântica. Toda essa situação pode ser comparada a como era a Internet no início dos anos 1990. E o que a Internet e o que a física quântica já permitem? Feixes de laser, células solares, criptografia, scanners de ressonância magnética, relógios atômicos, microscópio eletrônico, computação quântica, imagem quântica e sensores quânticos. Nós não tínhamos nada parecido para prever a era da Internet ou prever a transformação digital e ver o que aconteceria em trinta anos.

Agora, quão diferente seria a base quântica? Quando digo "base", quero dizer a fonte da tecnologia e a mudança, a mudança da psicologia. Já estamos mudando nossa psicologia por causa da transformação digital, a base digital. Mas nossa compreensão da natureza seria completamente diferente. Reconheceríamos que estamos enredados em um não-local, e você deve entender que não-local significa que não é um lugar. Eu nem mesmo sei como chamá-lo. É uma coisa extraordinária porque é real. Sabemos que é real, mas não podemos situá-lo porque não se pode situar a partícula emaranhada.

Na física clássica, tudo tem um lugar. Mas as pessoas, matéria, estão separadas. Elas são todas autônomas, sem conexão implícita entre si. Na verdade, é tão difícil falar sobre uma conexão implícita! Posso não conseguir fazer você entender, mas ainda assim está acontecendo. E, no entanto, é o que está nos unindo na mesma coisa.

Na física quântica, tudo é um. Pessoas, coisas, matéria. Elas são todas fisicamente interdependentes. Na física clássica, tudo tem limites estritos. As pessoas são diferentes, os objetos são diferentes. E essa diferença nos permite, de alguma forma, explorar a natureza. E, de fato, pior do que isso, nos permite explorar outras pessoas.

Na física quântica, os limites entre objetos, pessoas e natureza não existem. Corpo, mente e significado são processos que ocorrem em tempo real. Eu chamo isso de epifania. Uma epifania é algo que está apenas surgindo. Ela emerge. E talvez isso é o que é. Talvez o que não percebemos é que o que pensamos ser passado e o que esperamos como futuro, na verdade, não existem. Só o que está acontecendo em tempo real existe e nossa relação com essa existência é aquela que, na verdade, nós criamos por nós mesmos, por nossa própria constituição, nossa própria mente, nosso próprio corpo, nossos próprios sentidos. Mas, o mais importante é entender o que diz Karen Barad, uma das maiores físicas quânticas da atualidade, que a existência não é um assunto individual. Não é algo que pertença a mim, que eu esteja fazendo por mim mesmo. Estar emaranhado, diz ela, não é simplesmente estar entrelaçado com o outro, como na união de entidades separadas, mas não ter uma existência independente, autocontida.

Então, o que isso tem a ver com o meio ambiente, já que estamos lidando com o meio ambiente? Bem, tem muito a ver com o meio ambiente. Em primeiro lugar, qual é o problema com o meio ambiente? Bem, 30% do território da Terra, 32% da sua água e 18% dos gases de efeito estufa estão vindo de pastagens de vacas e ovelhas. Ok, precisamos de vacas e precisamos de ovelhas e tudo mais. Mas o ponto é que, na verdade, estamos criando muito desse tipo de mudança ambiental e climática – e não se trata apenas de aviões e automóveis, mas também de como usamos a terra. Então, esta é uma situação muito perigosa porque ameaça os ecossistemas da Terra.

No entanto, as pessoas estão usando a física quântica para mudar as coisas. E o que elas mudaram? Elas mudaram a estrutura molecular da água. Você acredita que pode mudar a água e limpar todo o oceano usando a física quântica? Bom, você não beberia o oceano. Mas a água que você está usando seria muito mais saudável. E sabemos quanta água é usada para qualquer coisa. Então, é muito importante começar com isso. Algo totalmente diferente, mas que também está acontecendo é que bactérias podem ser colocadas em emaranhamento quântico. Isso significa que você pode pegar coisas muito pequenas e modificá-las.

E, como você sabe, as bactérias fazem muita limpeza. Você pode ter bactérias que limpam ambientes. Essa é outra área. Mas, já que estamos falando da floresta amazônica, talvez seja importante falar sobre os efeitos quânticos que têm um papel na relação com as plantas. Bem, isso alcança o centro da clorofila para armazenar fontes de energia. E isso é uma coisa complicada, mas tenho certeza que alguns dos especialistas da plateia já sabem disso muito bem, a clorofila é o motor da fotossíntese. E a fotossíntese é como a luz vinda do sol; na verdade, é transformada em energia que pode ser armazenada.

Portanto, o trabalho da clorofila é absorver a luz do sol. A energia absorvida da luz é transferida para dois tipos de moléculas que armazenam energia. Depois da fotossíntese, a planta usa a energia armazenada para converter dióxido de carbono e água em glicose e oxigênio – e é por isso que é tão importante que haja grandes quantidades de florestas vivas, para absorverem o dióxido de carbono que vem do ar e convertê-lo em glicose (uma espécie de açúcar), que alimenta a planta e também nos alimenta. É fundamental entender esse relacionamento específico. O mais importante, porém, é perceber como os quanta, de fato, desempenham um papel nisso.

Já sabíamos que a física quântica desempenhava um papel na fotossíntese. Nós sabemos disso há cerca de 10 ou 15 anos, mas o que não sabíamos é como isso acontecia. E é assim que o quantum, a característica da física quântica, sendo onda em um ponto e partículas em outra situação, cria uma possibilidade de fazer a fotossíntese realmente funcionar. E a palavra interessante é *excítons*, os excítons carregam a energia para o centro de reação, que é onde a clorofila os transforma em energia química e glicose.

Você poderia dizer: bem, a clorofila faz isso, não é? Por que precisa de uma física quântica para fazer isso? Bem, é porque a única maneira que você consegue alcançar, por uma folha ou galho. Mas as folhas são as receptoras da luz. A única maneira de fazer isso é encontrar, o mais rápido possível, o local onde existe o motor da fotossíntese que é o centro da clorofila. Essa é a descoberta do Dr. Engel, que éxcitons viajam primeiro como uma onda. O mesmo tipo de quantum é primeiro uma onda e preenche uma folha inteira. Ele preenche toda a área instantaneamente. E por causa disso pode encontrar o caminho mais rápido para todos os fótons tomarem para se tornarem partículas e criarem a transformação.

Então, esse tipo de revelação acerca de como o quantum atua em uma das funções mais importantes da floresta no mundo é realmente algo a se saber. A física quântica mostra que o universo é um todo único, composto de muitas partes interconectadas, que é o que eu estava dizendo antes. Cormac Cullinan, um dos mais importantes advogados internacionais sobre os direitos das florestas, compara a humanidade com apenas uma folha na árvore da vida.

Estou concluindo com esta afirmação, espero não ofender ninguém. Mas a floresta amazônica é o centro de clorofila da Terra. Somente uma ignorância profunda ou as ambições míopes iriam querer brincar com isso, é algo que todos nós temos que estar cientes. E quando digo que o novo terreno é a física quântica, não estou realmente preocupado com a tecnologia. Acho que tudo isso é ótimo, nós já a temos. Estou preocupado com os nossos sentimentos, sobre quem somos, como nos relacionamos com o mundo. E é isso que a física quântica fará, espero que o mais rápido possível.

Caminhos não-ocidentais compartilhados e a experiência do digital

Thiago Franco[1]

Sujeito e objeto notadamente é um tipo de redução de sociedade e natureza ou ainda de cultura e natureza. A ideia de natural no ocidente – de acordo com as tensões dualistas clássicas – nos mostra que se resume em tudo aquilo que se produz sem a interferência da ação humana, aquilo que coloca o homem à parte, que existirá depois dele, como as montanhas, os oceanos e as florestas. Em consonância, o cultural seria tudo que é produzido pela ação humana. O natural está relacionado aos não humanos, enquanto que o cultural aos humanos. A dicotomia sujeito e objeto também pode ser vista na forma contratualista: o contrato entre sujeitos, *sócius* (amigos, aliados, camaradas) e sociedade. Um acordo entre cavalheiros com poderio para a transformação/dominação da natureza.

1 Professor permanente do Programa de Pós-graduação Interdisciplinar em Direitos Humanos. Doutor em Ciências da Comunicação pela Escola de Comunicações e Artes da Universidade de São Paulo (ECA/USP). Pesquisador integrado ao Centro Internacional de Pesquisa Atopos e ao Sostenibilia (Osservatorio Internazionale di Teoria Sociale Sulle Nuove Tecnologie e la Sostenibilità), da Sapienza Università di Roma. E-mail: thiagofranco@ufg.br.

Philippe Descola (2016) mostra que o sujeito na pesquisa clássica, tradicionalmente, é detentor de direitos e deveres sobre os objetos pesquisados. O sujeito é dominante sobre o objeto. Poderia dizer que o homem planeja e projeta a dominação da natureza. A grande questão é que o sujeito, nesse processo, assume uma posição autoritária e deixa escapar alguns elementos que são próprios do objeto.

> Resumindo, entre os humanos e os não humanos existe uma diferença importante: os humanos são sujeitos que possuem direitos por conta de sua condição de homens, ao passo que os não humanos são objetos naturais ou artificiais, que não têm direitos por si mesmos. Essa forma de pensar, que nos ensinaram na escola e que parece ter a evidência do bom senso, talvez seja, afinal de contas, o modo mais comum de se fazer a distinção entre natureza e cultura. (DESCOLA, 2016, p. 09)

Poderíamos atribuir a René Descartes[2] (1596 - 1650) o *res cogitans* em contraposição a *res extensa,* combinado à razão de Immanuel Kant[3] (1724 - 1804) todo o peso desse modo de ver, na ruptura dicotômica homem/natureza, mas logo adiante, observar-vos-eis que apesar dessas influências importantes, o ocidente produziu sua própria tradução do mundo muito antes do pensador francês ou das proposições alemãs, o que por con-

2 Considerar a passagem de M. Heidegger sobre o tema: "Este eu, ego, compreende-se desde Descartes como sujeito e subjectividade, como sujeito que se contrapõe ao objecto e à objectividade. Este ela é *res cogitans*. Em Kant este *eu* é consciência de qualquer coisa ou de si mesmo, num sentido mais amplo, razão, uma determinação que, no desenvolvimento subsequente, foi compreendida como espírito." (HEIDEGGER, 2008, p.84)

3 *Ibidem.*

seguinte propiciou o ambiente adequado para a emergência de uma razão instrumentalizada, motora da violência.

> O mito do antropocentrismo, que surge com Sócrates e a filosofia platônica, afastou para sempre o sujeito da natureza, deixando à experiência mística e às várias formas de transe a possibilidade de reverter, ocasionalmente, essa distância criada pela ordem separatista. A linguagem escrita e boa parte do pensamento racional difundiram nessa cultura os pressupostos da catástrofe ambiental contemporânea, espalhando uma cultura antropocêntrica e logocêntrica que impossibilitou, com poucas exceções, pensar o mundo além do homem. Muito mais do que paisagem externa e território da ação humana, o ambiente, por meio de sua representação escrita, deixou de ser experiência para se tornar texto – realidade conceitual e imaginada. (DI FELICE, 2009, p.28)

São séculos de absorção comum que determinaram a percepção ocidental. Esse modo de pensar é a fundamentação do que chamo de *Gestalt Ocidental,* ou seja, a formatação como se configura a cosmologia no ocidente, em parte influenciada por um modelo da corrente humanista de interpretação do mundo.

Nós somos domesticados para pensar dessa forma, ou melhor, vivemos sob adestramento. Vivemos em hordas ampliadas, oriundas das cidades-estados gregas. Herdamos uma falsa sensação de igualdade, na sistematização da constituição da cidadania, no habitar as cidades, que na prática se reflete em direitos mutilados. Nem todos gozam de igualdade e, me parece, que o exercício da equidade se desvela deficitário. Sloterdijk (1999) nos lembra que viver na cidade para muitos também significa sofrer com a cidade.

Desse modo, ainda segundo Sloterdijk (2000, 2006, 2004, 2003), o fenômeno do humanismo, da racionalização, está diretamente ligado a esse processo de sistematização do conhecimento, dos contratos entre homens e da centralidade *homo-urbs-civitas*. Um exemplo no pensamento alemão: "se hoje aqui se discutem assuntos humanos em língua alemã, esta possibilidade deve-se em boa parte à disposição dos romanos de ler os escritos dos mestres gregos como se fossem cartas a amigos na Itália." (SLOTERDIJK, 2000, p. 09)

Os homens em termos gerais, na perspectiva ocidental – desde a antiguidade clássica, podem ser definidos como aqueles animais os quais alguns sabem ler e escrever e outros não. Tese que promove um audacioso passo para compreender que homens são animais, em que alguns se dedicam à criação de seus semelhantes, enquanto outros são criados. Homens para serem criados pequenos e outros como super-homens.

> Onde o alfabetismo tornou-se fantástico e imodesto, lá se produziu a mística gramatical ou literal, a cabala, que busca delirantemente obter um insight sobre o modo de escrever do Criador do mundo. Onde, porém, o humanismo tornou-se pragmático e programático, como na ideologia ginasial dos Estados nacionais burgueses nos séculos XIX e XX, o padrão da sociedade literária ampliou-se para norma da sociedade. (SLOTERDIJK, 2000, p. 11)

Saber ler e escrever é um evento fantástico em determinados momentos da história. Não por acaso, o termo glamour é em parte uma variação de *grammar*, para aqueles que sabem ler e escrever e, desse modo, glamour também compartilha origens com o termo «magia» e que, por subsecutivo, remete sua genealogia à «gramática», originalmente encontrada na literatura com o significado de "encantamento", "feitiço", no sentido de "conhecimento oculto". Porém, gradualmente a magia é tomada pela exacerbação da razão humana, nos assuntos que interessam à centralidade do homem no mundo.

> Para o Velho Mundo, e mesmo até a véspera dos modernos Estados nacionais, saber ler significava de fato algo como a participação em uma elite cercada de mistérios – o conhecimento de gramática equivalia antigamente, em muitos lugares, à mais pura feitiçaria, e, de fato, já no inglês medieval, a palavra *glamour* desenvolvesse a partir de *grammar* para quem sabe ler e escrever, outras coisas impossíveis serão igualmente fáceis. (SLOTERDIJK, 2000, p.11)

A partir dessa linha de entendimento, podemos sugerir que o saber é sistematizado dentro de uma lógica cada vez mais técnica. Pensamos como ocidentais não por acaso. E o ocidental poder ser compreendido, de acordo com Heidegger (1977), como todo aquele pensamento que se estrutura a partir da filosofia grega clássica.

Podemos estender essa sugestão na linearidade que marca a sistematização enquanto categorias do conhecimento ocidental: a teogonia; a filosofia; o judaísmo/cristianismo; o surgimento da prensa; as revoluções dos sistemas de transmissão da informação; a ciência e a sistematização do método científico; as revoluções tecnológicas; e o big data.

Figura 1: Aspectos das Cosmologia Ocidental

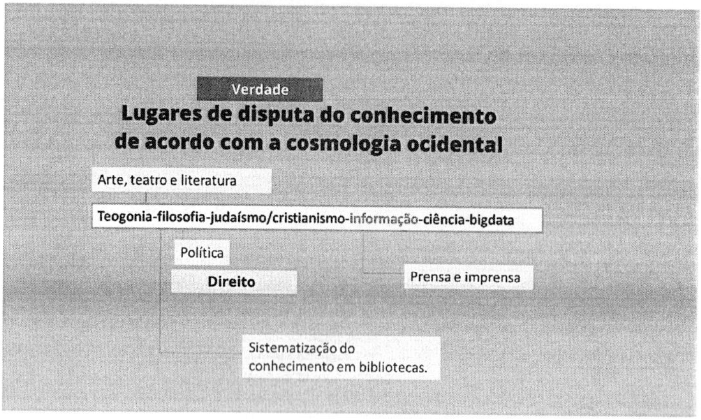

Autoria própria

Encontram-se nessas categorias lugares de disputa sobre o conhecimento, a conquista de uma razão e, logo, a defesa de uma verdade. Cada categoria apresenta suas complexidades e especificidades próprias. Não existe aqui a intenção de estimular reduções. Contudo, podemos pensar por descrições gerais, por conta do espaço restrito que um capítulo de livro exige: na teogonia, o conhecimento era consultado aos Deuses, por intermédio dos oráculos; na filosofia, o conhecimento é elemento de questionamentos, de verdades encarnadas em metáforas cristalizadas, em processo de desgaste, e faço esse adendo ao resgatar uma posição sob o olhar nietzscheano; no judaísmo/cristianismo, o conhecimento está na graça de Deus, e a verdade está no verbo, na palavra sagrada; com o surgimento da prensa e da imprensa, o conhecimento é sistematizado na produção em escala e a verdade está nos livros, na imprensa e nos intelectuais especializados; a ciência produz conhecimento ao testar a verdade e por vezes a requer por intermédio do método; já no big data, o conhecimento está no algoritmo e a verdade emerge fluída e fragmentada.

De fato, o big data escancara um movimento que surge antes das tecnologias imediatistas e reticulares: o fim das certezas e a palavra possibilidade parece indicar o processo categórico em que nos encontramos. E assim nos ambientes fluídos ou de espumas, para recuperar Peter Sloterdijk, não existe um método certo no mundo das incertezas. Sujeito e objeto não são e não estão distantes como imaginávamos. O que parece existir são possibilidades abertas para uma experiência compartilhada e sensível.

Descola (2013) argumenta que nas últimas décadas não houve consenso sobre qual rumo tomar para combater o dualismo sobre a cisão entre sujeito-objeto e suas variações, incluindo o afastamento do homem da natureza. O caminho[4] mais comumente adotado pode ser qualificado como fenomenológico no sentido amplo do termo. Caminho que descreve o entrelaçamento da experiência dos mundos social e físico. A abordagem fenomenológica seria um modo que desafia a busca de princípios transcendentes de natureza sociológica, cognitiva ou ontológica. Da mesma forma, recusa-se as categorias culturais que são particularizadas ou historicizadas. A experiência do fenômeno busca os relacionamentos que unem humanos e não-humanos em uma rede de identificação recíproca e complexa.

> Porque tenta chegar o mais próximo possível da maneira como as coletividades descritas vivem e percebem seu engajamento no mundo, essa abordagem ganha, sem dúvida, fidelidade ou credibilidade, em comparação com modos de saber que enfatizam o desvelamento de estruturas

---

4 Levar em consideração o caminho como método, conforme M. Heidegger: O termo "método" é formado do grego μετα [meta] e οδοσ [odós]. ηοδοσ significa o caminho. μετα significa: além, para lá. "Método é o caminho que leva a algo, uma área, o caminho pelo qual estudamos um assunto" (HEIDEGGER, 2009, 128).

> ou determinações causais. No entanto, é preciso admitir que a vantagem de um relato mais realista da complexidade local é adquirida à custa de uma menor inteligibilidade de complexidade global, isto é, das múltiplas formas de relações entre os seres. O direito de transparência obtido na escala etnográfica torna-se um fator de opacidade assim que se procura explicar os motivos da diversidade de pontos de vista instituídos testemunhados pela etnografia e a história. É isso que devemos considerar agora. (DESCOLA, 2013, p. 64-65, tradução minha)

De acordo com Descola (2013), essa antropologia fenomenológica vem se apoiando em uma filosofia do ser-no-mundo, inspirando-se na ideia husserliana de *Umwelt* como base original da nossa experiência e do horizonte da nossa intencionalidade, bem como nos desenvolvimentos e reformulações desta ideia por Heidegger e Merleau-Ponty. Como dizia Merleau-Ponty, "a verdade não habita apenas o homem interior, ou, antes, não existe homem interior, o homem está no mundo, é no mundo que ele se conhece" (MERLEAU-PONTY, 1999, p. 06).

O modo de habitar o mundo está em crise, em parte pela condição antropocêntrica que adquirimos e pelo fato do ocidente construir uma verdade racionalista (DI FELICE, 2009). Não é a raro ouvirmos falar sobre a crise ecológica, a política, a econômica etc. A crise é um termo genérico e está na narrativa diária dos jornais de todo o ocidente, aparece nas conversas em bares, barbearias, cafés, virou motivo para puxar assunto quando não temos algo mais importante para falar. Michel Maffesoli entende que:

> Recessão econômica, perturbação moral ou física, situação tensa no domínio político ou institucional. Pode-se multiplicar à vontade as definições e campos de aplica-

> ção desse misterioso ectoplasma que é a crise. De minha parte, eu diria que, por meio desse termo, expressasse a necessidade do retorno periódico *"ad integrum"*, retorno aos fundamentos, aos fundamentais. Em certos momentos, uma sociedade não tem mais consciência daquilo que a mantém unida e, a partir daí, ela não tem mais confiança nos valores que garantiam a solidez do vínculo social. Basta pensar neste exemplo simples: a relação de amor ou de amizade se esfacela. Sem que se saiba bem por quê. Pelo uso. Pelo cansaço. E são todos os elementos que constituem essa relação de amor ou de amizade que, de repente, desmoronam. (MAFFESOLI, 2010, p.21)

Ao desconfiar dos contratos, das amizades, das certezas que sempre foram concretas, Maffesoli (2010) entende que ocasionamos uma espécie de mal-estar nos que compartilham a visão moderna. E, em certo modo, por motivo próximos, Descola (2013; 2016; 2006) nos convida ao questionamento, a duvidar mais vigorosamente dos fundamentos de nossa própria posição no mundo.

Cosmofagia

O ocidente sistematizou e legitimou lugares específicos de reconhecimento do saber por intermédio da escrita, e nesse processo excluiu os espaços de vozes das diversidades étnicas orais. O uso da letra constrói pontos de vista, razões, verdades, restritas aos letrados ocidentais. A oralidade se dissolve pelo ar, enquanto que a escrita é catalogada, registrada e é versão que prevalece.

Os saberes tradicionais, étnicos, das florestas emergem na literatura, historicamente na palavra antropológica tutelada a terceiros, em geral ocidentais brancos. Ao passo que o alcance das populações não-ocidentais aos espaços legitimados de voz é um fenômeno recente.

As crises do ocidente chegam às aldeias como a doença terminal que devora a carne e a mente. Chegam com a prática da violência virulenta de ataque aos corpos e na forma da violência simbólica, como cosmofagia, que apaga a comunidade e a memória em sua existência. Adentra na floresta por uma mentalidade do sujeito que tudo pode, e que em certas ocasiões é legitimado pelo Estado.

Além dos modos autoritários oriundos das práticas ocidentais, Sloterdijk (2012; 2020) alerta que a consciência, que a razão, pode apresentar um outro caráter, o de cínico moderno, que se alimenta da ironização radical da ética, da convenção social e das leis que servem apenas aos tolos. Parcialmente culpa a burguesia: são empresários inescrupulosos, desiludidos, estrategistas de sistemas, renegados sem convicções, um associal integrado.

A amargura dos cínicos modernos vem acompanhada da "falsa consciência esclarecida" (SLOTERDIJK, 2012, p. 34), de um agir contra o melhor saber, contra o conhecimento aberto para as possibilidades. O sujeito moderno, detentor de poder, pode assumir o papel do senhor cínico, que sorri para seu o frágil adversário e o oprime.

> Quanto mais uma sociedade moderna se vê sem alternativa, mais ela é cínica. No fim das contas, ela ironiza suas próprias legitimações. Valores fundamentais e subterfúgios sem fundem imperceptivelmente. Os detentores no poder no cenário político se tornam ocos, esquizoides, incertos. (SLOTERDIJK, 2012, p. 167)

E desse modo o Estado vive sua crise. O novo cínico ocupa o papel de colonizado e colonizador; ora é administrado, ora assume a administração; um agente democrata que simultaneamente é portador da destruição; um pacifista encadeador de catástrofes. O cínico moderno é o próprio perfil esquizoide dentro da lógica da falsa consciência esclarecida.

Nesse sentido, a cosmofagia se desvela como fenômeno do ocidente para disseminação e homogeneização de seus valores, distorcidos ou não, sobre os outros, em processo de domínio das comunidades, agora violadas, que são fundamentalmente distintas nas suas formações cosmopolíticas. A cosmofagia é a extinção das memórias, dos corpos e das práticas ancestrais não-ocidentais, em nome da manutenção de um único modo de existência.

Descola (2013) acredita que a experiência com sociedades não-ocidentais possibilita uma situação mais favorável para superar nossa própria miopia. A pesquisa de campo proporciona, em ambientes não-ocidentais, confrontos com os sistemas de objetivação do mundo que não coincidem com os nossos próprios e isso derrama uma luz diferente sobre o modo de ver. Desse modo, o presente texto não fala em nome de uma comunidade, mas compartilhará um conhecimento adquirido em conjunto, a partir de pesquisa realizada entre os anos de 2013 e 2019, juntos aos Krahô, uma etnia que habita o cerrado, já dentro da Amazônia Legal, e pesquisas na região Amazônica nos anos de 2020, 2021 e 2022.

Cosmovisões distintas

Até o momento, percebemos que o ocidente construiu uma extensa narrativa própria sobre o mundo, em desfavor de outro modos de existência. Desde a era grega clássica, o homem foi supostamente colocado à parte da natureza: em nome de um modo de racionalização do pensamento sobre o ambiente; criando novos ambientes de acordo novas linguagens; configurando os ambientes de acordo com as linguagens; e exercendo a autoridade do sujeito pensante sobre o objeto observado, a própria natureza.

Obviamente a bolha ocidental carrega características etnocêntricas marcantes. Quando um modo cosmológico de percepção do mundo encontra outro modo distinto é possível perceber a emergência das incompreensões que se instauram. Emerge o etnocentrismo e em ocasiões gritantes, o racismo. Talvez um dos exemplos mais didáticos para explicar essa situação é o episódio que narra Lévi-Strauss.

> Nas Grandes Antilhas, alguns anos após a descoberta da América, enquanto os espanhóis enviavam comissões de investigação para indagar se os indígenas possuíam ou não alma, estes últimos dedicavam-se a afogar os brancos feitos prisioneiros para verificarem, através de uma vigilância prolongada, se o cadáver estaria ou não sujeito à putrefação. (LÉVI-STRAUSS, 1987, p. 21, tradução minha)

Este breve trecho foi retirado de um texto sobre etnocentrismo escrito inicialmente em 1952 para a UNESCO. Lévi-Strauss (1987) tenta mostrar que, finalmente, o etnocentrismo constituiria uma atitude universalmente compartilhada e praticada por todos os povos.

Ao pensarmos sobre a diferença de comportamento dos nativos e dos espanhóis, muito mais que um relativismo cultural, iremos cair provavelmente em uma questão de perspectiva. Enquanto o ocidente se preocupava com a perspectiva do homem temente a Deus, o salvamento da alma, o não-ocidente procurava a resistência corpórea, já que a alma era dada.

Basicamente os europeus incluíram os ameríndios na categoria de animais, já que não tinham alma, eram objetos, e depois meios para ganhos materiais. E os nativos suspeitavam que os europeus eram deuses, por isso a preocupação com a resistência da carne, logo, existia a importância da observação do apodrecimento do corpo.

Contudo, é imperativo ressaltar que a visão ocidental da época revelava a certeza do corpo do indígena, assim como a existência de todos os animais. Ao mesmo tempo, os povos originários não duvidavam que os europeus tivessem uma alma. De modo geral, a concepção ameríndia revela o povoamento de humanos e não humanos, distinguidos por diferentes pontos de vista.

Devemos nos lembrar que as indagações dos espanhóis eram praticadas com a morte. A guerra cosmológica se instaura nesse momento de incompreensão do mundo do outro, presente em ambas as partes. De um lado estão os espanhóis decidindo se aqueles homens são dignos de um Deus cristão, se existe alma nos ameríndios; do outro lado estão os ameríndios testando a resistência da carne dos deuses que acabaram de chegar na praia. Cada visão cosmológica constrói sua própria esfera de modo a deixar emergir suas caraterísticas específicas.

Já a mente xamânica apresenta especificidades em relação a cada etnia, mas, aparentemente, sempre se trata de uma ecologia. Não existe a separação de homem-natureza e dos elementos da natureza. O mundo físico e espiritual está conectado. A humanidade não está restrita aos corpos humanos. A onça, o macaco, a cobra, as árvores também são gente. E cada um desses atores assume seus próprios rituais, caça e compartilha conhecimento.

No caso Krahô, todo o território está em trânsito e dentro dele as pessoas, as aldeias, as trilhas, os animais, as plantas, os minerais e os espíritos. O que se pode notar é que o processo de desvelamento que se reflete na aldeia apresenta possibilidades de um trânsito, de redes. O território, mesmo com as interferências ocidentais, preserva muito da conexão Krahô e parece ser o espelho da formação reticular e do conhecimento nativo, que ultrapassa o sentido clássico ocidental.

Citarei alguns exemplos que remetem aos modos de existências conectados, dos quais me refiro. Os Krahô apresentam um outro olhar sobre o comum, o compartilhado e a conexão. Enquanto o ocidente tende à exacerbação do indivíduo e do acúmulo, as comunidades indígenas prezam pelo coletivo e pelo não-acúmulo.

Figura 2: Aldeia Krahô

Autoria própria

Um exemplo de conexão é o aspecto do conceito de Ikré, ou da casa Krahô. É evidente que o modelo de residência é uma adaptação próxima a dos sertanejos no interior do Brasil. Contudo, a concepção é totalmente ecológica. Eles entendem que a casa é sustentada por *Ikré wrêhi*, costela de animal.

A perspectiva é orgânica, existe a concepção de receptáculo e o estar-em-rede. A arquitetura da casa, relativamente simples, vela a complexidade das relações internas. Nessa concepção, de fato, parece haver um transplantar o interior uterino para outro interior, a casa, e assim o Krahô se percebe a partir da condição orgânica.

A casa mantém a mulher no seio do seu lugar de origem. O homem recém-casado, que ao se mudar para a nova habitação, ganha uma nova família e uma dívida com o sogro que deve cumprir durante toda a sua vida. O homem deve prover a casa, ser generoso, prestar favores e presentear seus novos familiares. Se a casa não puder abrigar todos, o novo genro constrói sua morada nos fundos, em respeito aos pais da esposa que já moram ali primeiro.

Existe outra perspectiva ecológica, de conexões entre as mulheres e suas casas. Na mitologia, as mulheres são cabaças e cada casa também uma cabaça, que nutre seu interior. Mulheres e casas assumem o lugar da gestação, versão que aparece no discurso feminino da aldeia e que pode ser acompanhado no trabalho de Prumkwyj Krahô (2017). Na mitologia, a mulheres são cabaças, e os croás (homens) foram reunidos nas águas de um rio. A casa se apresenta como a extensão uterina, um espaço de conexão umbilical.

Figura 3: Aldeia de cabaças

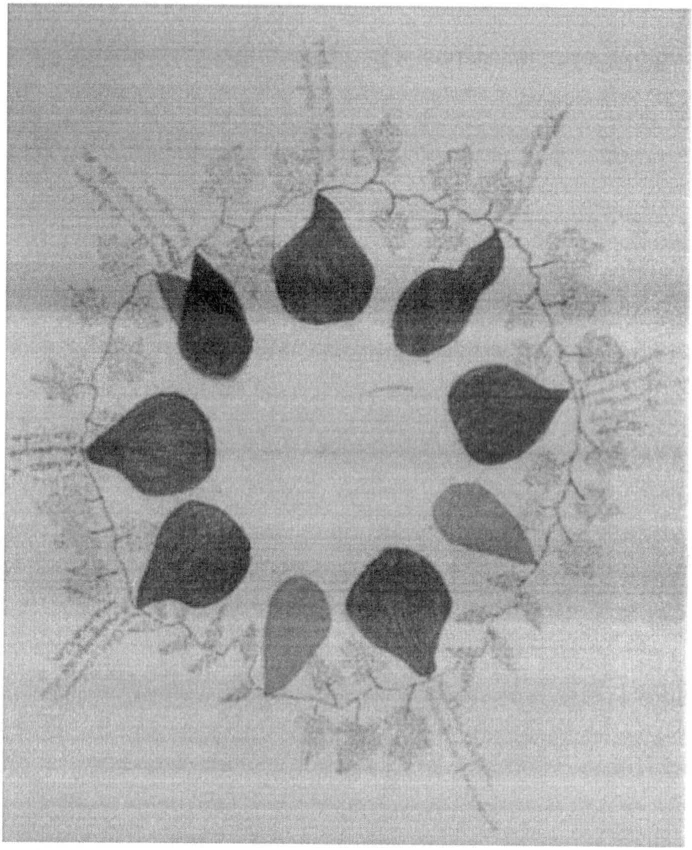

Adaptado de Krahô (2017, p.29).

Figura 4: Mulher Krahô

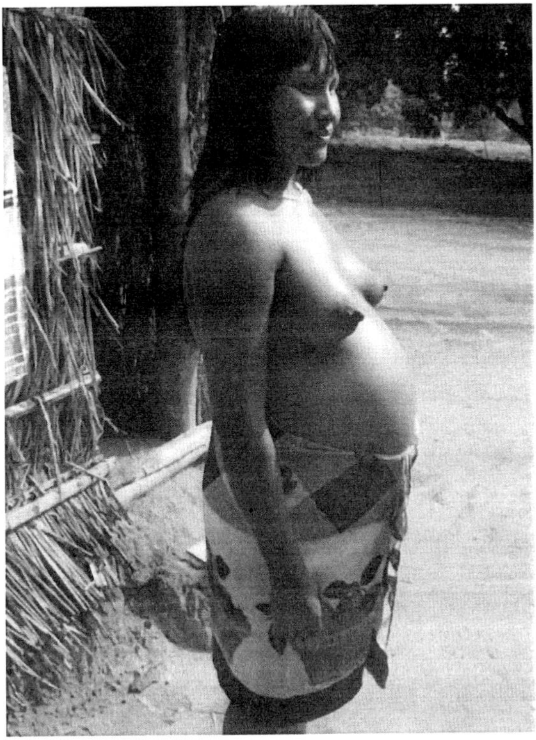

Autoria própria

Na visão da mulher, *mehĩ*, cada casa é um elemento conectado. Todas as casas estão interligadas por caminhos, por relações internas-externas, ao passo que o pátio *(Ka)* não é o centro e sim o entorno. O *Ka* é lugar dos debates, e também seria uma referência à pele do veado. Então, seria aquilo que contorna a palavra.

Costa (2013), durante boa parte de sua tese, mostra que a imagem mental do lugar onde se mora entre os Krahô também está diretamente relacionada ao *mekarõ*, algo próximo ao que chamamos de espírito. Por exemplo: se alguém pede a um Krahô para desenhar onde ele mora, o mapa mental refletido no papel é o *Pjê Mekarõ* (o lugar dos espíritos). Não do espírito enquanto mente (enquanto ciência do espírito), mas aquilo que habita o Outro, sem restrição de corpo.

Figura 5: Pjê Mekarõ

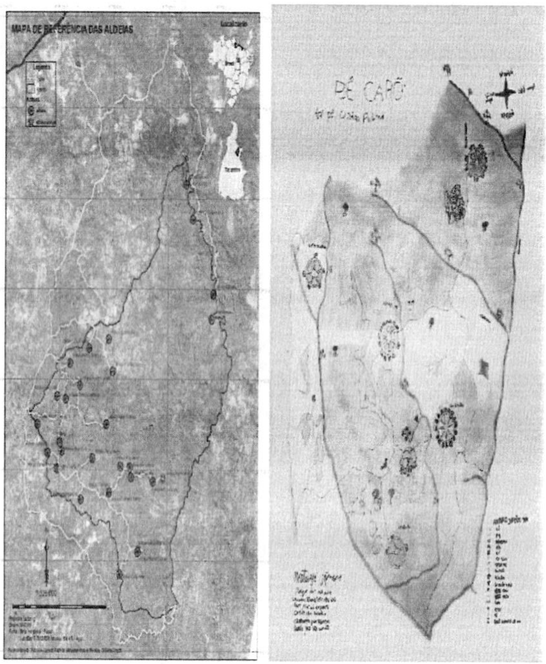

Adaptado de Costa (2013)

O Pjê parece ser um grande território habitado por espíritos abrigados em uma ecologia diversa e que estão organizados em consonância com a forma reticular das aldeias, um lugar em trânsito. O trânsito passa por uma ideia de reticularidade. Cada aldeia sabe o seu limite no território e as divisões são virtuais (obviamente existe um grau de volatilidade nessas divisões). Nesse contexto, as novas aldeias emergem como ilhas, frutos das divergências.

Costa (2013) nos permite pensar como se constitui essa ecologia, com informações geográficas de satélite e o uso de mapas mentais. No lado esquerdo temos imagens de satélite que transubstanciam o território em algo digital, precisamente construído a partir do recolhimento de informações. No lado direito, parte do território, que foi desenhado pelos próprios Krahô no estilo mapa mental. O que emerge do desenho é uma ecologia obedecendo aos padrões do *mekarõ*.

Assim, no mapa anterior pode-se ter uma noção da formação ecológica Krahô. Na imagem de satélite, as linhas amarelas representam as trilhas, que no meio de cerrado dão forma à rede não-digital nativa. No mapa mental podemos ter uma noção de como os Krahô imageticamente entendem sua própria ecologia. Note-se ainda que as linhas amarelas revelam um território muito além da terra demarcada.

Todo o território está em trânsito e dentro dessa complexidade as pessoas, as aldeias, as trilhas, os animais, as plantas, os minerais e os espíritos formam uma ecologia. Não é separado. O que se pode notar é que o processo de desvelamento que reflete na aldeia apresenta possibilidades de um trânsito em rede, que parece ser o espelho da formação reticular e do conhecimento nativo, que ultrapassa o sentido clássico ocidental.

Os Krahô e seu conhecimento tradicional, assim como outras etnias, passaram a se conectar nas redes digitais. Dentre as tecnologias que chegaram às aldeias é a primeira vez que eles de fato assumem um espaço de voz para reivindicações, registro de memórias e de seus posicionamentos não dicotômicos no mundo. Suas redes estão conectadas às redes digitais.

Tecnologias e conexões, para pensar a cidadania digital

Pereira (2013) lembra que as especificidades de conexão, os elementos míticos, xamânicos, cosmológicos, alianças e as redes tradicionais são reconfiguradas de acordo com as formas de reapropriação dos modos comunicativos. As paisagens midiáticas, *mediascapes*, principalmente da música, do audiovisual, do digital, vêm fortalecer os projetos desses coletivos, de acordo com as resistências e necessidades que surgem em cada território. Se antes a escrita restringia essas populações, o digital possibilitou a conexão de todos, a partir dos sinais que atravessam o território.

Não é o caso de se pensar aqui por utopias tecnológicas, retomando os processos instrumentalistas e tecnicistas já citados, mas de observar como essas comunidades se apropriam das tecnologias ocidentais para práticas de resistência. E é por esse caminho que podemos pensar a cidadania digital.

Os indígenas no território brasileiro possuem, de acordo com sua língua e suas memórias, uma biblioteca virtual, de conhecimento inalcançável. Além do volume de dados imateriais, essas etnias também passaram a navegar na Internet, gerando outro Big Data, que ficou impossível de acompanhar sem uso de *software*. A partir da rede Krahô, foi possível mapear uma visão geral dos pontos de acesso das etnias no Brasil.

Figura 6: Mapa de Etnias

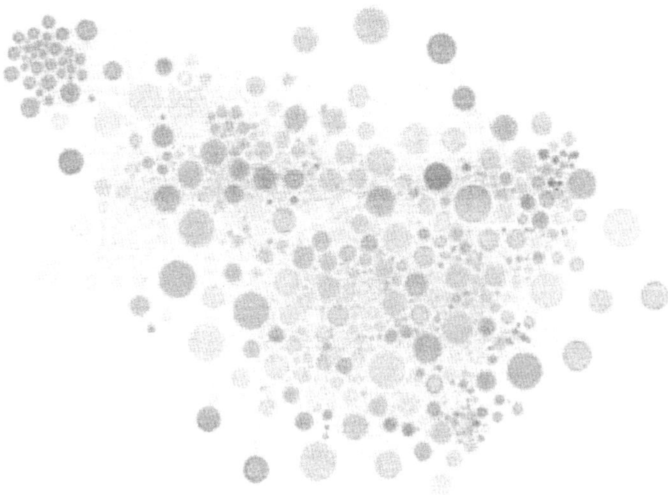

Autoria própria, modelado de Gephi

Figura 7: Ameríndios Conectados à Internet, no Brasil

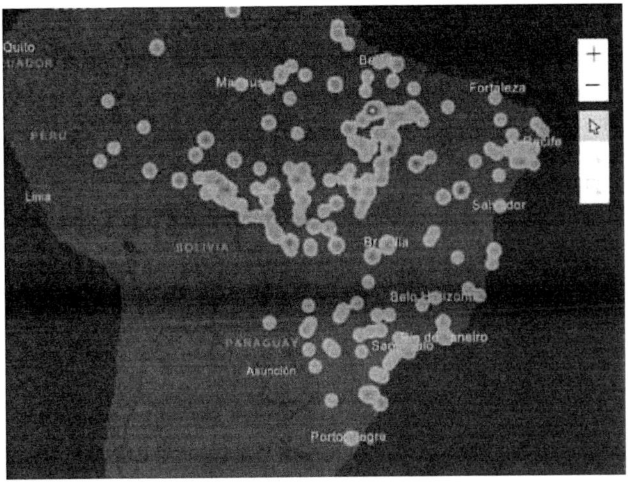

Autoria própria com uso de Power BI

Evidentemente, o contexto se caracteriza dentro de ações net-ativistas, no aumento da representatividade desses povos nas redes, na profissionalização das equipes, na estruturação de páginas para denúncias de invasões de territórios etc. O uso e a apropriação da Internet servem como extensão da aldeia, nos lugares de diálogo e de luta, na produção de conteúdo feita pelos próprios indígenas, por meio de blogs, sites e informações em perfis de redes sociais.

Segundo Pereira (2013), essa atuação comunicativa nas redes digitais coloca em debate os esquemas interpretativos de categorização desses povos, principalmente aqueles que associam a eles um estágio estático de suas culturas e que o uso das novas tecnologias os torna "menos índios". Assim, o net-ativismo ameríndio ou net-ativismo indígena é uma forma de resistência, de reforço identitário, de reconhecimento dos pares, nas redes digitais, no combate à cosmofagia praticada contra essas comunidades.

Mais do que o simples uso de tecnologia, o net-ativismo entre os povos originários se tornou uma condição de batalha, que representa a expressão das realidades diversas e locais que cada comunidade enfrenta no cotidiano, fato condizente com as pesquisas de Franco et al. (2020) e Franco e S Silva (2020).

Considerações Finais

Para pensarmos novos paradigmas da cidadania é importante pensar a emancipação do sujeito sob o domínio de outros sujeitos, e não a separação sobre a natureza. Como nos demonstram os Krahô, somos natureza e ela não nos é externa. Estamos diante de novos desafios. Existem atores humanos e não-humanos que estão à parte desse processo, a exemplo das cosmologias das florestas.

As pesquisas que ainda estamos realizando vêm demonstrando que as redes indígenas, por intermédio do net-ativismo, estão combatendo a cosmofagia nos territórios com uso de tecnologia reapropriada. Desse modo, podemos destacar que o ambiente digital permite que: os povos indígenas sejam frequentemente atualizados sobre a luta por seus direitos, de acordo com seus pares; se combatam as fake news produzidas contra os povos indígenas com o intuito de distorcer a realidade local e de atingir a reputação dos povos da floresta de acordo com interesses econômicos e políticos; haja fontes confiáveis a todas as comunidades indígenas no combate às crises sanitárias e humanitárias; utilizem para defesa do territórios contra garimpeiros, madeireiros, fazendeiros, caçadores e pescadores ilegais.

Referências

COSTA, R. O. *Na trilha dos Timbiras*: sustentabilidade e territorialidade Krahô. Tese (Doutorado em Desenvolvimento Sustentável). Centro de Desenvolvimento Sustentável. Universidade de Brasília: Brasília, 2013.

DESCOLA, P. *The ecology of others*. Chicago: Prickly paradigm press, 2013.

________. *Outras naturezas, outras culturas*. Trad. Cecilia Ciscato. São Paulo: Editora 34. 2016.

DI FELICE, M. *Paisagens pós-urbanas*: o fim da experiência urbana e as formas comunicativas do habitar. São Paulo: Annablume, 2009.

FRANCO, T.; DI FELICE, M.; PEREIRA, E. O net-ativismo indígena na Amazônia, em contextos pandêmicos. *Estudos em Comunicação*, v. 31, p. 109-131, 2020.

FRANCO, T.; SILVA, M. R. Cosmofagia e net-ativismo indígena brasileiro, durante a pandemia da Covid-19. *Revista Latinoamericana Comunicación Chasqui*, v. 145, p. 181-196, 2020.

HEIDEGGER, M. *A Origem da obra de arte*. Lisboa: Edições 70, 1977.

_____ *Ensaios e conferências*. Petrópolis: Editora Vozes, 2008.

________. *Seminários de Zollikon*. 2 ed. rev. Petrópolis: Vozes; Bragança Paulista: Editora Universitária São Francisco, 2009.

KRAHÔ, P. *Wato ne hômpu ne kãmpa*: convivo, vejo e ouço a vida Mehi (Màkrakè). Dissertação (Mestrado em Desenvolvimento Sustentável). Universidade de Brasília, 2017.

LÉVI-STRAUSS, C. *Race et Histoire*. Paris: Mediations, 1987.

MAFFESOLI, M. *Saturação*. Tradução de Ana Goldberger. São Paulo: Iluminuras: Itaú Cultural, 2010.

MERLEAU-PONTY, M. *Fenomenologia da percepção*. Tradução Carlos Alberto Ribeiro de Moura. São Paulo: Martins Fontes, 1999.

PEREIRA, E. S. *O local digital das culturas:* as interações entre culturas, mídias digitais e territórios. ECA, 2013. 295f. Tese (Doutorado). Escola de Comunicações e Artes da Universidade de São Paulo, São Paulo, SP.

SLOTERDIJK, P. *No mesmo barco*: ensaio sobre a hiperpolítica. São Paulo: Estação Liberdade, 1999.

________. *Regras para o parque humano*: uma resposta à carta de Heidegger sobre o humanismo. São Paulo: Estação Liberdade, 2000.

________. *Esferas I*. Madri: Ediciones Siruela, 2003.

________. *Esferas II*. Madri: Ediciones Siruela, 2004.

________. *Esferas III*. Madri: Ediciones Siruela, 2006.

________. *Crítica da razão cínica*. São Paulo: Estação Liberdade, (1983) 2012.

________. *Las epidemias políticas*. Buenos Aires; Ediciones Godot, 2020.

PARTE II

COSMOLOGIAS AMAZÔNICAS

A amazonização do pensamento como re-existência decolonial

Maria Audirene de Souza Cordeiro[1]

Introdução

Há tantos modos novos de definir e redefinir o que nos cerca. Há tantas palavras para assegurar essa captura que nos perdemos nos meandros semânticos. E sempre me preocupo quando ouso traduzir e/ou nominalizar elementos de um dado sistema de aprendizagem. A terna advertência atribuída a Kierkegaard ecoa a cada escolha enunciativa: "Ao me dar um nome, um rótulo, você nega todas as outras coisas que eu poderia me tornar. Você trancafia uma partícula tornando-a uma coisa, prendendo-a, dando a ela um nome. Mas ao mesmo tempo, você a está criando, definindo a sua existência".

É calcada nesse risco que ouso socializar neste texto o resultado de um novo diálogo com os dados etnográficos de

1 Professora Associada I do Instituto de Ciências Sociais, Educação e Zootecnia da Universidade Federal do Amazonas (ICSEZ/UFAM). Doutora em Antropologia Social pela UFAM e pós-doutoranda na Universitat Autònoma de Barcelona - ICSEZ/UFAM/FAPEAM AHCISP/UAB. Além da atuação docente, desenvolve atividades de pesquisa e de extensão em comunidades ribeirinhas do Médio e Baixo Amazonas sobre territorialidades, corpo, práticas de cura não institucionalizadas e cosmologias ameríndias.

minhas pesquisas[2] realizadas em regiões no Baixo Amazonas desde 2012, envolvendo estudos sobre os processos de adoecer, simultaneamente associados às práticas de cura ali utilizadas. Devido à coerência do repertório interpretativo, tais reflexões amparam-se nas contribuições sempre atuais de alguns estudiosos (MBEMBE, 2014; MIGNOLO, 1999, 2008; MORIN, 1977; QUIJANO, 2007; SANTOS, 2007, 2010; SPIVAK, 2010), cujas discussões permitem descolonizar formas-pensamento impostas aos modos de ser e viver de nossa gente.

Dados em rede

Em 2013, realizei um survey na cidade de Parintins/AM3 a respeito dos diversos modos de diagnosticar e tratar processos de adoecimento não capturados por instituições religiosas e sanitárias – por mim denominados como "práticas de *cura não* institucionalizadas". Tinha-se por objetivo identificar as relações estabelecidas entre as formas de *adoecimento* e seus processos de *cura*, descaracterizando com isso a suposta afirmação de que tais práticas haviam deixado de existir. Pela pertinência dos fatos, essa busca permitiu-me identificar uma complexa e extensa rede de agentes

2 Grande parte deste artigo são trechos de minha tese (CORDEIRO, 2017) e adaptação de minha participação na Mesa Cosmologias Amazônicas do III Congresso Internacional de Comunicação Digital.

3 O município de Parintins (AM), distante 369 km a leste da capital do estado, Manaus, está localizado na 9ª sub-região, no Baixo Amazonas, território brasileiro, latitude sul 2º 36'48" e longitude oeste 56º 44, a 50 metros acima do nível do mar. Já a cidade de Parintins ou ilha Tupinambarana, sede do município, está situada à margem direita do rio Amazonas, distante de Manaus - capital do estado do Amazonas - 369 km em linha reta e 420 km, via fluvial (SOUZA, 1996). A população é de 102 mil e 33 pessoas, sendo 69 mil e 850 residentes na zona urbana e 32 mil e 143 na zona rural (IBGE, 2010).

não biomédicos em atuação. Optei por denominar, rotular, trancafiar no termo "não biomédicos(as)" um grupo de pessoas que se autodefiniam como *benzedores(as), rezadeiras, curadores(as), costuradores(as) de carne rasgada, pegadores(as) de desmintidura, colocadores(as) da mãe do corpo no lugar, rezadores(as) pra tirar espinha da garganta, sacacas, fazedores(as) de remédios caseiro, conhecedores(as) de remédios do mato, puxadores(as) de barriga4.* O fazer definia o ser. Conversei e coletei as histórias de vida de 256 (duzentos e cinquenta e seis) não biomédicos(as).

Essas narrativas me permitiram mapear a rede urbana de cura que se mantém atuante na cidade a despeito dos longos processos de deslegitimação, criminalização e marginalização agenciados pelas igrejas, pelo judiciário, pelas universidades e pelos conselhos classistas de profissionais da saúde. Além disso, foi possível também identificar rotas migratórias geográficas intra e inter regionais, bem como determinar as faixas temporais e relações de parentesco e de compadrio que contribuíram para a configuração dessa rede.

Cruzei as informações com outras pesquisas realizadas na região do Baixo Amazonas, dentre as quais cito os estudos de Nimuendajú (1949), Veríssimo (1970), Figueiredo (1976, 1979, 1994), Menéndez (1981, 1992), Parker (1985), Nugent (1993, 2004), Slater (1994), Maués (1995, 1977, 2005, 2008), Wawziniak (2003, 2004, 2008, 2012), Ioris (2014) e Mahalem de Lima (2015). Há ainda diversos estudos realizados em outras macrorregiões do estado do Pará que evidenciam a existência do compartilhamento desse construto holístico comum (GALVÃO (1955), MO-

4 Ao longo deste texto grafarei em itálico palavras em inglês, termos e categorias nativas. A tradução ou explicação destes(as) tomaria muito espaço, por isso sugiro acessar a explicação em Cordeiro (2020, 2017, 2016).

TTA-MAUÉS (1989), LIMA AYRES (1999), CRAVALHO (1993, 1998), LOUREIRO (1995), VAZ FILHO (1996a), MURRIETA (2008, 2001), BOYER (1999), HARRIS (2000, 2006) e MAUÉS e VILLACORTA (2001)).

Um admirável mundo novo se descortinou. Acessei não só os modos de adoecer e curar na ilha Tupinambarana mas todo um complexo sistema cosmológico imanente no Médio e Baixo Amazonas que ordena, complexifica, atualiza e opera uma arquitetura cognitiva de explicação da realidade que propõe, para além da epistemologia greco judaica e eurocêntrica vigente, uma outra possibilidade de compreensão do ordenamento do mundo.

Sistema cosmológico em imanência

Há entre os(as) moradores(as) do Baixo e Médio Amazonas[5] a crença nos encantados. Seres com poderes sobrehumanos com os quais mantêm uma relação de ambivalência. Assim como eles podem curar diversos processos de adoecimento, também podem causar males contra os quais a medicina dos brancos não tem remédio. Muitos(as) moradores(as) de comunidades e cidades distribuídas ao longo dos rios Amazonas e Tapajós (PA) asseguram que *os encantados* moram na *cidade do fundo* (ou encante), cuja localização exata não podem determinar, mas asseveram que há, em diferentes pontos da topografia amazônica, portais de acesso a esse cosmos.

Em Parintins (AM), esses seres recebem o nome de *bichos do fundo* e vivem numa *cidade do fundo*; um local encantado, lo-

5 Municípios do Médio e Baixo Amazonas no estado do Amazonas: Barreirinha, Boa Vista do Ramos, Itapiranga, Maués, Nhamundá, Parintins, São Sebastião do Uatumã, Silves, Urucará, Urucurituba; no estado do Pará: Alenquer, Almeirim, Belterra, Terra Santa, Oriximiná, Óbidos, Prainha, Curuá, Mojuí dos Campos, Monte Alegre, Faro, Santarém e Juruti.

calizado no fundo de rios, igarapés, paranás e lagos da região do Baixo Amazonas. Essa categoria *bicho* foi também registrada por Wawzyniak (2012, 2008, 2004, 2003) na região do Tapajós, onde é usada para denominar qualquer ser estranho ou potencialmente perigoso, abrangendo, "além dos encantados, as agências modernizadoras e seus técnicos, os quais, sob diferentes 'formaturas', aparecem repentinamente na vida cotidiana, individual ou coletiva" (WAWZYNIAK, 2010, p. 24).

Inseridos e partícipes em um cenário de diferentes "*cosmologias*"[6], os(as) moradores(as) do Baixo Amazonas constroem e partilham conhecimentos com *bichos do fundo*, numa concepção de mundo em que esses seres possuem as mesmas faculdades, os mesmos comportamentos e códigos morais atribuídos aos(às) moradores(as) de Parintins (DESCOLA, 1992, 1997), e, junto com estes, formam uma comunidade ordenada conforme os mesmos princípios (ARHEM, 1996; DESCOLA, 1992), ou, como afirma Latour (2001, p. 222), um colctivo no interior do qual ocorre um "intercâmbio de propriedade".

Entre os ribeirinhos parintinenses, da mesma forma que com os tapajônicos, esse 'intercâmbio' é possível por meio do "se engerar" (WAWZYNIAK, 2012). É por meio do se ingerar[7] que

6 Para Arhem (1996 apud WAWZYNIAK, 2012), cosmologia pode ser entendia como "um construto cultural holístico formado por um conjunto de representações e saberes que orientam os indivíduos, moral e existencialmente, na sua interação com a natureza" (p. 41).

7 Há o registro de alternância apenas fonética entre 'en' e 'in' na variedade linguística adotada na região do Baixo Amazonas. Como os dois prefixos assumem sentidos diferentes na língua Portuguesa (in-: privação, negação ou movimento para dentro; e en-: posição interior, movimento para dentro) poderia ter optado pelo uso de engerar, como o fez Wawzyniak (2003, 2004, 2008, 2012), porque o sentido registrado não determina a acepção de ingerar como negação, tal qual o uso do in- pode indicar. Todavia,

os bichos e os agentes podem acessar os espaços uns dos outros e somente pela chave da imanência[8] é possível compreender como a relação entre *os bichos do fundo* e *os/as gentes de cima* interfere diretamente nos modos de vida desses povos.

O se ingerar – dispositivo cosmo-ontológico

A princípio, entendi o *se ingerar* como transformação, segundo propõe Wawzyniak (2012, 2008, 2004, 2003), mas, no decorrer da pesquisa, fui percebendo que em Parintins (AM) há outras acepções para o uso dessa categoria. Um dos mais recorrentes é para indicar a capacidade de um corpo se valer de outro corpo para realizar determinada ação. Por exemplo, para ter acesso à *cidade do fundo*, sem a companhia de um dos moradores do lugar, *os/as gentes de cima* precisam *se ingerar* em um dos *bichos do fundo*. Sem *se ingerar* num dos corpos deles, um/uma *gente de cima* com o *corpo de gente* não consegue chegar até a *cidade do fundo*. Por outro lado, como os *bichos do fundo* dominam o *ingeramento*, podem visitar a cidade de cima *ingerados em gente* ou em qualquer coisa (fumaça, água, árvore) para ir ter com os/*as gente da cidade de cima*, e até mesmo, sem se *ingerar*, ou seja, podem passear pela cidade como *bichos*, sem que ninguém consiga vê-los.

---

os(as) interlocutores(as) da pesquisa usam o ingerar e assim é grafado pelos compositores locais nas toadas de boi das décadas de 1980 e 1990 nas quais o termo é citado. As toadas em que o termo aparece são usadas para apresentação do pajé que geralmente se ingera durante a encenação de um ritual indígena quando se atualiza em cena a uma luta do bem contra o mal nas três noites do festival folclórico de Parintins (AM), confira em https://www.youtube.com/watch?v=SiN3eDeewc0; https://www.youtube.com/watch?v=oWoUoc3h614.

8 Usada aqui no sentido de que "a imanência absoluta é nela mesma: ela não está em alguma coisa, dentro de alguma coisa, ela não depende de um objeto, nem pertence a um sujeito" (DELEUZE, 1995, p. 5).

Alguns/algumas *curadores(as)* afirmam que os *bichos do fundo* podem pegar partes de diferentes 'coisas' e "se montar horrível para meter medo nas gente: pegá corpo de cobra, pé de curupira, cabeça de boi e casco de cavalo... essa medonheza em tamanho disconforme mata qualquer um de susto". A partir dessa afirmativa, é possível inferir que esses seres têm grande habilidade transformacional. É comum, na região, a indicação da existência de seres antropomorfos colossais e cujo aparecimento é relacionado a algum comportamento desrespeitoso do homem em relação à natureza.

O *se ingerar* também denota capturar de *outro ser* parte da *potência de poder*, ou assumir desse ser um comportamento de poder, como registrei durante uma sessão de cura que presenciei, vendo o corpo do(a) *curador(a)* sofrer alterações: *ficou todo liso*, não assumiu a postura ereta, *se arrastou pelo chão*, quase não falou, *ficou todo se torcendo*, igual a uma cobra. Ele precisou *se ingerar* numa cobra para conseguir sugar a *judiaria*. Outros personagens participaram do ritual, mas foi *ingerado* em cobra que o curador realizou a etapa mais "difícil" da cura.

Se ingerar significa ainda assumir a forma de algo que não pode ser visto *pelos/as gentes*. Uma das referências mais comuns a essa habilidade de *ataque* invisível é a *olhada* ou *flechada de bicho* que consiste numa forma de *ataque dos bichos do fundo* ao corpo do(a) morador(a), cuja manifestação só é sentida, quando é sentida, tempos depois, cujo petardo só é visto por *um(a) curador(a) sacaca*. Geralmente, o corpo indica as consequências do *ataque*. Para conseguir um diagnóstico preciso, a vítima deve recorrer ao/à *curador(a) sacaca*.

E, por fim, *se ingerar* significa assumir o status de potência, tal como afirma um dos *curadores sacaca*: "curadô não morre, vai morar na cidade do fundo e se ingera em força".

Na cosmologia local, o *sacaca* não é entendido como um *ser vivente*. É, na verdade, a manifestação de um *bicho do fundo* ou de um *antigo pajé*, que denomino de pajé in-potência ou em imanência porque pode assumir diferentes formas, seja de *gente*, de *bicho*, de planta ou de nenhuma forma física que possa ser captada pela visão das pessoas. Esses *antigos seres* – detentores de conhecimentos dos múltiplos mundos e imanentes ao sistema cosmológico do Baixo Amazonas – são a chave de acesso à potência da cura, da doença, da morte e da vida na Ilha Tupinambarana[9].

Eles podem escolher uma pessoa – o(a) *curador(a) sacaca* – para *andar na companhia* e transferir parte dessa potência de poder para ele(a). Para isso, inicialmente, é preciso *amansá-la*. Esse processo de *amansamento* consiste primeiramente na relação de amizade que esse *bicho* vai construindo paulatinamente com esse(a) futuro(a) *curador(a)*. As narrativas indicam que eles podem *aparecer como um indiozinho*, como um bichinho de estimação, ou ainda em sonho para não assustar o(a) escolhido(a).

Esses *primeiros encontros* acontecem quando essa pessoa é ainda muito criança. Após estabelecerem uma relação de confiança, os *bichos* convidam o(a) candidato(a) a *curador(a)* para conhecer onde fica a *morada deles*. Depois dessa primeira visita, o(a) *escolhido(a)* passa a frequentar a *escola do fundo* – onde aprende como diagnosticar e curar várias doenças, a reconhecer o valor medicinal de plantas, ervas, cascas, e/ou partes de animais, aves, peixes e répteis, assim como o modo de preparar e aplicar os *remédios ditos do mato*. Com o passar dos anos, há a estabilização dessa relação.

Dependendo do nível de preparação, esse(a) *curador(a)* poderá *emprestar o corpo para o bicho do fundo* atuar nas sessões de cura, ou *se ingerar* em um deles para buscar nas dimensões mais

9 Nome pelo qual a cidade de Parintins (AM) também é conhecida.

inexpugnáveis a cura contra uma doença e até mesmo conseguir libertar *a sombra* do(a) doente. É recorrente haver *o roubo da sombra*, uma das formas de *ataque* mais fortes dos *bichos do fundo* contra os locais em retaliação à quebra de um das *regras de diplomacia* que regem a relação entre *as/os gente* e *os bichos*.

Durante o processo de aprendizado, o(a) escolhido(a) realiza a primeira cura, e passa a ser reconhecido(a) como *curador(a)*. Somente depois de comprovada a eficácia dele(a) na arte de diagnosticar e curar, recebe o título de *curador(a) sacaca*. Como é possível constatar, diferentemente dos filhos de santo da Umbanda e do Candomblé, esses senhores e senhoras da cura 'não tiveram um santo assentado na cabeça' numa casa ou terreiro. Eles(as) não pertencem a uma instituição formal. A *arte de curar* lhes é ensinada pelos *professores do fundo* que os(as) escolhem, pelo que pude constatar, em virtude de haver na família alguém com quem esses *bichos* já mantiveram ou ainda mantém essa relação de reciprocidade. Dentre os(as) diferentes agentes em práticas de cura, o(a) *curador(a) sacaca* é o(a) único(a) capaz de realizar a cura de doenças muito complicadas ou as doenças denominadas de *judiarias*.

A maioria dos(as) agentes em práticas não biomédicas de cura com quem conversei manifestou sentir uma *força* estranha durante as atividades de cura, mas somente os(as) *curadores(as)* considerados *sacacas* revelaram ser essa *força* um *bicho do fundo* ou um *velho pajé*. Durante a narrativa de como se tornaram *curadores(as)*, ele(as) relataram que essa *presença* se manifestou para eles(as) quando ainda eram muito pequenos(as), esclarecendo que o *sacaca*, como alguns se referem aos *bichos do fundo*, *se amostrara* para eles, inicialmente, *ingerado em gente* (velho índio ou indiozinho), e, depois, na forma original de uma cobra, gavião, boto e de outros seres da fauna amazônica.

Todavia, registrei também que o sinal da presença do *verdadeiro sacaca* é manifestado quando *a pessoa ainda está na barriga da mãe.* Nesse caso, o choro intrauterino – testemunhado por vários membros da comunidade – indica que aquela criança será *curador* ou *curadora sacaca.* Depois desse episódio que ocorre entre o sétimo e o oitavo mês de gestação, "é só esperá eles virem busca a pessoa pra ensiná". Esse *vir buscar* tem como suporte de transporte o *ingeramento*, pois, como indicado alhures, para vir à cidade de cima, esses seres precisam *se ingerar.*

Quando *ingerados(as)*, os(as) *curadores(as)* e os *bichos do fundo* podem penetrar em diferentes dimensões, principalmente, no fundo dos rios, lagos e igarapés; ou nas profundezas da terra e buscar a cura para um(a) paciente. Para isso, o corpo do *curador assume a forma*, ou *captura a potência* (capacidades e habilidades), de jacaré, porco do mato, gavião, urubu, cobra, beija-flor, caranguejo, sapo e uma dezena de outros seres da fauna. Em se tratando dos *bichos*, além desses e outros seres, podem assumir até a não forma: o vento, a fumaça do *tauari* (por meio dos quais ataca/atinge/fere as vítimas) e a olhada/flechada. A *olhada* ou *flechada* consiste num tipo de ataque leve e se dá quando um *bicho do fundo* se sente atraído por uma *gente de cima*, geralmente, crianças e jovens. Depois de *olhada*, a vítima começa a definhar, sentir forte sonolência e, se não for tratada, pode morrer, mas esse desfecho trágico, nesses casos, é muito raro; o ataque a mim reportado como mortal foi o *roubo da sombra.*

O *ingeramento* é interpretado por mim como um *dispositivo* que pode ser usado tanto pelos(as) *curadores(as)* quanto pelos *bichos do fundo* para viajar de um cosmo a outro. Mas, também, como dispositivo de captura de habilidades e potencialidades que assegura a *força* do(a) *curador(a)*, sendo determinante na construção de alteridade ontológica.

As categorias corpo e pessoa emergem como fundamentais para compreensão do *ingeramento* como dispositivo cosmo-ontológico. Na cosmologia local, o corpo físico é o resultado de diferentes processos de construção. O primeiro deles tem início quando a *cunhantãe*-mulher ou a mulher-mãe 'descobre' que está grávida. Uma série de interdições alimentares, os *resguardos de boca*, devem ser respeitados pela mãe. A ingestão de determinados alimentos poderá causar deformações e/ou provocar no corpo do feto certas fraquezas ou predisposições para o acometimento de algumas doenças. Ainda nas primeiras desconfianças (*ter se deitado* com um homem, *sem se cuidar* e não ficar *naqueles dias*), muitas das interlocutoras da pesquisa procuram uma *puxadeira* ou *pegadora de barriga* – geralmente, uma parteira experiente, conhecida da família, com quem se construiu um *compromisso de cura* – para ela sentir a barriga delas. Se confirmado que *tá de barriga*, o rito comum é procurar um posto de saúde, fazer o teste e começar o pré-natal a fim de assegurar a ajuda do governo. Paralelamente aos cuidados biomédicos, é comum as mulheres se submeterem aos cuidados de *pegadoras de barriga, benzedeiras/benzedores e/ou curadoras*. Cabe às *pegadoras de barriga* colocar a criança no lugar, ajudando a formar direitinho a criança na barriga da mãe.

Ainda antes do nascimento, alguns ritos são realizados para *curar* as roupas do(a) recém-nascido(a), a fim de que as peças possam servir de *escudos de proteção do corpo* contra ataques dos *bichos do fundo*. Durante os quarenta dias de resguardo, uma série de restrições – *resguardos de corpo e de boca* – e diversos ritos são realizados visando à construção de um corpo saudável, forte e não suscetível a várias doenças e/ou ataques e *flechadas dos bichos do fundo*.

Esse conjunto de interdições e práticas de construção do corpo que marcam os quarenta dias de pós-parto é analisado como ritos de passagem que visam exclusivamente à constituição de corpos saudáveis. Se esses ritos não forem cumpridos, o corpo será o lugar onde a doença se manifestará. Isso porque a doença pode ser fisicamente sentida no corpo, onde é possível a percepção da consequência que é o estar doente; não necessariamente da doença instalada no corpo, mas, na banca de um(a) *curador/curadeira* ou pode estar alojada nas mãos de um *bicho do fundo.*

Pelo que foi possível observar, além do corpo material (físico), há um corpo imaterial (intangível): a *sombra.* Sobre este aspecto, pude perceber que na fase do *resguardo* ocorre a construção dessas duas dimensões da criança que vai virar adulto. Daí os *cuidados* com as roupas, a proteção da casa e dos corpos da mãe e da criança são etapas fundamentais para assegurar não apenas um corpo material saudável, mas, principalmente, o local onde a parte imaterial – a *sombra* – estará protegida contra os ataques *dos bichos do fundo* que se sentem impelidos a roubá-la, "sem a sombra o corpo da gente morre, e pronto", como asseverou um dos interlocutores.

O adoecer, geralmente, é relacionado à ausência de *cuidados* dos pais durante a gravidez e/ou nos primeiros quarenta dias de vida ou é resultado do ataque de um *bicho do fundo* ou de uma *judiaria.* Segundo a exegese nativa, essa causa primeira de se sentir ou estar doente pode ser uma doença de causa conhecida e/ou desconhecida. As doenças de causa conhecida são aquelas cujo mal-estar é identificado pelo doente ou por alguém que convive com ele(a); as doenças de causa não conhecida ou *pra curador* são as que os *benzedores e/ou benzedeiras* suspeitam de ser *judiaria* ou *aborrecimento*, as quais apenas um(a) *curador(a)*, *curadeira sacaca* pode tratar. A *judiaria* e o *aborrecimento* são como determinados entrevistados denominam os atos de feitiçaria; opiniões bastante presentes durante os trabalhos de campos que realizei. Há que perceber, todavia, que nem toda manifestação de adoecimento é atribuída a um *ataque de judiaria/feitiço*, visto que o problema pode estar relacionado a diversos fatores.

A análise conjunta dessas ordens de fatos e os diferentes campos realizados reforçam a tese de uma complementaridade, em síntese, dessas categorias sentidas e vividas pelos(as) moradores(as) de Parintins/AM. A propósito disso, é possível afirmar que a cidade *de cima* e a cidade *do fundo* são cosmos interligados porque compartilham uma mesma 'experiência' sensível: todos estão vivos, partilham os mesmos 'territórios' de moradia, caça e pesca e os modos de vida indicam atividades comuns cujas regras de convivência me permitem inferir posições acerca dos princípios de uma "ética de coabitação e coexistência".

Trata-se de uma articulação dialética entre a cidade *do fundo* e a cidade *de cima*, em que os *bichos do fundo se ingeram* nos/nas *gentes de cima*, estabelecendo-se uma relação 'cosmopolítica' entre os/as *gentes de cima* e os *bichos do fundo*. Isto, certamente, constituiu-se na pedra de rumo para a compreensão acerca do ingeramento como potência cosmo-ontológica do Baixo Amazonas. Todavia, para corroborar essa tese, foi imprescindível ir além do olhar do "de dentro", o que me exigiu diferentes exercícios epistemológicos.

Sistema cosmológico reticular

Analisar fatos e dados aqui relatados permitiu-me enveredar por uma perspectiva reticular quanto à construção de algumas constatações sobre esse sistema cosmológico, a saber: o caráter múltiplo e não propenso a delimitações ou controle; a constituição das práticas não institucionalizadas de cura como resultado de trocas dialógicas, portanto enunciações discursivas; o território cultural de organização e manifestação em permanente atualização pode ser compreendido com um "conjunto aleatório de elementos que, uma vez sofrendo uma mudança na sua organização, afetam o sistema e também se modificam pela sua interação com ele, tendo a se auto organizarem" (DI FELICE et al., 2011, p. 70).

O caráter de resiliência dessas práticas e a relação de imanência dos bichos do fundo nos processos de adoecer e curar dos(as) moradores(as) da cidade de Parintins/AM nos permitem inferir sobre uma causalidade não linear, mas relacional, em que causa e o efeito "não estão mais numa relação de dependência subordinada, pois a causa perdeu o seu poder total, o efeito a sua dependência total. São relativizados um pelo outro, transformando-se um no outro" (MORIN, 1977, p. 270).

Esse caráter múltiplo e não propenso a delimitações ou controle me faz inferir que a resiliência das práticas não biomédicas de cura registradas em Parintins/AM é resultante do caráter rizomático delas próprias. Tal como o rizoma deleuziano: "este crescimento das dimensões, numa multiplicidade que muda necessariamente de natureza à medida que ela aumenta suas conexões" (DELEUZE e GUATTARI, 1995, p. 16).

Da mesma forma que o rizoma não se deixa conduzir ao uno, as práticas não biomédicas de cura parecem fugir à unidade. Por isso, assim como o pensamento em rede se move e se abre, explode em todas as direções, a trajetória dessas práticas apresenta essa mesma característica. Antecipando-se talvez, de maneira mais eficaz, ao surgimento de novas perspectivas sobre a concepção de doença e de cura.

Como um espiral que se espalha em todas as direções, essas práticas se abrem e se fecham, constroem-se e se desconstroem. Como um rizoma, crescem onde há espaço, florescem onde encontram possibilidades, criam seu ambiente. Logo, estão em permanente territorialização, desterritorialização e reterritorialização (DELEUZE e GUATTARI, 1995).

Apesar da tentativa de controle e uniformização, elas assumem diferentes espaços de territorialidade e podem ser compreendidas como práticas discursivas que resultam do embate entre dois campos de enunciação: um do "biopoder" e outro do "governo de si" (FOUCAULT, 1977; 1982). Assim sendo, agentes e pacientes são percebidos como *sujeito-curador* e/ou *sujeito-paciente*, portanto, como alguém que assume um lugar enunciativo (FOUCAULT, 1979). Isso porque, a despeito do poder disciplinar e do biopoder, as práticas não biomédicas de cura em Parintins/AM continuam construindo territórios de eficácia, com o empoderamento de suas ações, via exegese da sua posição num território cultural mais amplo.

A voz de cada um dos 256 agentes não biomédicos de cura, a trajetória de vida, a chegada a Parintins e as diferentes trocas entre práticas e saberes que os ajudaram a se constituírem *benzedor, curador, costurador de carne rasgada, pegador de desmentidura e de barriga, entendedor de remédio do mato, agasalhador da mãe do corpo, rezador de espinha, de erisipela, de quebranto*, revelaram como a cidade *se ingerou* e foi sendo *ingerada* em um espaço privilegiado para trocas dialógicas e simbólicas, portanto, cosmológicas e reticulares sobre os processos de adoecer e curar.

Esse encontro entre saberes ancestrais desterritorializados e reterritorializados redundou num extensa e diversificada rede de cura. Nessa territorialidade cultural construída, registrei os processos de adoecimento, bem como os procedimentos de obtenção da cura. Os rituais de cura e de proteção demonstram a indiscutível capacidade de "agência" dos(as) curadores(as) nas relações que mantêm com esses *seres do fundo*.

Para Ortner (2007), a agência é uma particularidade dos grupos humanos, e não pode ser tomado como um conceito individualista, pois "os atores sociais não são livres, mas estão sempre articulando suas ações e intenções frente as estruturas sociais no seu entorno". Assim sendo, ainda que os(as) curadores(as), *bichos* e pacientes estejam inseridos nas redes de relações sociais, ambos têm maior ou menor grau de agenciamento. Esse 'grau' pode ser percebido a partir da intencionalidade das ações deles e das complexas relações de poder e solidariedade em que estão envolvidos.

Essa concepção por meio da qual entendo o caráter de agência *do(a) curador (a)*, dos pacientes, dos *bichos do fundo*, e, principalmente, a compreensão dos processos de adoecimento advém de conceber cultura numa chave mais contemporânea, isto, é "de que a variação global e empírica na cultura é contínua, não se dividindo claramente em todos separáveis e integrados" (BARTH, 1994, p. 22). Isso porque, como assevera Cohn (2001, p. 37), "a percepção das dinâmicas sociais e culturais exige que se atente não apenas às tradições, como também à inovação".

Essas mudanças em rede se desdobram no tempo e no espaço não nos permitindo mapear o ponto exato da transformação. E tal como afirma Capra sobre as relações não lineares (1997, p. 77-8) "a primeira e mais óbvia propriedade de qualquer rede é sua não linearidade - ela se estende em todas as direções". Daí, porque, num estudo como este, a observação sincrônica é perceptível mais concretamente a partir do desvelamento da cosmologia local onde as práticas não biomédicas de cura são erigidas.

A diversidade dessas práticas e a capacidade de conexões entre diferentes modalidades de cura e de cosmologias registradas na cidade de Parintins/AM me possibilitaram perceber "o partilhamento de um constructo cultural holístico composto por um conjunto de representações e saberes que orientam os indivíduos, moral e existencialmente, na sua interação com a natureza" (ARHEM, 1996, p. 43). Esta constatação empírica e os dados registrados em Parintins/AM me fazem sugerir que o sistema em imanência articula, dialeticamente, o ator social (agentes, práticas não biomédicas de cura e pacientes) e a estrutura social (sistema cosmológico), cuja comunicação reticular diz respeito a sistemas de aprendizagem (MATURANA e VARELA, 1995).

Para Nietzsche ([1888], 2012. p. 13), "só há um mundo, que não é nem somente sensível nem somente inteligível, o mundo do além nem o das aparências". Portanto, não estamos apartados do que conhecemos, não apreendemos o mundo a partir de um outro lugar, imaterial, inteligível, puramente racional.

Se assim o é, o sistema cosmo-ontológico em que tais práticas estão inseridas não pode ser apenas atualizado; ele não existe "objetivamente", senão se repetiria incessantemente, não se trata de uma "realidade concebida", mas de uma "realidade vivida", (LÉVI-STRAUSS, [1962] 2012). Assim, "o indivíduo em sociedade, num jogo interminável de gestos simbólicos, constrói a estrutura piramidal chamada civilização. Nessa estrutura, muito poucos tijolos tocam o chão" (SAPIR e MANDELBAUM, 1949).

Uma lógica que desafia a eurológica: a amazonização[10] do pensamento

No Ocidente, a cultura predominante é greco judaica. Há um só Deus com anjos e santos, espíritos ou deidades que habitam o céu e controlam as relações entre todos os seres. Clara transposição da Crença grega: do Olimpo, Zeus e os deuses regem o mundo; e do judaismo: do céu, Deus e os santos ordenam a vida humana. Na lógica que sustenta esse construto, há um só mundo em dois planos, o real e o ideal. Uma cultura, a humana. Uma episteme, a europeia.

Todavia, para além dessa lógica ocidentalocêntrica há outra invisibilizada que ordena a vida dos povos ribeirinhos da região do Baixo e Médio da Amazônia brasileira, conforme demonstraremos ao longo desse texto. Nessa lógica outra, o mundo comporta diversos planos, dos quais colocam-se, aqui, em evidência: o *das gentes* e o *dos bichos*. O "Olimpo", o "Céu", não fica no alto, mas "no fundo". Os *bichos* e não *os gentes* têm o poder de ordenar a vida dos homens e as relações entre os diversos planos do mundo. Várias epistemes coexistem nessa lógica outra que emerge de camada profundas de invisibilidades reticulares e que nos permitem perceber "a expressão de um conjunto de relações e de fluxos não apenas entre organismo vivos, mas entre um conjunto de elementos e realidades em continua comunicação" (DI FELICE, 2011, p. 5).

10 A primeira vez que tomei ciência do termo "amazonizar" foi durante a Eco 92. Havia uma faixa num estande da ONG Projeto Saúde e Alegria/PSA, que atua desde 1987 na região do Médio e Baixo Amazonas, com os seguintes dizeres "Vamos nacionalizar a Amazônia e Amazonizar o mundo". Caetano Scanavino, coordenador do PSA, me esclareceu que o termo foi cunhado por José Arnaldo de Oliveira, da Rede do Grupo de Trabalho Amazônico/Rede GTA. A rede surgiu em 1992 e é composta por cerca de 600 organizações não-governamentais/ONGs e movimentos sociais da Amazônia Legal.

Uma das chaves possíveis para compreensão dessa dinâmica é a relação entre a ontologia relacional e a ontologia política (ESCOBAR, 2012; 2015). Ambas revelam uma vinculação umbilical entre os *amazônidas* e o que eurocentricamente se denominou de *natureza*; fato a respeito do qual, para os indígenas – nossos ancestrais – é a mãe terra e tudo que nela vive e dela depende: o rio, a água, a terra, o vento, a chuva. Os ribeirinhos que vivem na região herdaram dos indígenas a ontologia relacional, talvez não na mesma proporção, mas com certeza na mesma dimensão. Enquanto esses manifestam duas faces ontológicas, aqueles conservam mais concretamente a ontologia relacional.

Essa ontologia se concretiza por meio da relação umbilical entre eles(as) e a mãe terra. Como sou amazônida, me permitam a pessoalização discursiva, essa umbilicalidade faz com que sejamos parte e não uma parte. Somos parte do todo. A vida dos bichos e dos outros seres deste território estão interconectadas numa lógica que o cartesianismo não reconhece. Isso porque tanto a existência desses seres, como o caráter inexplicável e múltiplo dessas relações só podem ser compreendidos num plano de imanência e complexidade que foge às epistemes colonizadoras[11].

Esse plano de imanência é uma resistência a tudo aquilo que até então foi construído como lógico e não lógico, verdadeiro e mentiroso. Essas epistemes extrativistas construíram um discurso por meio do qual se enunciou que os povos da Amazônia não sabem de nada, são analfabetos, não pensam, e que é preciso civilizá-los. Coloca-se em xeque o conhecimento construído milenarmente como algo que se ressente de valor acadêmico.

11 Como propostas de descrição dessas relações recomendamos a leitura de Walsh (2009), Acosta (2016) e Macas (2014).

Esse discurso alardeado por diferentes meios de comunicação, ratificado e legitimado pelos aparelhos ideológicos do estado, desconsideram que há diferentes lógicas para além das europeizantes práticas dos colonizadores. Não se trata da explicação simplista de que o brasileiro tem complexo de "vira-lata" porque valoriza o que vem de fora. Não é só valorizar o que vem de fora. É pensar como o *de fora*. E pensar como o de fora não nos permite compreender quem somos dentro, internamente. E se não sabemos quem somos, perdemos completamente as conexões que poderiam reafirmar e reativar a potência do que fôramos.

Então, a ontologia relacional que marca essa cultura e essa cosmologia ameríndia está relacionada diretamente à nossa conexão com o meio ambiente, com quem éramos antes da invasão, do genocídio, do epistemicídio e do linguicídio. A compreensão de que somos o rio, o vento, a chuva, a árvore, a mata e todos os seres que nela habitam se perdeu e está além do que a ciência definiu nos seus compêndios e tratados. Trata-se de uma relação umbilical com a mãe terra.

As invasões territoriais, os ciclos econômicos, a negação dessa nossa identidade e o desconhecimento de uma epistemologia e filosofia nativas fizeram com que, aos poucos, nos desvinculássemos de nossa relação ontológica com as diversas forma de vida que ainda nos cercam; a quebra de nossa ancestral vinculação com a natureza. As práticas de cura descritas neste texto, bem como a cosmologia que as engendra, são retalhos dessa grande capacidade de compreensão diferenciada que tínhamos como marca indelével: herança dos povos indígenas que n'algum lugar desse vasto território ainda se conserva.

Os povos indígenas são, por isso mesmo, os que ainda conservam, tanto uma conexão ontológica relacional com a natureza quanto politicamente ontológica na particularidade de suas relações com a mãe terra. A dimensão ontológico-política emerge quando a terra precisa ser defendida, por não ser, esta, apenas a terra: ela é, em síntese, "minha" mãe. Ela é *sou*. Se a terra *sou eu* e o território é *meu corpo*, *eu* não posso permitir que o destruam; que invadam esse território, ele mesmo, extensão do *meu* corpo.

Então, os povos indígenas, para além de uma ontologia relacional, eles mantêm uma relação política de territorialidade como esse espaço que agrega o sentimento de pertencimento ao lugar, como espaço culturalmente construído e historicamente conquistado. Essa relação com a terra e com o território se justifica por meio de quê? É simples: o modo de ser, fazer e viver desses povos liga-se ao construto modo fundamental de vida: a maneira intrínseca do relacionar-se; suas relações de sociabilidade; de existência material são fatores que se vinculam às formas de saberes advindas da estreita relação estabelecida quando de seu pertencimento à terra, sem a qual esses povos inexistiriam. Daí porque, tanto a ontologia relacional quanto a ontologia política são formas de resistência ao processo de colonização: uma via para a amazonização do pensamento.

Enfim, interpretar este vasto território é concebê-lo por via de saberes que levem ao entendimento daquilo que afirmou Paes Loureiro (1995) "é preciso conhecer a Amazônia como a semente conhece a árvore por dentro".

O que seria a amazonização do pensamento? Seria nos propormos a compreender que não se pode pensar a Amazônia como um bioma tão somente. Ela não é apenas um bioma. Fato que implica compreendê-la como epicentro de dinâmicas cosmológicas que podem ser percebidas nas diferentes modos dos povos que nela vivem; se relacionar com o meio, construir um corpo, diagnosticar e tratar processo de adoecimento. Ela precisa ser traduzida considerando as diferentes *Amazônias* que nela coexistem. Desta feita, entende-se por amazonização do pensamento a compreensão de que a Amazônia é pluriverso. É percebê-la na sua pluriontologia que ela comunica nesse vasto palco de territorialidade cosmopolítica que deve regê-la (STENGERS, 2014).

Isabelle Stengers chama de cosmopolítica: uma política em que "o cosmos (...) designa o desconhecido que constitui esses mundos múltiplos, divergentes, articulações das quais eles poderiam se tornar capazes"[12]. Numa aplicação livre do conceito, cosmopolítica é uma forma de gestão de espaços territoriais na qual todos que partilham desse cosmo têm direito à voz. Isso inclui aqueles que juridicamente não são ouvidos por seres não humanos: os montes, os rios, as árvores, os animais e o seres que não são vistos por todos. E, nesse sentido, os povos indígenas têm ministrado muitas lições de cosmopolítica, sobretudo quando a política dos brancos decide legislar sobre os usos da mãe terra. Eles – os indígenas – dizem: "o rio não fala, mas eu falo por ele, a mãe terra não fala, mas eu falo por ela".

Um exemplo dessa intransigente cosmopolítica manifestada pela via da ontologia política é a fala de Maria Leusa Kaba. Ela é coordenadora da Wakoboum – uma organização de mulheres Munduruku do Alto Tapajós, estado do Pará. A aldeia e casa dela foram incendiadas em represália à luta que lidera contra o avanço do garimpo ilegal e a instalação de hidrelétricas no território indígena, mais especificamente no rio Tapajós, que é um dos afluentes da bacia Amazônica. "Eu vou morrer defendendo

12 Nota dos tradutores. Trecho retirado da página 477 da tradução de Raquel Camargo e Stelio Marras ao português. Disponível em: STENGERS, Isabelle. A proposição cosmopolítica. *Revista do Instituto de Estudos Brasileiros*, n. 69 pp.442-464.

a mãe terra e o direito do meu povo viver em nosso território sem doença e sem violência. Sem terra e sem rio, os Munduruku não existem. Eu vou falar por quem não fala, mas precisa viver".

Referências

ACOSTA, A. *O bem viver*: uma oportunidade para imaginar outros mundos. São Paulo: Autonomia Literária/ Elefante, 2016.

ARHEM, K. The cosmic food web: human-nature relateness in the Northwest Amazon. In: DESCOLA, P.; PALSSON, G. (eds.) *Nature and society*: Antropological Perspectivs. Londres: Routledge, 1996, p. 43.

BARTH, F. Temáticas permanentes e emergentes na análise da etnicidade. In: VERMEULEN, H. e GOVERS, C. (Orgs.) *Antropologia da etnicidade*: para além de Ethnics Groups and Boundaries. São Paulo: Fim de Século, 1994, p. 22.

BOYER, V. O pajé e o caboclo de homem a entidade. In: *Mana* 5 (1): 29-56, 1999.

CAPRA, F. *A Teia da Vida*. São Paulo: Cultrix, 1997.

COHN, C. Culturas em transformação: os índios e a civilização. In: *Perspectiva*, Vol.15 nº. 2, São Paulo, Apr./June, 2001, p. 37.

CORDEIRO, M. A. de S. "Um corpo mar gerado, mar formado é um corpo doente, sim senhora": os resguardos de corpo e de boca e a construção de corpos saudáveis no Baixo Amazonas. In: REUNIÃO BRASILEIRA DE ANTROPOLOGIA, 30, João Pessoa. *Anais* [...]. João Pessoa: Editora, 2016. Disponível em: http://www.30rba.abant.org.br/simposio/view?ID_MODALIDADE_TRABALHO=2&ID_SIMPOSIO=49/ Acesso em 6 nov. 2022.

________. *"A canoa da cura ninguém nunca rema só"*: o se ingerar e os processos de adoecer e curar na cidade de Parintins (AM). 2017. 290f. Tese (Doutorado em Antropologia Social) - Programa de Pós- Graduação em Antropologia Social. UFAM. Manaus, 2017. [Orientadora: Professora Doutora Deise Lucy Oliveira Montardo].

________. A re-existência de rede não biomédica de cura e a construção de novas práticas religiosas em Parintins (AM). In: DA SILVEIRA, D. O. (Org.) *Religiões e lutas contra-hegemônicas na Amazônia*. Manaus: Editora UEA, 2020.

CRAVALHO, M. *An invisible universe of evil*: supernatural malevolence and personal experience among Amazon peasant. 1993. Tese. (Doutorado em Antropologia) - University of Califórnia, San Diego, 1993. [Orientador: Prof. Dr. Melford E. Spiro].

________. De doente a "encantado": o conceito de mecanismo de defesa constituído culturalmente e a experiência de uma vítima de 'espírito mau' em uma comunidade rural na Amazônia. In: ALVES, P. C.; RABELO, M C. (Org.). *Antropologia da saúde*: traçando identidades e explorando fronteiras. Rio de Janeiro: Relume Dumará, 1998. p. 155-177.

DELEUZE, G.; GUATTARI, F. *Mil platôs*: Capitalismo e Esquizofrenia. V. 1, 2. Rio de Janeiro: Ed. 34, 1995.

DESCOLA, P. Societies of nature and the Nature of society. In: KUPER, A. (Ed.). *Conceptualizing society*. Londres: Routledge, 1992.

________. Ecologia e cosmologia. In: CASTRO, E.; PINTON, F. (Org.). *Faces do trópico úmido*: conceitos e novas questões sobre desenvolvimento e meio ambiente. Belém: CEJUP, 1997.

DI FELICE, M. Redes sociais digitais, epistemologias reticulares e a crise do antropomorfismo social. *Revista USP*, [S. l.], n. 92, p. 6-19, 2012. Disponível em: https://www.revistas.usp.br/revusp/article/view/34877. Acesso em: 22 nov. 2022.

ESCOBAR, A. Cultura y diferencia: la ontología política del campo de cultura y desarrollo. *Wale'keru Revista de investigación en cultura y desarrollo*, 2, 7-16, 2012.

________. Territorios de diferencia: la ontología política de los "derechosal territorio". *Desenvolvimento e Meio Ambiente*, 5(35), 89-100, 2015.

FIGUEIREDO, N. Pajelança e catimbó na região Bragantina. *Revista do Instituto Histórico e Geográfico de Alagoas*, Maceió, v. 32, p. 41-52, 1976.

________. *Rezadores, Pajés e Puçangas*. Belém: UFPA, 1979.

________. Os "bichos" que curam: os animais e a medicina de "folk" em Belém do Pará. *Boletim do Museu Paraense Emílio Goeldi*, Série Antropologia, Belém, v. 10, n. 1, p. 75- 91, 1994.

FOUCAULT, M. *Vigiar e punir*. Petrópolis: Ed. Vozes, 1977.

________. *Microfísica do poder*. Rio de Janeiro: Ed. Graal, 1979.

________. Subject and Power. In: DREYFUSS, H.; RABINOW P. *Beyond structuralism and hermeneutics*. Brighton: The Harvester Press, 1982.

GALVÃO, E. *Santos e visagens*: um estudo da vida religiosa de Itá, Amazonas. São Paulo: Ed. Nacional,1955.

HARRIS, M. Life on the Amazon: the anthropology of a brazilian peasant village. Oxford: Oxford University Press, 2000.

________. Presente ambivalente: uma maneira amazônica de estar no tempo. In: MURRIETA, R.; ADAMS, C.; NEVES, W. (Orgs.). *Sociedades caboclas amazônicas*: modernidade e invisibilidade. São Paulo: Annablume, 2006.

INSTITUTO BRASILEIRO DE GEOGRAFIA E ESTATÍSTICA (IBGE). Censo Demográfico de 2010. Fun-dação Instituto Brasileiro de Geografia e Estatística, dados referentes ao município de Parintins (AM). Disponível em: cidades.ibge.gov.br/xtras/perfil.php?codmun=130340. Acesso em: 11 jan. 2023.

IORIS, E. M. *Uma floresta de disputas*: conflitos sobre espaços, recursos e identidades sociais na Amazônia. Florianópolis: Editora da UFSC, 2014.

LATOUR, B. *A esperança de Pandora*. Bauru: EDUSC, 2001.

LÉVIS-STRAUSS, C. [1962]. *O pensamento selvagem*. Campinas: Papirus, 2012, pp. 26- 99.

LIMA-AYRES, D. A construção histórica da categoria caboclo. Sobre estruturas e representações sociais no meio rural. In: *Novos Cadernos NAEA*, vol 2, nº 2, UFPA, 1999.

LOUREIRO, J. de J. P. *Cultura amazônica*: uma poética do imaginário. Belém: Cejup, 1995.

MACAS, L. E. A. K. In: HIDALGO-CAPITÁN, A. L.; GARCÍA, A. G.; GUAZHA, N. Deleg. (Eds). Sumak Kaesay Yuyay: *Antología del Pensamiento Indigenista Ecuatoriano sobre Sumak Kawsay*. Huelva y Cuenca: FIUCUHU, 2014, p. 177- 192.

MAHALEM DE LIMA, L. *No Arapiuns, entre verdadeiros e -ranas*: sobre as lógicas, as organizações e os movimentos dos espaços do político. São Paulo. 2015. 439 f. Tese (Doutorado em Antropologia Social). Programa de Pós-Graduação em Antropologia Social do Departamento de Antropologia da Faculdade de Filosofia, Letras e Ciências Humanas da Universidade de São Paulo, 2015. [Orientadora: Profa. Dra. Marta Rosa Amoroso].

MATURANA, H.; VARELA, F. *A Árvore do Conhecimento*: As Bases Biológicas do Conhecimento Humano. Campinas, Ed. Psy, 1995.

MAUÉS, R. H. *A ilha encantada*: medicina e xamanismo numa comunidade de pescadores. Brasília. 1977. Dissertação (Mestrado em Antropologia). Programa de Pós-graduação em Antropologia Social, Universidade de Brasília, Brasília, 1977. [Orientador: Prof. Dr. Kenneth Ian Taylor].

__________. *Padres, pajés, santos e festas*: catolicismo popular e controle eclesiástico. Belém: CEJUP, 1995.

__________. Um aspecto da diversidade cultural do caboclo amazônico: a religião. *Estudos Avançados* 19(53), 2005.

__________. O simbolismo e o boto na Amazônia: religiosidade, religião, identidade. *História Oral*. Rio de Janeiro, v. 9, n. 1, p. 11-28, 2008.

MAUÉS, R. H.; VILLACORTA, G. M. Pajelança e encantaria amazônica. In: PRANDI, R. (Org.). *Encantaria brasileira*: o livro dos mestres, caboclos e encantados. Rio de Janeiro: Pallas, 2001.

MBEMBE, A. *Crítica da razão negra*. Ed. Antígona, Lisboa, 2014.

MENÉNDEZ, M. A Área Madeira-Tapajós: Situação de Contato e Relações entre Colonizador e Indígenas. In: CUNHA, M. C. (Org.). *História dos Índios no Brasil*. 2 ed. São Paulo: Companhia das Letras, Secretaria Municipal de Cultura, FAPESP, 1992. p. 281-296.

________. Uma contribuição para a etno-história da área Tapajós-Madeira. *Revista do Museu Paulista - USP*, São Paulo, Vol. XXVIII, 1981/1982. p. 289-388.

MIGNOLO, W. *Coloniality of power and the colonial difference*. Trabalho apresentado na segunda conferência anual do Grupo de Trabalho sobre Colonialidade na Universidade de Binghamton, 1999.

________. Desobediência epistêmica: a opção descolonial e o significado de identidade em política. *Cadernos de Letras da UFF* – Dossiê: Literatura, língua e identidade, n. 34, p. 287- 324, 2008.

MORIN, E. *La Méthode 1*. La nature de la Nature. Paris, Editions du Seuil. 1977.

MOTTA-MAUÉS, M. A. A questão étnica: índios, brancos, negros e caboclos. In: *Estudos e problemas amazônicos*. Belém: IDESP/SEDUC, p. 196-204, 1989.

MURRIETA, R. S. S. Dialética do sabor: alimentação, ecologia e vida cotidiana em comunidades ribeirinhas da Ilha de Ituqui, Baixo Amazonas, Pará. *Revista de Antropologia USP*, vol. 44(2): 39-88, 2001.

MURRIETA, R. S. S.; BAKRI, M. S.; ADAMS, C.; OLIVEIRA, P. S.

S.; STRUMP, F. R. Consumo alimentar e ecologia de populações ribeirinhas em dois ecossistemas amazônicos: um estudo comparativo. *Ver. Nutr.* 21, Supl:123s-33s, 2008.

NIETZSCHE, F. W. [1888]. *A gaia ciência*. Tradução Paulo. César de Souza. 1a ed. São Paulo: Cia das Letras, 2012.

NIMUENDAJÚ, C. U. [1824]. Os Tapajó. *Boletim do Museu Paraense Emílio Goeldi*, Belém, 10, 1949.p. 93-106.

NUGENT, S. *Amazonian caboclo society*: an essay on invisibility and peasant economy. Oxford: Berg., 1993.

________. Utopias e Distopias. In: NEVES, W.; ADAMS, C.; MURRIETA, R. *Sociedades Caboclas Amazônicas*. São Paulo: Annablume, 2004. p. 33-44.

PARKER, E. P. *The amazon caboclo*: Historical and Contemporary Perspectives. Williamsburg: College of William and Mary, 1985.

QUIJANO, A. Colonialidad del poder y clasificación social. In: QUIJANO, Aníbal. *El giro decolonial*: reflexiones para una diversidad epistémica más allá del capitalismo global. Bogotá: Siglo del Hombre, Editores; Universidad Central, Instituto de Estudios Sociales Contemporáneos y PontificiaUniversidad Javeriana, Instituto Pensar, 2007.

SAPIR, E.; MANDELBAUM, G. *Culture, language, and personality*: selected essays. Berkeley: University of California Press, 1949.

SANTOS, B. S. Para além do Pensamento Abissal: Das linhas globais a uma ecologia de saberes. *Revista Crítica de Ciências Sociais*, v. 78, p. 3-6, 2007.

________. *A gramática do tempo*: para uma nova cultura política. São Paulo: Cortez, 2010.

SLATER, C. *A festa do boto*: transformação e desencanto na imaginação. Rio de Janeiro: FUNARTE,1994.

SOUZA, J. C. R. *Parintins*: uma ilha urbanizada. Manaus. 1996. 60f. Monografia (Bacharelado em Geografia). Instituto de Ciências Humanas e Letras. Universidade Federal do Amazonas. Manaus, 1996. [Orientador: Prof. Dr. José Aldemir de Oliveira]

SPIVAK, G. *Pode o subalterno falar*? Belo Horizonte: Editora UFMG, 2010.

STENGERS, I. La Propuesta Cosmopolitica. *Revista Pléyade*, 14, 2014.

VAZ, F. A. Ribeirinhos da Amazônia: Identidade e Magia na Floresta. *Revista de Cultura* Vozes 90, Petrópolis, mar./abr. 1996. p. 47-65.

VERÍSSIMO, J. *Estudos Amazônicos*. (Coleção Amazônica). Belém: UFPA, 1970.

WALSH, C. *Interculturalidad, Estado, Sociedad*: Luchas (De)Coloniales de Nuestra Época. Quito: Universidad Andina Simon Bolívar/Abya Yala, 2009.

WAWZYNIAK, J. V. "Engerar" uma categoria cosmológica sobre pessoa, saúde e corpo. Ilha: Revista de Antropologia 5(2):33-55, 2003. Disponível em: https://periodicos.ufsc.br/index.php/ilha/article/view/15357. Acesso em: 9 nov. 2022.

________. Curupira engerado em IBAMA: apreensão de um órgão público federal em termos cosmológicos locais. *Teoria & Pesquisa*, São Carlos, v. 44/45, p. 5-18, 2004.

________. *Assombro de olhado de bicho*: uma etnografia das concepções e ações em saúde entre os ribeirinhos do Baixo Tapajós, Pará – Brasil. 2008. Tese (Doutorado em Ciências Sociais) Universidade Federal de São Carlos, São Carlos, 2008. Disponível em: https://repositorio.ufscar.br/handle/ufscar/1411. Acesso em: 19 nov. 2022.

________. Humanos e não-humanos no universo transformacional dos ribeirinhos do rio Tapajós – Pará. Mediações - Revista de Ciências Sociais, Londrina, v. 17, n. 1, p. 17–32, 2012. DOI: 10.5433/2176-6665.2012v17n1p17. Disponível em: https://ojs.uel.br/revistas/uel/index.php/mediacoes/article/view/2012.v17n1p17. Acesso em: 08 jan. 2023.

Genealogia e perspectivas epistemológicas da comunicação indígena digital no Brasil

Eliete da Silva Pereira[1]

Na ocasião do tema da comunicação da floresta e da conexão de todas as coisas do III Congresso Internacional de Cidadania Digital, nos pareceu pertinente e necessário refletir sobre a comunicação indígena digital no Brasil. Certamente são os povos indígenas que mais nos ensinam sobre a comunicatividade da floresta, esse lugar frequentemente representado por palavras que significam a distância epistêmica e ontológica ocidental em relação à ideia de "floresta" dos povos ameríndios.

São nas cosmologias ameríndias, em suas linguagens e narrativas míticas, em suas relações intensivas com espíritos, animais, plantas e não viventes, que encontramos níveis de intensa complexidade comunicativa e conectiva desse ambiente. "Floresta", para nós ocidentais, povoa nosso imaginário. Está entre lugar de abundância vegetal e "recursos a serem explorados" a

1 Doutora em Ciências da Comunicação pela Escola de Comunicação e Artes da Universidade de São Paulo (ECA/USP). Pós-doutoranda com bolsa Pós-Doc Sênior CNPq. Museu de Arqueologia e Etnologia (MAE/USP). E-mail: elisilva70@gmail.com.

"pulmão do mundo", quase sempre marcada por sua funcionalidade a "nós humanos". Para os povos indígenas este lugar não se limita a uma exploração, ao contrário, se põe como uma entidade viva (não separada dos seus corpos) dotada de complexidade e de intensas interações de dependência. Esse lugar é *urihi,* na língua yanomami, a "terra-floresta" que Omama, o criador, deu para seu povo.

Dessa extraordinária complexidade em rede apontada pelos ameríndios, presente em suas línguas, novas revelações aparecem em estudos, principalmente, sobre o bioma amazônico, da sua capacidade de regular o clima do subcontinente americano, os chamados "rios voadores" (NOBRE et al., 1991), e as características reticulares sociais e biológicas, sofisticadas e resistentes, das plantas (MANCUSO, 2017).

Toda essa complexidade é fascinante e é preciso reconhecer que os povos ameríndios desde sempre reconhecem a comunicação e a conectividade da Floresta, como já mencionado, por sua complexidade biológica, social e cosmológica.

Neste capítulo não me adentrarei nesse tema; tratarei especificamente da comunicação indígena digital, da interação dos povos indígenas com os dispositivos e as linguagens midiáticas - do surgimento da Internet aos dias atuais. De fato, muito do que conhecemos sobre esses povos e sobre a própria floresta, e a resistência de ambos, povos-floresta, passa pela atuação comunicativa indígena contemporânea nas redes digitais.

Essa reflexão advém de um longo percurso de pesquisa, iniciado em 2005, na ocasião da minha pesquisa de nível de mestrado, quando comecei estudar a participação indígena brasileira na Internet. Hoje, após um pouco mais de 10 anos da publicação *Ciborgues indígen@s.br: a presença nativa no ci-*

berespaço (Annablume, 2012), em diálogo com alguns autores ocidentais e com os comunicadores, intelectuais e pensadores indígenas me interrogo: o que é a comunicação indígena digital e de que maneira essa comunicação se manifesta atualmente?

Embrenhar-se nessas questões pressupõe considerar a) uma genealogia da comunicação indígena no país a partir do surgimento da Internet e b) as abordagens feitas por estudiosos(as) a respeito dessas experiências. Não esgotaremos o tema dado o crescente números de pesquisas, e por isso ofereço aqui uma reflexão parcial das abordagens recorrentes, sobretudo de como é possível, talvez necessário, abandonarmos os pressupostos clássicos da comunicação (entre os quais está a centralização humana no processo comunicativo e a determinação tecnológica) *para que* não convertamos (reduzamos) as experiências indígenas ao debate do momento.

Genealogia da comunicação indígena digital no Brasil

"Buscar" uma geneologia da comunicação indígena digital no Brasil é um ato inacabado. Esse é um efeito consciente. O enfoque genealógico inspirado em Michel Foucault (1992) baseia-se na ativação de saberes descontínuos, compreendendo esse método de investigação no estudo da emergência de configurações singulares de sujeitos, objetos e significações nas relações de poder, expressivas nas práticas discursivas e não discursivas. Nessa reflexão sobre a genealogia da comunicação indígena digital, interessa-nos os significados de casos indígenas exemplares dissociados de uma linearidade histórica – menos pelo seu permanente estado de luta (iniciada desde a invasão de seus territórios ao processo colonial e contemporâneo da formação do estado brasileiro), que justifica claramente a relação saber/poder, e mais pela heterogeneidade e descontinuidade histórica.

Quando falamos da comunicação indígena é preciso considerar, primeiramente, sua expressão tradicional, cosmológica, corporal, ritual, manifesta na oralidade, nos cantos, no grafismo, em seus suportes corporais e materiais.

O aparecimento da Internet e dos dispositivos de conexão, seus aspectos pervasivos e ubíquos difundidos em escala global, tornaram-se os vetores do processo de digitalização do qual territórios, pessoas e coisas se (info)materializam (DI FELICE, 2017). Ao fazerem parte desse contexto informacional, os povos indígenas experimentam a complexificação das suas práticas comunicativas, primordialmente conectivas entre os seus diversos planos cosmológicos (visíveis e invisíveis).

Não há estatísticas oficiais mais detalhadas sobre o uso indígena da Internet e quantas são as aldeias que possuem conexão no Brasil. De fato, tal processo de digitalização surgiu com maior abrangência através das iniciativas de organizações não-governamentais (ONGs) e de organizações governamentais executoras de políticas públicas de inclusão digital, sobretudo, pelo Programa GESAC e Pontos de Cultura Indígena (2007-2016)[2].

---

2 Os Pontos de Cultura fizeram parte do Programa Cultura Viva do Ministério da Cultura (2004-2019), configurando-se como iniciativas desenvolvidas formal ou informalmente no âmbito da cultura, organizadas pela sociedade civil. Embora tenha importância na promoção do acesso à Internet e das formas de "indigenização" da comunicação, essas políticas de inclusão digital se baseiam em noções de desenvolvimento que equivalem à "inclusão digital", "inclusão social" (MORALES, 2008; RENESSE, 2012), e na variação "comunicativa" da inserção deles na lógica dos "projetos". Tal lógica "início, meio e fim" comporta uma temporalidade não indígena sobre processos indígenas que escampam dessa lógica, muitas vezes com

A presença indígena brasileira na Internet coincide com o crescimento da web no país a partir dos anos 2000. O primeiro site feito com conteúdo produzido por indígenas é de 2001, com predomínio de blogs (PEREIRA, 2012). Em mapeamento realizado em 2009, de 37 sites e blogs, 62% eram de organizações indígenas, 21,62% pessoais, 16,21% de etnias (PEREIRA, 2012). Os sites das organizações indígenas eram um "cartão de visita" sobre a atuação deles, e como consequência eram pouco interativos. Os blogs eram principalmente de escritores indígenas. Com as redes sociais, Orkut[3] e Facebook, a atuação nessas plataformas se generaliza de uma forma exponencial a partir de 2008.

Passados 14 anos, a configuração atual é complemente outra. Após a conformação descentralizada da Internet, atualmente a rede molda-se pela concentração de plataformas. Instagram e Facebook detêm a preferência no Brasil. Também para os indígenas. Isto é, os conteúdos e interações de povos e sujeitos indígenas brasileiros atualmente ocorrem, sobretudo, nas redes sociais (Facebook e Instagram) e em aplicativos de mensagem instantânea (WhatsApp). São por meio desses ambientes que conseguimos acessar a articulação e mobilização das mulheres e jovens indígenas, a exemplo dos perfis das ativistas Txai Suruí (@txaisurui), Sâmela Saterê-Mawe (@sam_sateremawe), entre outras. Concomitante surgiram as tecnologias de monitoramen-

---

um tempo muito mais dilatado. Além disso, o "fim dos recursos", com a finalização do projeto, faz com que muitos projetos não sejam mais continuados. A exemplo do portal Muká Mukaú do povo Pataxó do Sul da Bahia que, por falta de recursos para pagar o domínio do site, está fora do ar desde 2017.

3 O Orkut foi uma rede social criada em 2004, extremamente popular no Brasil. Foi desativada em 30/11/2014.

to do território e projetos indígenas de gestão ambiental (o uso de GPS pelo povo Munduruku para a autodemarcação, o Mapa Cultural Suruí, o projeto Escuta da Floresta do povo Tembé). As tecnologias digitais também estão sendo incorporadas pelos povos indígenas na salvaguarda dos seus conhecimentos e saberes (Centro de Documentação Digital - Povo Ikpeng).

Rede Povos da Floresta (2003-2011)

A Rede Povos da Floresta (RPF) nasceu em setembro de 2003 da revitalização da Aliança dos Povos da Floresta, um movimento social e ambiental muito forte no Acre na década de 1980, que contou com a participação de povos indígenas, ribeirinhos e seringueiros, resultado da liderança de Chico Mendes e da participação de líderes indígenas, entre eles, Ailton Krenak.

Ao atualizar essa mobilização histórica, a Rede povos da Floresta nasceu da rearticulação dos povos indígenas (principalmente dos Ashaninka, Kontanawa e Kaxinawa), dos ribeirinhos, das populações extrativistas e quilombolas e de organizações não governamentais parceiras, como a Associação de Cultura e Meio Ambiente (Rio de Janeiro) e o Núcleo de Cultura Indígena (Minas Gerais).

Eles se uniram com o objetivo de consolidar a rede dessas comunidades tradicionais, conectadas por meio das tecnologias digitais de comunicação (internet e sistemas de georreferenciamento com GPS) para a preservação do ambiente, incluindo seus aspectos naturais, culturais e simbólicos. Conectadas pela Internet via satélite, essas comunidades articularam projetos, trocaram informações com seus apoiadores, acionando os órgãos públicos quando da ocorrência de invasões de suas terras, além de terem realizado o registro audiovisual de suas memórias e narrativas, iniciativa que associa seus territórios e culturas à conectividade e às linguagens midiáticas digitais.

Ainda que não fosse exclusivamente uma "rede indígena", a participação de Ailton Krenak e do Povo Ashaninka, representado por Benki Pianko e o Centro Yorenka Ãtame, foram fundamentais. Os Ashaninka se destacam pelo nível de engajamento, articulação e presença em sua própria comunidade e seu reconhecido prestígio dentro e fora dela. Essa "supremacia" Ashaninka na RPF deve-se, assim, às especificidades da comunidade Apiwtxa do Rio Amônia, e da família Pianko, de como eles conseguiram reverter para si o contato com os brancos, reinterpretando seus "recursos cosmológicos" (LESSIN, 2011), tornando-se os enunciadores do desenvolvimento sustentável local a partir da lógica de desenvolvimento de "projetos" (PIMENTA, 2007), em que se considera também os agentes não humanos desse ecossistema.

A Rede Povos da Floresta esteve ativa entre 2003 e 2011. Segundo Ailton Krenak, ainda que a RPF não exista mais, até pela obsolescência da tecnologia utilizada na época, ela teve um papel pioneiro e fundamental em semear outras redes conectivas indígenas e, principalmente, contribuiu para a constituição de uma política pública cultural específica para o segmento: os Pontos de Cultura Indígena em 2007.

Rede Índios Online (2004)

Em 2004, nasce um marco da atuação indígena brasileira na Internet, o portal Índios Online criado pela Organização Não-Governamental Thydêwá (em Pankararu, "esperança da terra", composta por índios e não índios, coordenada por Sebastián Gerlic), com a participação inicial de sete etnias do Nordeste[4], conectando as suas aldeias por meio de computadores e acesso à Internet, inicialmente via rádio, ao mesmo tempo, com um chat (bate-papo) em sua arquitetura da informação (site). Todo o conteúdo produzido e atualizado até hoje foi feito pelos integrantes indígenas da Rede Índios Online e rendeu muitas outras iniciativas (Arco Digital, Celulares Indígenas, entre outros) (PEREIRA, 2012). O Índios Online foi pioneiro também no debate sobre a importância do uso do software livre, valendo-se do código aberto (Linux) na arquitetura informativa do portal.

O Índios Online não possui mais a dinâmica de produção de conteúdo e atualização[5] de sua primeira década, mas é um marco na atuação comunicativa indígena e contou com a participação de Anápuàka Tupinambá, programador, desenvolvedor da primeira Rádio Web indígena Yandê. É certo que a popularização entre os indígenas das redes sociais (Facebook e Instagram) está relacionada ao aumento de acesso aos celulares e smartphones, à facilidade de trocas de informações e de atualização de páginas nessas redes sociais. Coincide, portanto, com a plataformização do ecossistema informativo nos últimos anos. Custos, desmobilização e tensões internas arrefeceram a continuidade e crescimento dessa Rede.

Rádio Yandê (2013)

Criada em 2013 por Anápuàka, Muniz Tupinambá Hã hã hãe, programador, artista e idealizador da expressão "Etnomídia

4 Ao longo dos anos somaram-se à Rede Índios Online aproximadamente 22 etnias, entre as quais, os Tupinambá, Kariri-Xocó, Pataxó, Pankararu.

5 Verificamos em 27/01/2013 a última atualização do site, com um vídeo postado por Patrícia Pankararu, é de 10 de junho de 2020. Ver: https://www.indiosonline.net/ .

Indígena no Brasil", a Rádio Yandê[6] é a primeira radio web indígena do país. Além da Anápuàka, compõem o Grupo de Comunicação Yandê Renata Tupinambá, jornalista, poeta, artista visual e produtora cultural, e Daiara Tukano, artista visual e curadora. Participou do início do grupo o artista Denilson Baninwá.

> A Rádio Yandê opera 24 horas no ar e prioriza a produção e veiculação de música e informação realizados exclusivamente por cidadãos indígenas, em uma rede que conta com 800 colaboradores no Brasil e América Latina. Uma de suas principais características é o respeito à oralidade ao valorizar narrativas dos povos indígenas, incluindo a preservação de informações nas línguas originárias, sem a tradução para o português ou espanhol. (MALDONADO et al., 2021, p.11)

No site da Rádio Yandê é possível acessar os diversos programas organizados em tags. O conteúdo abrange também referências bibliográficas e cinematográficas produzidas por indígenas.

Além de produção de programas para a Rádio Yandê, o grupo realizou uma série de oficinas de produção de conteúdo em territórios indígenas. Uma dessas oficinas foi responsável pela criação da Rede de Comunicadores Indígenas do Rio Negro, atualmente, Rede Wayuri, composta por 17 comunicadores das etnias Baré, Baniwa, Desana, Tariana, Tukano, Tuyuka, Wanano e Yanomami. Desde 2017 essa rede vem produzindo mensalmente o boletim de áudio Wayuri, um informativo sobre os territórios indígenas do rio Negro para suas 750 comunidades, além de cobrir as mobilizações, eventos culturais e assembleias dos diversos coletivos indígenas.

6 Ver: https://radioyande.com/.

Mapa Cultural Suruí (2007)

Em 2007, numa iniciativa inédita, o povo Suruí Paiter de Rondônia iniciou uma parceria com o Google Earth, através do seu líder, Almir Narayamoga Suruí, que, ao conhecer o Google pela internet, conseguiu visitar a sua sede nos Estados Unidos para elaborar em conjunto uma série de ações que pudesse reunir conhecimento tradicional e tecnologia, na gestão territorial e ambiental da sua terra indígena.

Na época, os Suruí Paiter estavam se reunindo para desenvolverem o Plano de Gestão Territorial da Terra Indígena Sete de Setembro, mais conhecido como o Plano de 50 anos dos Suruí. A primeira ação em conjunto foi o desenvolvimento do Mapa Cultural Suruí Paiter, a reconstrução cartográfica do território desse povo utilizando as ferramentas do Google Earth, Picasa, Google Docs e YouTube. A equipe do Google Earth, dirigida por Rebecca Moore, foi até o Território Indígena Sete de Setembro para ensinar aos jovens Suruí Paiter como tirar fotos e registrar vídeos com o objetivo de coletarem histórias dos anciões, a memória viva da comunidade, fotografar e filmar seu território e sua biodiversidade e, consequentemente, dispor todo o material no Mapa Digital. A percepção territorial tradicional reconstruída por meio de interações tecnológicas, oriundas, por sua vez, de uma rede intercultural de interações entre esse povo indígena e a equipe do Google, foi traduzida pelo processo de digitalização do território que tornou possível a inclusão da percepção cosmológica territorial Suruí Paiter na representação cartográfica digital. Nas palavras de Rebecca Moore[7], foi um encontro

7 Fala registrada no vídeo "Trading Bows and Arrows for Laptops", produzido por Denise Zemekhol (ZDfilms) e disponível no YouTube: https://

de saberes, o Google veio com a tecnologia e os Suruí com o conhecimento da Floresta.

A partir desse Mapa, estabeleceu-se, portanto, um outro sentido de territorialidade conectiva que não delimita o território aos seus componentes geográficos e físicos, mas o amplia e o reelabora, agregando os modos imateriais particulares da cosmologia Suruí Paiter. Difundindo, ao mesmo tempo, tais conteúdos e tais ecologias online. Conferindo-lhe, de modo peculiar, uma narrativa e uma estética conectiva situada numa localidade híbrida e comunicativa, deslocada entre o local e o simbólico, o tecnológico comunicativo e o global.

O Mapa Cultural Suruí é acessível online pelo Google Earth.

Centro de Documentação Digital – Mawo – Ikpeng (2007)

Em 2009, a Associação da Aldeia Moygu do povo Ikpeng do Parque Indígena do Xingu, com o apoio da organização não-governamental Instituto Catitu, desenvolveu um projeto de pesquisa e documentação da cultura Ikpeng, abrigado numa base de dados bilíngue e digital chamada Ukpamtowonpïn Mira Iwonpot (Origem do mundo: vocabulário da língua e da cultura Ikpeng). Um grupo de jovens Ikpeng, atuando como pesquisadores da cultura deles, passaram a registrar com a ajuda dos anciões, detentores dos conhecimentos mais antigos, os termos e expressões da língua do seu povo[8], adotando critérios e categorias etimológicas próprias. Além de registrarem em gravações de áudio os cantos, as narrativas, os mitos e as histórias dos velhos,

www.youtube.com/watch?v=tNp9j1O3CKk. Acesso em : 14 out. 2018.

8 A língua do povo Ikpeng pertence à família linguística Karib, próximas àquelas faladas de povos do norte do Amazonas.

eles transcreveram e disponibilizaram esse material no banco de dados digital que contém também: fotos, filmes, livros, desenhos, textos, mapas e todo o tipo de documento, oral ou escrito, sobre a cultura Ikpeng produzidos por eles mesmos e/ou por pesquisadores externos.

Todo o processo de registro e classificação desse acervo digital foi realizado por eles com a assessoria de uma consultoria técnica externa. O que transformou esse processo num grande laboratório de tradução intercultural, uma troca intensa de perspectivas, cujos saberes não indígenas – permeados pelos conhecimentos técnicos de critérios metodológicos de classificação – e aquele Ikpeng, formado por sua língua e pensamento transmitidos oralmente, se reelaboraram para a constituição desse banco digital multimídia.

Após o desenvolvimento da base de dados e do acervo digital, essa iniciativa resultou, em 2010, na inauguração da Casa de Cultura Mawó[9], um espaço físico na Aldeia Moygu do povo Ikpeng, no Parque Indígena do Xingu, um centro de memória, formação, pesquisa, registro e divulgação da cultura Ikpeng, abrigando também um núcleo de produção audiovisual e de diversos conteúdos digitais. Criado para estimular os jovens Ikpeng a valorizar sua língua e a riqueza dos seus saberes, o centro de documentação transformou-se num novo espaço de transmissão e conhecimento e práticas culturais, capaz de possibilitar o acesso a parte do seu patrimônio cultural para as atuais e futuras gerações[10]. Para divulgar esse trabalho, o povo Ikpeng

9 Segundo os Ikpeng, em um dos seus mitos, no tempo em que não havia suas divisões, quando o céu era baixo e só existia noite, « Mawo » era um das primeiras pessoas que deram nomes a todas as coisas.

10 http://institutocatitu.org.br/projetos/mawo/. Acesso em: 25 ago. 2015.

desenvolveu um site em português (http://www.ikpeng.org/), novamente em parceria com o Instituto Catitu, com apoio da Petrobras e do Ministério da Cultura do governo brasileiro, no qual divulgam os projetos realizados e em andamento na aldeia, dados específicos sobre a cultura Ikpeng, e mantém uma loja virtual pela qual vendem CD's com o registro dos cantos, livros e vídeos produzidos por eles.

#SomosTodosGuaraniKaiowás (2012)

A experiência mais emblemática de net-ativismo indígena nos últimos anos dos Guarani Kaiowá do Mato Grosso do Sul alcançou a opinião pública nacional em 2012. Naquele ano, indígenas da comunidade Guarani-Kaiowá Pyelito Kue/Mbarakay, acampados num território em processo de reconhecimento próximo à cidade de Iguatemi (MS), emitiram uma declaração de suicídio coletivo de 170 homens, mulheres e crianças após receberem uma ordem de despejo decretada pela Justiça de Naviraí (MS). Em pouco tempo, a difusão da declaração na Internet repercutiu num movimento espontâneo nas redes digitais. A viralização do #SomosTodosGuaranikaiowás, #GenocídioGuarani no Twitter e em páginas na internet e a adoção do etnônimo "Guarani Kaiowá" pelos usuários e personalidades públicas do Facebook transbordaram os circuitos das redes, ocasionando atos públicos nas ruas em diversas cidades do país e do exterior. Essa ação provocou uma pressão inédita ao governo e à FUNAI, para que agissem diretamente na mediação do conflito[11].

11 A liminar foi rapidamente suspensa pela Justiça Federal e a comoção pública em favor desta população tradicional brasileira se dispersou. No entanto, outros problemas dos Guarani-Kaiowá – que viviam no Mato Grosso do Sul até serem expulsos de suas terras nos anos 1940 e 50 – seguem há

A repercussão espontânea, inédita e reticular da tragédia dos Guarani Kaiowá em 2012 expôs o conflito e a solidariedade de pessoas até então alheias às questões indígenas, e mais, segundo Malini (2017), inaugurou a inserção brasileira em lutas sociais "tecnopolíticas". "A resistência indígena influenciou de forma definitiva as mobilizações de Junho de 2013, dividiu a esquerda brasileira durante Belo Monte e escancara a polarização política do país" Ibid.

Se as jornadas de junho de 2013 – as grandes manifestações espontâneas contra o aumento das passagens do transporte público, a corrupção, os gastos públicos com a Copa do Mundo, entre outras pautas – ainda são enigmáticas para os cientistas sociais, a "tese histórica", para Malini (2017) é: "O #SomosTodosGuaraniKaiowas abriu ondas de protestos baseados na defesa dos direitos de minorias".

Escuta da Floresta (2015)

Autodenominado "Tenetehara", o povo Tembé habita a Terra Indígena do Alto Rio Guamá (homologada em 1993), no Pará, juntamente com os povos Guajá e Ka'apor, totalizando uma população de 1.727 pessoas distribuída em 280 mil hectares (ISA, 2017)[12]. Se a história do contato dos Tembé teve uma influência direta na inserção deles na economia local e na invasão de suas terras, consequentemente, na acelerada transformação dos seus costumes tradicionais, essa "continuidade" histórica, nos últimos anos, se mantém com a invasão dos madeireiros em seus territórios.

---

anos sem resposta (PELLEGRINI, 2015).

12 Instituto Socioambiental, informações disponíveis em: https://terrasindigenas.org.br/pt-br/terras-indigenas/3573. Acesso em: 17 nov. 2018.

A vulnerabilidade territorial acontece pela proximidade da Terra Indígena a municípios como Ourém, Capitão Poço, Garrafão do Norte e Santa Maria (DIAS, 2010). O que exige dos Tembé vigilância permanente de suas terras, motivo pelo qual realizaram, a partir de 2015, a parceria com a ONG estadunidense Rainforest Connection, no projeto de proteção de áreas florestais por intermédio do uso de sensores instalados nas árvores e acionados via celular. Procurados pela Rainforest Connection, os Tembé desenvolveram o projeto com a participação dos jovens na Terra Indígena. Ao monitorar o desmatamento em suas terras, uma rede de dispositivos é acionada. Com os aparelhos alimentados por placas solares instaladas nas copas das árvores, os sons das motosserras e da derrubada da vegetação podem ser captados e enviados os seus sinais para softwares instalados nos celulares das lideranças indígenas, que podem assim, acionar as autoridades responsáveis pela fiscalização em seus territórios (IBAMA e FUNAI).

Portal Muká Mukau (2009-2018)

Criado em 2012, o portal autodenominado "Muká Mukaú - Portal da Cultura Viva Pataxó"[13] é uma ação de preservação da cultura e da memória do povo Pataxó, por iniciativa da Aldeia Velha (Porto Seguro, Bahia), que ampliou o acesso ao *Inventário Cultural Pataxó* e aos depoimentos registrados durante o projeto "Saberes, fazeres e memória do povo Pataxó", executado pelo Instituto Tribos Jovens (ITJ) em parceria com o Ponto de Cultura de Aldeia Velha. Parte desse material coletado foi publicado em for-

13 O portal é autodenominado: *Muká Mukaú: portal da Cultura Viva Pataxó*. Em língua Pataxó Muká Mukaú significa "unir para reunir". Acessível até 2017, pelo link: http://www.mukamukaupataxo.art.br/.

mato de cartilha intitulada "Inventário Cultural Pataxó: tradições do povo Pataxó do Extremo Sul da Bahia" (2011)[14]. A elaboração do portal teve a participação de membros de várias aldeias do Grupo de Pesquisa da Língua e História Pataxó – Atxohã.

No Portal Muká Mukaú está disponível esse inventário cultural digitalizado: textos, fotos, vídeos, podcasts (arquivos de áudio em MP3). Elaborado com recursos do edital do Prêmio Pontos de Memória 2011, promovido pelo Instituto Brasileiro de Museus (IBRAM), vinculado ao Ministério da Cultura, o projeto do portal foi apresentado como um "Museu Virtual Pataxó", pioneiro no país (PEREIRA, 2012). Atualmente o Portal Muká Mukaú está fora do ar por motivos desconhecidos.

Mídia Índia (2017)

Criada em 2017 na ocasião do Acampamento Terra Livre (Brasília), a Mídia Índia (MI) foi fundada pelo jornalista Erisvan Bone Guajajara, da Aldeia Lagoa Quieta, Terra Indígena Arariboia, no Maranhão, junto com outros jovens indígenas. Caracterizada como uma plataforma de comunicação indígena, o propósito da MI é dar voz e visibilidade aos povos indígenas na luta, resistência e defesa de seus direitos. Os comunicadores cobrem mobilizações, manifestações, eventos culturais, fazem denúncias de conflito em seus territórios e divulgam campanhas pela luta da demarcação das terras. Transmitem todo o conteúdo pelas redes sociais, Facebook e Instagram. É atualmente uma referência da comunicação indígena em rede, expressão de um net-ativismo indígena.

---

14 O Inventário Cultural Pataxó está disponível no link http://lemad.fflch.usp.br/sites/lemad.fflch.usp.br/files/Invent%C3%A1rio%20Cultural%20Patax%C3%B3.pdf do Laboratório de Ensino e Material Didático – História (LEMAD) da Faculdade de Filosofia, Letras e Ciências Humanas da Universidade de São Paulo.

Perspectivas epistemológicas

Os primeiros estudos sobre os usos da internet por parte dos indígenas no Brasil (PEREIRA, 2008; MORALES, 2008; RENESSE, 2012; KLEIN, 2013 etc.) apontavam para o pioneirismo de experiências indígenas com a comunicação digital. Por meio dos relatos dos próprios indigenas, das observações de campo, da análise de conteúdo de sites e blogs observaram-se que essas experiências significativas apontavam para um processo inovador de práticas midiáticas de relações com os Outros e de reflexividade cultural (KLEIN, 2013), de tradução e visibilidade de saberes e culturas locais (PEREIRA, 2012), de simbiose com tecnologia (PEREIRA, 2012). Afastavam-se, então, as ideias da tecnologia como elemento de "aculturação" ou "nociva à cultura indígena tradicional". A aproximação indígena dessas tecnologias não tornaram esses povos "menos" indígenas. Ao contrário, houve um processo de fortalecimento cultural e de reelaboração étnica.

O crescente interesse acadêmico[15] em torno dessas relações entre Internet e Povos Indígenas acompanhou, em certa medida, o aumento e a variação de experiências indígenas com as redes digitais. Além dos aspectos já citados, reelaboração étnica e fortalecimento cultural, inúmeras investigações apontavam o protagonismo indígena, a visibilidade, a simbiose, o ciberativismo, o net-ativismo, o fortalecimento e a expansão das alianças e redes de apoiadores e a digitalização da localidade.

O conjunto de pesquisas, a maioria passou a correlacionar tais experiências como formas instrumentais inovadoras dos "usos" da mídia ou da comunicação digital por parte dessa população historicamente marginalizada na representação e

15 Os casos brevemente citados são referências de inúmeras pesquisas (ver referências).

na autoria dos conteúdos produzidos e veiculados pela grande mídia, desde sempre centralizadora e voltada aos interesses de determinados grupos no poder.

Os trabalhos de Fernanda C. Moreira (2014), Thiago Cardoso Franco (2019), Eliete da Silva Pereira (2013), Franco et al. (2020) marcam esse ponto de virada dos estudos da comunicação digital indígena. Tais estudos derivam desses pesquisadores do Centro Internacional de Pesquisa Atopos, em torno da linha "Tekó: a digitalização dos saberes locais". Destaca-se a interpretação de Moreira (2014) à luz da virada ontológica e do perspectivismo ameríndio, que apontará um conjunto de ideias oriundas do xamanismo (predação, transespecifismos etc.) para se pensar uma ecologia da comunicação digital.

A tese de doutorado de Franco (2019), aponta para os "ameríndios conectados", as formas comunicativas do habitar do povo Krahô, a digitalização do território e a etnografia da experiência dos Krahô com o digital, a partir de uma produção do conhecimento compartilhado. Esse trabalho toca em uma questão ética fundamental, da impossibilidade de se continuar a "estudar" os povos indígenas como "objetos". Pesquisar temas indígenas é estabelecer uma relação perene, que não "termina" com a conclusão do trabalho e envolve uma etiqueta respeitosa e necessária: diálogo, registro e inserção da interpretação dos sujeitos envolvidos, devolução do trabalho publicado, coautoria e manutenção dos laços com a comunidade envolvida.

Além disso, os povos indígenas não precisam que falem por eles. Não só. Eles não querem. E se tornou sempre desconfortável falar sobre ou por eles, sem que sintamos o peso nefasto dessa posição historicamente colonial de "representá-los" nos lugares acadêmicos, obtendo em troca o reconhecimento e o prestígio intelectual. Inúmeros são os estudantes e intelectuais indígenas inseridos no ensino superior como pesquisadores de suas próprias culturas, em diversas disciplinas, que vêm atuando na decolonização dos saberes, a começar pela reivindicação da autoria sobre os relatos produzidos sobre eles.

Grosso modo, é possível distinguir duas perspectivas epistemológicas sobre a comunicação indígena digital: a da "apropriação" indígena das tecnologias digitais de comunicação e a da "incorporação". Essa última, em diálogo com Moreira (2014) trata de observar o acoplamento das tecnologias digitais em modos de "comunicar", "transitar", "atuar" no cosmo, onde repercutem a contínua preocupação com as suas "terras", o lugar de existência cultural, corpórea e extra-corpórea de todos os seres que o compõem; como é por meio da comunicação com esse cosmo que se põe "em relação" com as suas diversas entidades. Portanto, não se reduz a análise dessas experiências ao estudo da análise de conteúdo produzido pelos coletivos indígenas ou sujeitos coletivos, ainda que o conteúdo produzido e compartilhado por eles nas diversas plataformas seja a forma visível de se verificar o protagonismo ameríndio e a sua atuação em rede. Nas palavras de Anápuàka Tupinambá, a comunicação indígena rompe com a perspectiva ocidental de mídia. São os trânsitos entre mundo e a conexão com os outros, entidades viventes e extra-humanas que configuram uma ecologia comunicativa destituída de uma centralidade humana ou de sujeitos enunciadores.

Aberturas e rotação de perspectivas – palavras finais

É tempo de refletirmos sobre a comunicação indígena digital no Brasil. Aqui fizemos um exercício inacabado de descrevê-la e situá-la epistemologicamente. Muitos estudos produzidos desde então apontaram para o que se transformou em lugar comum, ao associar essas experiências ao protagonismo, à visibilidade, ao fortalecimento cultural, à luta e ao ativismo desses povos.

Os povos ameríndios vivem intensas transformações em seus modos de vida. A cultura é dinâmica e os ocidentais ainda pensam que os indígenas cabem às imagens produzidas no passado. E nas redes digitais podemos visualizar e fazer redes com esses seres que constantemente reinscrevem suas histórias, conectam com outros mundos, reelaboram e reatualizam com o digital e suas cosmologias, o papel deles no mundo, para além da afirmação das suas diferenças.

Como já mencionado em Pereira e Di Felice (2020), para compreender o significado e as qualidades do processo de digitalização, é fundamental situar a dimensão cultural destas populações que, de forma distinta das ecologias da pólis e do universo epistêmico e dialético ocidental (humano-técnica; humano-natureza; técnica-natureza), habitam, desde sempre, em ecossistemas reticulares e interconectados. É nesta complexidade reticular que se insere o processo de digitalização e que torna a constituição das suas redes sociotécnicas em uma expansão do conjunto de redes já existentes. Portanto, as redes digitais ameríndias conectam o âmbito social e relacional e estendem-se ao nível biológico, assumindo assim um significado que supera a simples dimensão técnica-instrumental deste processo.

O processo de digitalização dos povos indígenas no Brasil deve ser lido não como uma intervenção externa, da *tekné* (HEIDEGGER, 1977) no próprio mundo simbólico, mas como a extensão e a tradução deste em direção a uma nova linguagem audiovisual e conectiva (PEREIRA, 2013). As experiências citadas, ainda mais no contexto pandêmico, nos permitiram elaborar o que chamamos de "perspectiva ecológica da comunicação digital indígena", associadas às especificidades transespecíficas de suas cosmologias (VIVEIROS DE CASTRO, 2013; MOREIRA, 2014) e que nos parece evidenciar a sua atuação cosmopolítica e net-ativista (PEREIRA, 2017; FRANCO et al., 2020) que reinscreve essas culturas no digital, em interface com as arquiteturas de interação e informação. Fenômeno indicador de uma cosmotécnica (HUI, 2020), uma incorporação nativa e local das tecnologias em direção à própria expressão da interação, do habitar (PEREIRA, 2013; DI FELICE, 2009) e da diversidade de modos de visões e de conexão com outros mundos.

Novas dobras são produzidas pelas vias dessas correlações digitais: desde a constituição de movimentos cosmopolíticos interétnicos com a participação das mulheres indígenas ao transbordamento da arte indígena contemporânea. Em todos esses âmbitos o digital foi fundamental para a constituição, circulação e formação de redes e alianças.

Atualmente, os comunicadores, artistas e pensadores indígenas se debruçam para repensar essas experiências dentro de suas perspectivas. A dissertação de mestrado de Ariene (Susui) dos Santos Lima, da etnia Wapichana, intitulada "Comunicação indígena em Roraima e a criação de novas territorialidades digitais: rede Wakywai, resistências e saberes amazônicos" (2022)[16] contribui nesse sentido, para se refletir metodologias próprias, transversais e multidisciplinares.

Nas artes, duas exposições lançadas em 2022 e produzidas por indígenas têm a comunicação como reflexão. A primeira é

---

16 Defendida em 2022, no Programa de Pós-Graduação em Comunicação (PPGCOM) da Universidade Federal de Roraima, comentada pela autora Ariene Susui na mesa-redonda "Comunicação Digital Indígena" no III Congresso Internacional de Cidadania Digital.

a exposição "Nhande Marandu[17] – Uma história de etnomídia indígena"[18], no Museu do Amanhã no Rio de Janeiro, com a curadoria de Anápuáka Tupinambá, Takumã Kuikuro, Trudruá Dorrico e Sandra Benites. Da concepção, curadoria, montagem, redação e tradução de textos, produção audiovisual e sonora, profissionais indígenas participaram de todo o processo criativo de uma narrativa deles sobre a comunicação indígena. A segunda exposição temporária, "Nhe'ẽ Porã: Memória e Transformação" [19], no Museu da Língua Portuguesa, em São Paulo, cuja curadoria da artista Daiara Tukano, narra a trajetória e a sofisticação das línguas indígenas do Brasil. Parte da exposição é dedicada à comunicação indígena contemporânea (sobretudo audiovisual) e à arte indígena.

Os povos indígenas são tradutores das suas cosmologias em tantas outras instâncias. Nos museus, nas artes, na política e no debate sobre as mudanças climáticas. Embora recentemente se tenha a participação histórica no recém-criado Ministério dos Povos Originários (2023), com a nomeação da deputada federal eleita por São Paulo, Sônia Guajajara, e a nomeação também histórica de Joênia Wapichana, primeira indígena como Diretora da Fundação Nacional dos Povos Indígenas (FUNAI), são muitas as violações de direitos sofridas por esses povos nos últimos anos. As imagens chocantes compartilhadas nas redes no início de 2023, que mostram a marca do genocídio contemporâneo contra os Yanonami, são a reatualização do eterno retorno da violência histórica sofrida por esses povos. Os algozes são os

17 Expressão em guarani que significa "nossa mensagem".

18 Sobre a exposição, consultar: https://museudoamanha.org.br/pt-br/exposicao-nhande-marandu-uma-historia-de-etnomidia-indigena.

19 A mostra está disponível no formato digital pelo link: https://nheepora.mlp.org.

mesmos: o Estado Brasileiro leniente, o garimpo e todos aqueles que ganham, direta e indiretamente com a morte dos rios pelo mercúrio e com o lucro do vil metal.

Como dito por eles (Davi Kopenawa, Ailton Krenak, Sonia Guajajara, entre outros), a defesa do território não se separa dos seus corpos, pois é a luta pela vida. Os corpos indígenas inseparáveis das suas cosmologias "rexistem". Resistem à morte e emanam uma força vital e poética no sentido profundo do bem viver. O futuro é ancestral, como é o título da recente obra de Ailton Krenak (2022), porque são esses povos-rios, povos-florestas, povos-montanhas, agarrados à terra, a decodificarem a agencialidade de outras entidades não humanas. Não por uma abstração narcisística intelectual, mas porque eles reconhecem a dinâmica dos afetos descentralizada do humano e do espectro do antropocentrismo. Assim como o presente e o futuro, a conexão é ancestral.

Referências

CARNEIRO, R. G. *Sujeitos comunicacionais indígenas e processos etnocomunicacionais*: a etnomídia cidadã da Rádio Yandê. 2019. 194f. Dissertação (Mestrado em Ciências da Comunicação) – Universidade do Vale do Rio dos Sinos, Vale do Rio dos Sinos, 2019.

DI FELICE, M. *Paisagens pós-urbanas*: o fim da experiência urbana e as formas comunicativas do habitar. São Paulo: Annablume, 2009.

_______. *Net-ativismo*: da ação Social para o ato conectivo. São Paulo: Paulus, 2017.

_______. *A cidadania digital*: a crise da ideia ocidental de democracia e a participação nas redes digitais. São Paulo: Paulus, 2021.

DI FELICE, M.; PEREIRA, E. S. Formas comunicativas do habitar indígena: a digitalização da floresta e o net-ativismo nativo no

Brasil. In: DI FELICE, M.; PEREIRA, E. S. (OrgS.). *Redes e ecologias comunicativas indígenas:* as contribuições dos povos originários à teoria da comunicação. 1ed. São Paulo: Paulus, 2017, v. 1, p. 41-62.

DIAS, C. *O povo Tembé da Terra Indígena Alto Rio Guamá:* construindo vias de desenvolvimento local? 2010. 176 f. Dissertação. (Mestrado em Ciências). Núcleo de Meio Ambiente. Universidade Federal do Pará, Belém, 2010.

FOUCAULT, M. Nietzsche, a genealogia e a história. In: FOUCAULT, M. *Microfísica do poder*. Tradução: Roberto Machado. 10a ed. Rio de Janeiro: Graal, 1992.

FRANCO, T. *Ameríndios Conectados*: As formas comunicativas de habitar e narrar o mundo, de acordo com as imagens dos modernos e dos Krahô. 2019. 350f. Tese (Doutorado em Ciências da Comunicação) – Escola de Comunicações e Artes, Universidade de São Paulo (USP), São Paulo, 2019.

FRANCO, T.; DI FELICE, M.; PEREIRA, E. O net-ativismo indígena na Amazônia, em contextos pandêmicos. *Estudos em Comunicação,* v. 31, p. 109-131, 2020.

FREITAS, R. G. *Yandê*: etnomídia pela poética de uma webrádio indígena. 2021. 141f. Dissertação (Mestrado em Meios e Processos Audiovisuais) – Escola de Comunicação e Artes, Universidade de São Paulo, São Paulo, 2021.

HEIDEGGER, M. *Saggi e discorsi*. Milano: Mursia, 1977.

HUI, Y. *Tecnodiversidade*. São Paulo: Ubu, 2020.

KLEIN, T. *Práticas midiáticas e redes de relação entre os Kaiowá e Guarani em Mato Grosso do sul*. 2013. 121f. Dissertação (Mestrado em Antropologia Social) – Faculdade de Filosofia, Letras e Ciências Humanas, Universidade de São Paulo, São Paulo, 2013.

KRENAK, A. *Futuro ancestral*. São Paulo: Companhia das Letras, 2022.

LESSIN, L. *Nos rastros de yakuruna*: a partida de Pawa e a pós- sustentabilidade Ashaninka. Tese (Doutorado em Antropologia) –

Departamento em Antropologia, Universidade Estadual de São Paulo, Marília, p. 204, 2011.

LIMA, A. S. S. *Comunicação indígena em Roraima e a criação de novas territorialidades digitais*: rede Wakywai, resistências e saberes amazônicos. 2022. 118f. Dissertação (Mestrado em Comunicação) – Universidade Federal de Roraima, Boa Vista, 2022.

MALDONANO, A. E.; HÃE, HÃE, HÃE, A. M. T.; CARNEIRO, R.G. "Você ouve a Rádio Yandê, a Rádio de todos nós": a construção de uma etnomídia indígena cidadã. In: *Revista Contracorrente*, v. 17, p. 8-30, 2021.

MALINI, F. Tecnopolítica: A viralidade indígena em rede e os novos modos de mobilização. In: Midia Ninja. 20/04/2017. Disponível em: http://midianinja.org/fabiomalini/tecnopolitica-a-viralidade-indigena-em-rede-e-os-novos-modos-de-mobilizacao/. Acesso em: 27 mai. 2017.

MANCUSO, S. *Plant Revolution*: le piante hanno già inventato il nostro future. Milano: Giunti, 2017.

MORALES, E. N. *Apropriação de uma política pública de "inclusão digital" entre os Pataxós de Coroa Vermelha, Bahia.* 2008. 112f. Dissertação (Mestrado em Antropologia) – Universidade de Brasília, Brasília, 2008.

MOREIRA, F. C. *Redes xamânicas e redes digitais*: por uma concepção ecológica de comunicação. 2014. 272f. Dissertação (Mestrado em Ciências da Comunicação) – Escola de Comunicação e Artes, Universidade de São Paulo, São Paulo, 2014.

NOBRE, C. A.; Sellers, P. J.; SHUKLA, J. "Amazonian deforestation and regional climate change". *Journal of Climate*, 4, p.957-988, 1991.

PELLEGRINI, M. Mais um capítulo sangrento da saga Guarani-Kaiowá. *Carta Capital,* 2015. Disponível em: https://www.cartacapital.com.br/blogs/parlatorio/mais-um-capitulo-sangrento-da-saga-guarani-kaiowa-6501.html. Acesso em: 23 fev. 2017.

PEREIRA, E. S. Nos meandros da presença étnica indígena na rede digital. In: DI FELICE, M. (Org.). *Do público para as redes*. 1ed. São Caetano do Sul: Difusão, 2008, v. 01, p. 287-336.

_______. *Ciborgues indígen@s.br*: a presença nativa no ciberespaço: São Paulo: Annablume, 2012.

_______. *O local digital das culturas*: as interações entre culturas, mídias digitais e território. Tese (Doutorado em Ciências da Comunicação) – Escola de Comunicações e Artes, Universidade de São Paulo, São Paulo, p. 296, 2013.

_______. Net-ativismo indígena brasileiro: notas sobre a atuação comunicativa indígena nas redes digitais. In: DI FELICE, M.; PEREIRA, E. S.; ROZA, E. (Orgs.). *Net-ativismo*: Redes digitais e novas práticas de participação. 1ed. Campinas: Papirus, 2017, v. 1, p. 169-182.

_______. A ecologia digital da participação indígena brasileira. *Lumina*, v. 12, p. 93-112, 2018.

_______. Nos circuitos do Muká Mukaú? o Portal da Cultura Viva Pataxó. In: Marília Xavier Cury. (Org.). *Museus etnográficos e indígenas*. 1ed. São Paulo: SISEM-SP, 2021, v. 1, p. 191-201.

PEREIRA, E. S.; DI FELICE, M. As qualidades ecológicas das redes indígenas no Brasil. *Chasqui*. Revista Latinoamericana de Comunicación, v. 147, p. 201-220, 2021.

PIMENTA, J. Indigenismo e ambientalismo na Amazônia ocidental: a propósito dos Ashaninka do rio Amônia. In: *Revista de Antropologia*, v.50, n.2, São Paulo, dez., 2007.

RENESSE, N. *Perspectivas indígenas sobre e na internet*: ensaio regressivo sobre o uso da comunicação em grupos ameríndios do Brasil. 2012. 144f. Dissertação (Mestrado em Antropologia Social) – Departamento de Antropologia, Universidade de São Paulo, São Paulo, 2012.

VIVEIROS DE CASTRO, E. *Metafísicas canibais*. São Paulo: Cosac Naify, 2015.

A comunicação digital indígena[1]

Ariene Susui (povo Wapichana)[2]

Primeiramente, é um prazer estarmos aqui. Em agradecimento aos meus ancestrais e a todos aqueles que vieram antes de mim para que nós pudéssemos chegar até aqui. As mulheres e as avós, os pajés e as lideranças que se foram, em 2020 e 2021, em meio a uma pandemia, em meio a um cenário muito triste para todos nós. Perdemos muitas lideranças indígenas. É com a força deles que a gente abre esse momento e esse espaço que fala de comunicação indígena. E a gente traz essa perspectiva da comunicação indígena feita por nós, indígenas comunicadores, que ingressamos hoje em um ambiente acadêmico, seja enquanto jornalistas ou na pesquisa.

Então, a minha dissertação de Mestrado que trago neste momento é sobre a comunicação indígena, porque a gente tem a necessidade desse olhar *de nós para nós*. E quando começamos a falar sobre isso, há um estranhamento sobre o que é essa comunicação indígena que nós estamos falando e para quem nós estamos falando.

O primeiro ponto essencial que a gente tende a falar sobre é: de onde parte a comunicação? Os nossos povos, por mui-

---

1 Transcrição de palestra apresentada no III Congresso Internacional de Cidadania Digital.

2 Mestra pelo Programa de Pós-Graduação em Comunicação pela Universidade Federal de Roraima (UFRR). E-mail: arienesusui@gmail.com.

to tempo, décadas, passaram os ensinamentos para nós – e os povos indígenas têm essa prática muito baseada na oralidade. Então, o primeiro ponto crucial da comunicação indígena é a oralidade e como a gente a transforma para guardar essas memórias, hoje, nos meios digitais. E, aí sim, a gente parte para a questão técnica, que a gente vê hoje nos gravadores, no colocar tudo isso nas redes sociais... São várias as partes da comunicação que a gente traz nesse movimento, que é um movimento político também, nunca deixa de ser.

O nosso movimento indígena é um movimento político, assim como todas as questões que nós fazemos nesse ambiente, seja no direito, na saúde, todas as questões vão partir do movimento indígena. É para lá que nós estamos caminhando, para poder contribuir. Então não tem uma separação, por exemplo, do *eu* quando eu sou comunicadora, do *eu* enquanto eu sou ativista, enquanto eu sou política, enquanto eu sou uma jovem desse espaço contribuindo com a luta dos nossos povos.

Enfim, eu acredito muito na iniciativa da gente começar a colocar esses espaços para nós, pois falar de comunicação indígena é falar sobre nós. Eu acredito que a gente traz nesses espaços acadêmicos muito do que é a comunicação. A gente tem uma necessidade muito grande, enquanto pesquisadores, de definir o termo. O que é essa comunicação? Chama-se etnocomunicação? Comunicação indígena? Enfim, vai-se colocando a comunicação em vários quadradinhos. E a gente vai partir para a questão da transversalidade...

Eu acredito que a comunicação indígena é transversal. Ela perpassa por outros espaços, que não são apenas o da comunicação dentro desse quadrado, por exemplo, do próprio jornalismo ou da publicidade. A comunicação indígena é transversal, multidisciplinar, atravessa outros campos do conhecimento, como a sociologia, a filosofia, a biologia. Ela tem várias ramificações. E, assim, a comunicação indígena perpassa também pelos nossos ancestrais, que se comunicam. Então, tudo isso é comunicação, é essa transversalidade.

Quando a gente traz a discussão para os comunicadores indígenas, surge a minha dissertação, que trata, especificamente, sobre uma rede específica, Rede Wakywai, que na língua Wapichana significa "nossa notícia". Essa rede nasce no período pandêmico lá no estado de Roraima. E as pessoas falam: mas por que surgiu esse movimento? É uma assessoria? É o quê? É uma assessoria do movimento? Eu falei "nem uma coisa nem outra". É um movimento político. É um movimento que se diz político no momento de uma pandemia, quando se olhava os meios de comunicação e não se via ou ouvia falar, por exemplo, das mortes das lideranças dentro dos territórios. Não se ouvia falar de um plano estratégico para contrapor todas as questões que estavam ocorrendo dentro dos territórios. Enfim, não tínhamos notícia do que estava acontecendo e, muitas das vezes, as pessoas não conseguiam enxergar também por conta desse período pandêmico. Daí veio uma necessidade de colocar ao mundo o que estava acontecendo.

Assim surge a Rede Wakywai de Jovens Comunicadores Indígenas, com a proposta de transformar essas ferramentas digitais em ferramentas de luta, em ferramentas que salvam vidas. A comunicação salva vidas. Então foi preciso começar a colocar as nossas vozes ao mundo, dizer o que estava acontecendo dentro dos territórios, colocar isso nos meios digitais, em cartazes, cartilhas. Enfim, a partir daí começou todo o movimento da comunicação através dos comunicadores indígenas.

São nesses espaços que a gente começa a escrever sobre o tema. Eu iniciei em 2020 minha dissertação, ainda muito situada naquela questão dos métodos. Que métodos a gente vai usar? Que metodologia a gente tem para discutir a comunicação indígena? Muito se tem falado, mas pouco realmente tem sido discutido sobre quais métodos a gente utiliza para tratar da comunicação indígena.

É preciso que a gente entenda que não se trata apenas dessa descolonização dos métodos. Não é apenas, por exemplo, a gente começar a escrever um artigo, começar a escrever uma dissertação, começar a escrever uma tese de doutorado... Há muitos campos que a gente começa a ter dificuldade nessas pesquisas. A gente para para pensar: "será que é dessa forma que a comunicação indígena quer ser estudada? É esse o método? Quais são os sentidos dos métodos que nós pesquisadores – inclusive, eu – nos colocamos enquanto isso?". Porque eu tive dificuldades. Quais métodos a gente tinha usado para estudar as comunicações nesse meio? Será que a gente está querendo encaixar a comunicação indígena em mais uma caixinha dos campos das ciências da comunicação? Será que a gente está querendo novamente fazer: "isso aqui é comunicação indígena, isso aqui não é comunicação indígena"?

A gente precisa repensar os meios para estudar isso. Então eu trago essa problemática, essas críticas ao meio acadêmico. A gente está nesse meio, contribui e, ao mesmo tempo, assimila e escreve sobre isso. A gente defende que as pesquisas e os saberes tradicionais têm que estar junto com os saberes científicos da academia, exatamente para poder ter essa movimentação de todos esses saberes conectados.

Então, a gente tem que começar a discutir sobre isso, porque senão a gente vai transformar novamente esse espaço da comunicação indígena apenas em mais uma caixinha dentro da comunicação. A minha fala traz muito da minha dissertação, sobre uma proposta metodológica. Ela é um começo de uma discussão, que parte de uma comunicadora indígena que se propõe a discutir isso com outros pesquisadores. Isso não é apenas para nós, porque se for apenas para mim, não vai servir. Porque para mim não importam muito essas questões das titulações, mas sei que é necessário eu estar aqui nesse espaço, junto com vocês, para poder colocar isso em debate. Porque no meio dos nossos povos a gente tem um conhecimento por aquilo que é passado pela oralidade, não necessariamente dentro de uma universidade. As nossas lideranças ancestrais que resistiram até aqui nunca chegaram a ter um estudo dentro da universidade, mas são os que resistiram e nos trouxeram até aqui. Foram os que lutaram em diversos âmbitos, foram os que deram oportunidade para que nós, jovens, hoje tivéssemos acesso às universidades. Ou seja, quanto à continuaçao das nossas lutas, a gente nunca deve se esquecer de onde e para que nós estamos aqui, pelo que eu estou lutando e o que eu quero falar com a comunicação. Por que isso aqui é tão importante? É porque a gente não pode esquecer que esses espaços são para que nós pudéssemos estar neles.

Para finalizar a minha fala, quero dizer uma frase muito conhecida, que hoje muitos de nós estamos usando: "nada sobre nós, sem nós". A gente tem, há muito tempo, narrativas sobre nós. Companheiros, pessoas queridas que nos ajudaram nessa construção da comunicação, para que hoje nós, indígenas, estivéssemos aqui. Tive professores e orientadores que me possibilitaram construir minhas narrativas, que me deram todo o impulsionamento para dizer: "Esse método que você usa, a forma como você escreve, a forma como você diz que comunicação é isso, também é importante". Não é apenas o que está escrito nos livros de metodologia ou no que vem para você, mas também o que você constrói em conjunto. E isso é fundamental, quando a gente coloca os nossos professores enquanto pessoas que nos impulsionam a fazer diferente nesse meio. Muito obrigada.

Experiências sateré-mawé no uso das tecnologias digitais[1]

Josias Ferreira de Souza[2]

Ihot'ok torania [expressão indígena]. Bom dia a todos.

É de suma importância estarmos presentes na Universidade. Agradeço pelo convite, na pessoa do professor Thiago Franco, por estar participando deste momento e poder trazer informações, experiências, conhecimentos indígenas e também aprender com os colegas e professores da academia. É de fundamental importância visibilizar os conhecimentos indígenas na academia. É justamente com isso que o III Congresso Internacional de Cidadania Digital está preocupado: com os atores indígenas, trazendo os conhecimentos indígenas que são imprescindíveis na formação de nossa sociedade.

Então, para começar a minha fala, eu queria dizer que meu nome é Josias, sou da etnia Sateré-Mawé. Sou pesquisador da Universidade Federal do Amazonas. Nós somos pioneiros, nós

1 Transcrição adaptada da palestra apresentada na mesa-redonda "Net-ativismo e a participação indígena nas redes" no III Congresso Internacional de Cidadania Digital.

2 Membro do clã Sateré (Sateré/ut), a mais alta marcação hierárquica para funções de parentesco do povo *Sateré-Mawé*. Mora na Aldeia Ponta Alegre (AM). Doutorando em Educação pela Universidade Federal do Amazonas (PPGED/UFAM). Bolsista do Programa PROPG/CAPES/FAPEAM. E-mail: 1.bftmnoph@gmail.com.

somos os primeiros estudantes Sateré-Mawé a se inserir nos cursos de pós-graduação. Nossos parentes indígenas ainda estão chegando nas graduações. Eu sou o primeiro mestre em Sociedade e Cultura na Amazônia. Se Deus quiser, daqui a um ou dois anos, estarei próximo de conseguir a formação de doutor em Educação. O meu tema é "Net-ativismo e a comunicação dos Sateré-Mawé".

Quando a gente fala de net-ativismo, estamos falando de um conhecimento que usa a tecnologia para se manifestar, expressar, comunicar algo e falar com alguém. Eu vou exemplificar como os Sateré se apropriam deste processo comunicacional e internalizam essas informações, essas tecnologias que são um direito de todos, não só de alguns, um direito fundamental e humano.

A segunda questão é mostrar de onde eu vim, o meu lugar de origem. De onde vem essa fala? De onde vem essa demanda, essas informações, esse conhecimento? Sateré-Mawe é o nome do meu povo. Sateré, o primeiro nome, é uma designação clânica que define a hierarquia dos chefes políticos da aldeia Sateré-Mawé. No meu caso, meu clã é Sateré, eu sou da família Sateré. Já Mawé é o nome do povo. Mas se habituou a falar Sateré-Mawé para povo Mawé. Por quê? Porque é ele que define a liderança das aldeias e do povo. Essa mesma história do povo contada pelos mais velhos, anciões, é realizada desta forma, justamente por isso que nós falamos assim. Mas a primeira palavra, Sateré, é uma destinação clânica, são chefes políticos da sociedade Mawé. Existem mais de doze clãs. Em *Brincando com onça e cotia*[3], o

3 Ver: RODRIGUES, R. A.; JUNQUEIRA, C. S. A.; SOUZA, E. C. S.; ANDRADE, F. A. V. Brincando de onça e de cotia em aldeamento Sateré-Mawé. *Revista Contribuciones a las Ciencias Sociales*, (enero-marzo 2018). Disponível em: http://www.eumed.net/rev/cccss/2018/01/brincando-on-

professor Renan Albuquerque conta um pouco sobre essa história do povo Sateré-Mawé.

Hoje nós falamos muito em Kapi. Que é o capitão? Vocês já ouviram falar? Existe o capitão das aldeias Sateré-Mawé – registrei a trajetória do kapi (capitão) em meu livro, *Kapi: uma liderança clânica e afim* (2020)[4]. É uma liderança que é respeitada nos três rios da Terra Indígena Andirá-Marau/AM. Nós temos o rio Andirá, que na língua-mãe quer dizer *morcego*. Nós temos o rio Marau, que quer dizer *rã*. Os três rios, incluindo o rio Uaicurapá, por questões geográficas parecem muito distantes, mas se você for olhar no mapa estes rios estão bem unidos. Próximo dos rios Andirá e Marau, se você precisar ir andando de um lugar para outro, terá uma longa caminhada de quatro a cinco horas. Se não tiver barco, os parentes indígenas conseguem fazer essa travessia nesse tempo na mata. É assim que eles sempre se comunicaram.

Na minha aldeia de Ponta Alegre, nós temos moradores da própria etnia, do clã Sateré, mas também nós temos famílias do clã Gavião, do clã Moi, do clã Inambu, nós temos mais de doze clãs. Nós também temos os não indígenas que casam com as indígenas e os indígenas que casam com as não indígenas. No meu caso, eu casei com uma não indígena, levei ela para a minha aldeia. Ela trabalhou na aldeia como professora.

Na aldeia que nasci e moro, 80% são falantes da língua portuguesa. Se você chegar na minha comunidade, que fica bem pró-

---

ca-cutia.html.

4 Ver: SATERÉ, J.; ALBUQUERQUE, R.; JUNQUEIRA, C. S. *Kapi*: uma liderança clânica e afim. Embu das Artes: Alexa Cultural/ Manaus: EDUA, 2020. Disponível em: https://acervo.socioambiental.org/acervo/livros/kapi-uma-lideranca-clanica-e-afim.

xima da cidade de Barreirinha/AM, você não vai ouvir a língua materna Sateré-Mawé, você vai ouvir a língua portuguesa, que é predominante. Apenas 20% falam a língua materna Sateré-Mawé. Quem é que fala o Sateré-Mawé? Os veteranos, anciões, no caso, os meus pais são bilíngues, falam a língua materna e o português. Aqui mesmo em Parintins, os anciões estão falando a língua materna e a juventude já fala mais o português. Muitas das vezes, o nosso aluno não quer falar a língua materna. Por mais que ele não fale, acha que já sabe. A sua prioridade é aprender o português. Por quê? Para quando ele chegar na cidade, na escola, o coleguinha não indígena não rir dele. E quando o aluno indígena dá prioridade à língua portuguesa, o que acontece? Ele deixa de lado a língua materna, a língua-mãe. Então é assim que acontece.

Justamente por isso, nós fomos os idealizadores do projeto Tucandeiras, que teve o apoio do Fundo Casa Socioambiental, com o propósito de levar para a sala de aula, junto com os professores, formas próprias de educar para a utilização da língua materna. Isso vai somar com uma disciplina chamada língua materna que é proferida tanto nas escolas do Município, quanto na escola do Estado na aldeia de Ponta Alegre, no Rio Andirá, para incentivar realmente a criança, a juventude, a falar propriamente.

A aldeia de Ponta Alegre é uma aldeia modernizada. A própria escola parece esse auditório da UFAM aqui. Você não vai encontrar na aldeia de Ponta Alegre uma escola de palha. A gente não vê a modernidade como algo que possa acabar com a cultura. A gente vê a modernidade como acesso ao direito que nós temos, que todo cidadão tem. Agora, o que não pode acabar é o ritual da Tucandeira. A gente não pode parar de falar a língua materna, porque o território não é só o físico, o simbólico também faz parte.

Em relação às tecnologias para o fortalecimento dos direitos dos povos indígenas: como nós utilizamos a tecnologia, a internet, o celular para levar as informações e o conhecimento para outras sociedades? Nós vivemos numa aldeia global, onde todo mundo está conectado. Então, as aldeias Sateré-Mawé fazem parte também desse Global, mas para fazer parte, precisam fazer uso da tecnologia, da internet e do celular. O próprio movimento social, o movimento indígena, faz isso. Mas nem todo mundo tem acesso. A nossa entidade que está ali representada, a Kapi [Associação dos Kapi e das Lideranças Tradicionais do Povo Sateré-Mawé do Rio Andirá], tem um site que divulga o que está fazendo naquela comunidade, quais são os temas que trabalha, qual é o objetivo e quais são as informações que eles querem, para que não só a população não indígena ou a academia compreenda, mas também para que outros povos indígenas possam acompanhar. Como temos as ações da Foirn [Federação das Organizações Indígenas do Rio Negro] ou da Coiab [Coordenação das Organizações Indígenas da Amazônia Brasileira], em que percebemos o amadurecimento das nossas lideranças na questão da tecnologia digital, do uso da internet.

Ali, na segunda imagem[5], nós temos o kapi (capitão geral do povo Sataré-Mawé), junto do Tuxaua geral, numa assembleia. Então, automaticamente naquela mesma data, naquele mesmo dia, eles transmitiram essas informações dizendo o que estava ocorrendo no território. O que demorava um mês, três meses, vários dias para acontecer, hoje acontece de maneira simultânea. Ali na foto sou eu. Nós estávamos fazendo a cartilha Tucandei-

5 No texto há referências a fotos e imagens apresentados em slides durante a palestra realizada no evento.

ras. Em outra foto, o parente Douglas Sateré estava falando sobre a questão do artesanato, contando porque está fazendo. Antes, o artesanato era feito apenas para os rituais, para alguma cerimônia muito fechada, privada. E hoje se utiliza dele para conseguir comida, trocar e vender. Eu trouxe aqui esse material para exemplificar que o povo Sateré-Mawé também usa as tecnologias para dar visibilidade a suas demandas.

Em 1986, o povo Sateré-Mawé conseguiu demarcar o seu território. Por que eles conseguiram? Porque se reconheceram enquanto atores sociais. Eles acessaram o direito que eles tinham ao território. Porque o território, para nós, não é só floresta. Não é só os animais, é a vida. Então, perder o território é perder nossa vida, perder nossa cultura, perder nossa identidade, perder nossa língua... Eles [os Sateré-Mawé] se mobilizaram muito rápido, tanto que o nosso território foi um dos primeiros a ser demarcado no Baixo-Amazonas, no Estado do Amazonas, porque conseguiram lutar pelos seus ideais, pelos seus objetivos. Diante da presença de madeireiros em nosso território, surgiu a necessidade de proteção dos territórios e de demarcação da terra. Pela demarcação da vida. Pela proteção da mãe terra. Então, quando o povo Sateré-Mawé se sentiu ameaçado, automaticamente se mobilizou para que esse território fosse protegido.

É justamente aqui que as tecnologias, hoje, têm sua maior importância, porque a gente não pode esperar muito tempo. Então o povo Sateré-Mawé está falando para alguém. Está falando com alguém, com as autoridades, dizendo quem determina, quem protege, quem é o guardião desse território: somos nós. Nós sabemos o que é necessário fazer.

Mas vamos fazer um paralelo aqui: antes da tecnologia digital, da internet, do celular, do computador, como o povo Sateré-Mawé se comunicava? Nós tínhamos, ainda temos, o Porantim. A dança da Tucandeira. São tecnologias internas do povo Sateré-Mawé que expressavam aquilo que o povo queria passar, o conhecimento, as informações. Tanto é que aqueles símbolos do Porantim dizem muito sobre as características do povo. Então, é o significado que eles guardam e expressam justamente para perpetuar aquele conhecimento, que era uma estratégia de sobrevivência. No ritual da Tucandeira é justamente essa história que é contada de maneira repetitiva...

A juventude, as pessoas indígenas que têm acesso às tecnologias fazem o uso justamente para reivindicar os seus direitos. E o celular entre a juventude indígena? O celular é o que mais eles têm. O celular tem muitas coisas, boas e ruins. Então, se o jovem indígena tem celular, nós precisamos dizer para ele como usar esse celular para defender o seu território, porque o celular serve para muita coisa. Mas acesso ao computador nem todo mundo tem. É raro ter na aldeia o computador. Só alguns professores, em algumas escolas, o que também dificulta o processo de alfabetização digital. A gente ainda está nesse processo de aprendizagem.

Então, quais são as vantagens das tecnologias para o povo Sateré-Mawé?

O poder de fala. As nossas lideranças não falam só internamente. Elas falam para o mundo. Hoje, o que está em quase todos os países, em mais de cento e trinta e cinco países? A cultura Sateré-Mawé no simbolismo do guaraná. Quando você toma o guaraná, você tem acesso à palavra, você toma um pouco dessa história. Então, é o poder de fala.

Fortalecer as vozes das lideranças indígenas. E liderança não é só o Tuxaua, não é só o capitão, mas também é o professor, é o puxador de osso, é o agricultor, é aquele que faz o artesanato, porque todos eles têm um conhecimento intrínseco e diferente, que forma a criança, que forma o estudante, não só na sala de aula, mas na aldeia. Aliás, a aldeia é a nossa própria escola.

No tema da identidade indígena: cultura e tradição. Antes de começar a minha fala, eu ia pedir para vocês se despirem de tudo aquilo que entendem ou compreendem sobre a cultura indígena, porque cada cultura é diferente uma da outra e a gente não pode subestimá-la. Nem mesmo generalizar, como se fosse tudo igual. Como você se autorreconhece nessa cultura? Se aparecer um outro parente meu, ele vai dizer "sou Sateré, mas sou Hiwy, sou Gavião". Ele vai se autodeterminar, se autodenominar. Então, a gente não pode generalizar.

Comunicar suas demandas. É isso o que eles mais fazem. Essa comunicação não é no sentido de pedir, mas no sentido de dizer assim: "olha o nosso território está aqui, nós somos os guardiões, nós precisamos proteger esse território". E o que mais se comunica são reivindicações de proteção, porque nós temos tudo. Nós temos o rio limpo, nós temos as florestas, nós temos o ar puro. Nós não queremos garimpagem nem madeireiros para acabarem com o nosso território. Neste caso, as tecnologias servem justamente para isso, para ser uma extensão, uma ferramenta que possa nos ajudar nessa proteção que já fazemos há 520 anos.

O povo Sateré-Mawé, só de contato com o não indígena, tem 320 anos. Então é isso que nós fazemos. Mas não queremos ficar ali isolados. Nós não queremos apenas formação. Nós queremos conhecimento. Nós queremos que as outras comunidades não indígenas e indígenas nas cidades possam nos ouvir. Assim como nós também sempre estamos escutando.

Por fim, o território está dentro de nós, nós somos o território. Então, quando nós falamos a língua, temos acesso às histórias, aos conselhos dos anciões, podemos levar aonde a gente for esse conhecimento, esse território. Quando você tem acesso a computador, celular, internet, uma casa de tijolo ou de cerâmica, isso não invalida ou desvaloriza a cultura [indígena]. Mas, faz com que a cultura Sateré-Mawé ultrapasse preconceitos históricos atribuídos aos indígenas, de que estão em transição do "índio selvagem" para a civilidade, expressão errônea que escutamos até os dias atuais. Muito pelo contrário, quando temos acesso à língua, fortalecemos a língua, fortalecemos a cultura indígena.

Muito obrigada pela atenção de todos.

Tecnologias de tradução como ponte para a cidadania dos povos indígenas não falantes do português

Adriano Clayton da Silva[1]
Suanny Beatriz Silva Lira[2]
Francy Wotete[3]

Cidadãos sem língua

Quando se pensa em cidadania, tendemos a imaginar pessoas pertencendo a uma comunidade, comungando direitos e deveres e se comunicando de forma eficiente para que o grupo permaneça intacto e em paz. Costa e Ianni (2018, p. 48) reforçam

1 Professor Adjunto do Instituto de Ciências Sociais, Educação e Zootecnia da Universidade Federal do Amazonas (ICSEZ-UFAM). Doutor em Linguística Aplicada pela Universidade Estadual de Campinas (Unicamp). Membro do grupo de pesquisas Núcleo de Estudos de Linguagens da Amazônia (NEL-AMAZÔNIA). E-mail: adrianocsilva@ufam.edu.br.

2 Graduanda do curso de Zootecnia do Instituto de Ciências Sociais, Educação e Zootecnia da Universidade Federal do Amazonas (ICSEZ-UFAM). E-mail: biasuanny5@gmail.com.

3 Graduanda do curso de Serviço Social do Instituto de Ciências Sociais, Educação e Zootecnia da Universidade Federal do Amazonas (ICSEZ-UFAM). E-mail: francywotete10@gmail.com.

essa ideia e acrescentam que a cidadania é uma "identidade social política", pela qual a pessoa se identifica com um grupo e se sente diferenciada de outros. A noção de pertencimento é fundamental para que alguém se sinta cidadão. Com o tempo, a ideia de cidadania deixa de ser um contrato social para tornar-se lei, regulada por órgãos legitimados pelo grupo e englobando todas as pessoas que vivam num mesmo território, independentemente de suas individualidades. A cidadania acaba vinculando-se fortemente à ideia de nacionalidade (COSTA & IANNI, 2018).

No caso dos indígenas que vivem no Brasil, a consciência de pertencimento é outra, definida pelas cultura, língua e território de cada população originária. E apesar de a Constituição Brasileira de 1988 reconhecer que tais populações podem ter organizações sociais próprias, que respeitem seus costumes, línguas, crenças e tradições, na prática ainda não se reconhece oficialmente que cada indígena possa ser considerado cidadão de sua própria nação/comunidade. Ao invés disso, a Carta Magna define que os indígenas têm direitos e deveres como qualquer outro cidadão brasileiro.

Mas o que acontece quando o cidadão não fala a mesma língua do grupo? Como o cidadão pode exercer direitos e deveres, ou mesmo se sentir parte do grupo, se não consegue se comunicar de forma eficiente com esse grupo? Esse é o dilema que os indígenas que não falam português enfrentam: são cidadãos brasileiros pelas leis, mas não conseguem se comunicar de forma direta com as entidades que os definem como tais.

Desde o início da colonização do Brasil as populações indígenas brasileiras foram dizimadas pelos brancos, com consequências nefastas na atualidade: o Censo de 2010 (IBGE, 2012) aponta altos índices de pobreza e analfabetismo nessas populações, além de quase todas terem um número muito reduzido de membros (algumas mal chegam a dez pessoas). Não é possível saber até que ponto a diferença de línguas influenciou o ódio do branco contra os indígenas. Ou talvez não tenha sido ódio, mas pura indiferença aos apelos e pedidos de socorro e piedade ininteligíveis que ouviam daquelas pessoas enquanto as massacravam.

Mas a diferença de línguas afeta sim a empatia pelo outro. Vejamos o caso do orientalismo, tão bem descrito por Said (1990): o termo servia (e serve até hoje) para diminuir o valor das populações falantes de árabe e/ou residentes no Oriente Médio. Vale lembrar que a própria nomeação da região foi invenção europeia. Pelo orientalismo, qualquer pessoa da região é considerada atrasada ou incapaz de grandes avanços intelectuais, e isso acontece através da criação e renovação de narrativas, artigos científicos, reportagens, obras de artes, etc., que estão sempre reafirmando a inferioridade do Oriente Médio em relação à Europa. Mas o orientalismo nasceu justamente do estranhamento e espanto que a cultura e a língua árabes exercem desde muito tempo sobre as populações europeias, conforme Said. Ao não conseguir entender o que outro árabe está dizendo, o europeu prefere julgar que não deve ser relevante e que, portanto, pode ser desprezado.

Mecanismos semelhantes foram aplicados aos ameríndios desde a chegada de Colombo à América, conforme nos explica Todorov (1993): Colombo era incapaz de compreender o que diziam os indígenas Taínos, da ilha hoje conhecida como Cuba, e por isso mesmo considerava qualquer ação daquela população como inocente ou até bestial. Quando os ameríndios trocavam pedaços de ouro por louças quebradas e pedaços de vidro, Colombo julgava que eram idiotas, e isso por não ter sido capaz de conversar e entender as ideias de valor e troca daquelas populações.

Colombo não foi o único: até hoje as populações indígenas que não falam o português recebem não mais que o estranhamento dos brancos, que não conseguem entender os motivos por trás de muitos dos costumes ameríndios. E a coisa só piora na atualidade, quando falamos de populações muito pequenas, muitas das quais as línguas já são consideradas ameaçadas de extinção. Conforme Dupuis (2019), nem sempre o número de falantes é o determinante para se considerar uma língua ameaçada. Também se deve levar em conta fatores como pressão econômica, falta de políticas linguísticas, situações de colonialismo ou exploração, etc. Nesse sentido, cerca de 180 línguas indígenas são consideradas ameaçadas de extinção atualmente no Brasil.

O que fazer então para diminuir essa incompreensão e tentar ajudar as populações indígenas marginalizadas a reivindicarem seus direitos e a serem mais visíveis e inteligíveis para os ocidentais em geral e para as instituições que controlam suas vidas de um jeito ou de outro?

A ponte da tradução

Uma possibilidade promissora é o trabalho de tradução e interpretação. Ao longo da história, traduzir entre línguas não serviu apenas para que possamos ler obras literárias estrangeiras em nossa própria língua. Em especial nas últimas décadas o trabalho de tradutores e intérpretes tem servido aos mais diversos propósitos, incluindo a comunicação entre e com populações minoritárias ou pessoas em situação de vulnerabilidade.

O'Brien (2022) aponta para o crescente interesse e desenvolvimento das possibilidades que a tradução e a interpretação oferecem em situações de crise, como a recente pandemia de

Covid-19, em que tecnologias de tradução e cidadãos bilíngues voluntários ajudaram a difundir informações importantes sobre a doença para grupos de pessoas que não falavam a língua majoritária nos locais em que estavam quando da Pandemia.

Também as possibilidades de tradução e interpretação têm sido melhor utilizadas e pensadas em trabalhos dentro de campos de refugiados e em situações de desastres naturais, como furacões e tsunamis. Nessa esteira temos ainda o trabalho da ONG *Translators Without Borders*,[4] que presta serviços de tradução e interpretação de qualidade para a ONU, a UNICEF, entre outras instituições internacionais, e para populações em situação de vulnerabilidade ou durante crises e desastres naturais.

Outra entidade que busca dar voz e visibilidade a pessoas e populações em desvantagem no oceano de informações dominado pelas grandes mídias de massa é a *Global Voices*.[5] Conforme informado na própria página da instituição, o objetivo é divulgar "relatos de pessoas e comunidades cujas vozes e experiências são pouco divulgadas nos meios de comunicação tradicionais." Dessa forma, através da tradução de textos nos mais diversos idiomas, leitores e leitoras do português brasileiro, bem como de todas as línguas abrangidas pela plataforma, têm acesso a narrativas e informações oriundas dos mais diversos pontos do planeta.

Uma coisa, porém, é traduzir do inglês para o português de modo a ajudar um turista brasileiro desavisado pego de surpresa por um furacão nas Bahamas. Neste caso, os referenciais socioculturais das duas línguas envolvidas são muito semelhantes, podendo haver correspondências para quase todas as palavras e

4 Mais informações em https://translatorswithoutborders.org/.

5 Mais informações em https://pt.globalvoices.org/about/.

expressões que o intérprete precise transpor de uma língua para outra. Ambas são línguas faladas por milhões de pessoas, que compartilham construtos sociais como cidades e supermercados, bem como ideias abstratas como individualidade e dinheiro. Outra coisa é traduzir entre o português e a língua indígena utilizada por uma reduzidíssima população originária que vive há séculos dentro da floresta e pouco contato teve ainda com o mundo ocidental. Cidades, supermercados e dinheiro, bem como as relações das pessoas com essas entidades, não existem na língua minoritária, e mesmo a individualidade é pensada de um modo totalmente diverso.

Freire (2009) demonstra em seu texto o complexo trabalho que é traduzir entre as línguas de origem europeia e as línguas originárias sul-americanas: de saída há o problema da falta de afinidades tipológicas, ou seja, muitos elementos culturais e materiais de uma língua, que por sua vez geram muitos efeitos de sentido específicos, não existem na outra – por exemplo, as diversas espécies de plantas e animais com os quais os povos indígenas têm contato e todas as metáforas e metonímias nas línguas advindas desse conhecimento das fauna e flora.

O segundo grande problema apontado por Freire vem do tipo de registro predominante em cada língua: as línguas europeias têm suas versões escritas muito bem consolidadas para funcionarem em diversos contextos, diferente das línguas originárias, cujas versões orais, bem como os suportes e recursos desses tipos de registros, são as mais usadas.

Complementando a ideia de Freire, Scollon e Scollon (1995) afirmam que o grafocentrismo vigente nas sociedades ocidentais dominantes pesa demais na comparação entre línguas europeias e ameríndias. A prevalência da escrita das primeiras não impõe apenas uma relação de poder entre indivíduos com diferentes capacidades e habilidades no domínio da leitura e escrita – ou seja, quanto mais você domina a escrita, maiores suas chances de sucesso. Ela também valoriza uma forma específica de pensar e estar no mundo: o que mais se valoriza são os gêneros argumentativos e retórico-discursivos, que têm como princípios a racionalidade, o individualismo e a economia. Assim, é o indivíduo, e não a comunidade, que é valorizado na escrita argumentativa, bem como se valorizam os princípios científicos e empreendedores, em detrimento das narrativas e outras formas de uso e pensamento possíveis de uma língua, especialmente os gêneros discursivos orais.

Voltando a Freire (2009) temos, devido à grande diferença de afinidades tipológicas anteriormente mencionada, outro problema surgindo: a própria epistemologia de cada parte envolvida se altera. Para nós brasileiros ocidentais, usuários do português e herdeiros das filosofias greco-judaicas e das tradições eurocêntricas, ideias como língua, comunidade e tradução muito provavelmente não equivalem às ideias de língua, comunidade e tradução que as pessoas falantes de qualquer língua indígena e formadas em outros contextos de vida têm. César e Cavalcanti (2007) exploram esse problema para mostrar como as teorias linguísticas e seus conceitos não coadunam com teorias e conceitos dos grupos estudados pelos linguistas. Mesmo numa tentativa bem intencionada de se traduzir o outro indígena, poderia acontecer de querermos, conscientemente ou não, tentar fazer prevalecer nossas ontologias e epistemologias e, assim, apagarmos quaisquer outras.

Viveiros de Castro (2018) apresenta a questão por outro viés: falando de traduções de culturas feitas por antropólogos, ele mostra que quase sempre há equívocos entre o que um antropólogo percebe e entende sobre determinado aspecto de uma cultura e o que de fato as pessoas da cultura analisada pensam e entendem sobre o mesmo assunto. Como exemplo emblemático ele traz o caso da palavra *txai*, muito usada entre os Kaxinawá para referir-se aos brancos que frequentam ou visitam suas aldeias com as devidas permissões da população. A palavra Kaxinawá poderia ser traduzida por "irmão" em português. Entretanto, as relações sociais entre irmãos, ou pessoas que consideramos "irmãos" na cultura brasileira, são totalmente diferentes das relações sociais entre Kaxinwás que se chamam de *txai*. Enquanto que para um brasileiro a palavra irmão remete a alguém por quem temos grande afinidade, podendo ou não ser parente consanguíneo, entre os Kaxinawá irmão é qualquer pessoa com quem se queira estabelecer uma relação, é uma forma de tornar um desconhecido conhecido.

Alguém poderia argumentar agora que talvez fosse melhor que essas populações aprendessem logo o português. De fato é uma possibilidade. Além de que uma língua não necessariamente representa a população indígena que a usa ou usava: Maher (2012) pontua que, no caso brasileiro, o português já tornou-se língua franca e mesmo de luta e resistência pelas lideranças das comunidades indígenas, que a usam tanto para se comunicarem com outras lideranças, e assim reforçarem o poder coletivo dos grupos indígenas, quanto para reivindicarem direitos e oportunidades e afirmarem posições junto às instituições dirigidas pelos homens "brancos". Há inclusive indígenas que não falam as línguas de seus pais, e nem por isso consideram-se menos indígenas ou menos ligados às identidades de seus povos.

Entretanto, uma língua não serve apenas como marca de identidade. Conforme a antiga e famosa teoria de Sapir-Whorf

(SAPIR, 1921), manter uma língua viva é questão de sobrevivência dos modos exclusivos de se enxergar, pensar e sentir o mundo, o tempo, as coisas, as relações interpessoais etc. Nesse sentido, a manutenção de uma língua viva, e até sua expansão, é um esforço que deve ser feito pela comunidade que a usa, para que continue preservando suas cultura, ontologia, epistemologia e cosmogonia únicas.

Para as línguas indígenas, pesa ainda o fato de que cada uma delas carrega também conhecimentos únicos sobre o ambiente e a natureza em que estão mergulhados seus falantes, bem como sobre processos de trabalho, de cura, de usos de recursos, dentre outros conhecimentos que serão perdidos caso a língua seja extinta. Não é preciso dizer, mas já dizendo, que tais conhecimentos podem colaborar muito em trabalhos e pesquisas que visem a preservação e o bem estar não apenas das populações originárias e das florestas em que vivem, mas de toda a humanidade.

Por onde começar?

Apesar de todas as dificuldades apontadas acima para o uso da tradução como possibilidade de acesso de pessoas indígenas marginalizadas a seus direitos enquanto cidadãs, os benefícios imaginados parecem valer a pena. Ainda mais se lembrarmos que muitas pessoas das comunidades indígenas podem não falar o idioma português, mas têm acesso a celulares na atualidade, e eventualmente a redes de wi-fi e Internet. Com as tecnologias atuais, seria possível criar um tradutor automático igual ao Google Tradutor para as línguas indígenas. As vantagens dessa tecnologia são incalculáveis a longo prazo.

Assim, os ora autores vêm trabalhando na pesquisa institucional "Processos tradutórios e ampliação de línguas ameaçadas: estudo de caso da Língua Sateré", pela Universidade Federal do

Amazonas – UFAM, em andamento desde agosto de 2022, em cooperação com a população Sateré-Mawé. Trata-se de um estudo de caso porque estamos investigando um processo que possa ser reproduzido para outras línguas e populações. Vejamos como tudo começou.

A comunidade indígena Sateré-Mawé do baixo Amazonas, falante da Língua Sateré, sofre com a ameaça de extinção de sua língua, especialmente devido à redução da quantidade de falantes: segundo dados do último Censo Indígena oficial (IBGE, 2012), em 2010 havia 9.052 falantes da língua. Por outro lado, muitos indígenas residentes nos centros urbanos das cidades de Parintins, Barreirinha e Maués, todas no estado do Amazonas, quase não usam o sateré no dia a dia, preferindo comunicar-se através do português. Muitos nem sabem a língua dos pais. O Censo 2010 mostra isso ao apontar que a população total de Sateré-Mawé era de 13.310 na época. Tirando-se os 9.052 falantes da língua originária, sobram 4.258 falando apenas português.

Mas isso cria uma barreira (não apenas linguística) entre os membros da comunidade que vivem mais próximos da cidade e aqueles que vivem nas aldeias e comunidades ribeirinhas afastadas. Entre os primeiros, impera o português, entre os segundos, bambeia o sateré. E igual a outras minorias marginalizadas, os Sateré-Mawé são pobres. Ainda, na área urbana de Parintins, AM, onde a pesquisa está atualmente em andamento, apenas uma escola pública (nenhuma particular) possui um professor indígena bilíngue. Há outros professores bilíngues trabalhando na área rural e nas comunidades ribeirinhas, mas o isolamento dessas comunidades não facilita o trabalho dos profissionais.

Existe, contudo, uma vontade de que a língua se expanda e seja falada e escrita por mais pessoas. Em conversas com professores bilíngues ligados às Secretarias Municipais de Educação de Parintins e de Barreirinha, constatou-se o desejo de que existam documentos oficiais escritos em sateré.

Já existem muitos trabalhos de preservação e valorização de línguas indígenas no Brasil. O problema é que a grande maioria deles segue uma fórmula que ajuda de forma limitada as comunidades que as usam: por um lado quase todas as pesquisas relacionadas no Brasil buscam descrever, categorizar e/ou catalogar essas línguas. Poucas exceções buscam soluções que visem revitalizar e ampliar a língua. Por outro lado, quase todas as ações de preservação e manutenção dessas línguas são voltadas exclusivamente à alfabetização de crianças ou formação de professores no uso das gramáticas e vocabulários já existentes, sem possibilidades de inovações. Um estudo exemplar que demonstra esses dois movimentos é o de Campeleta et al. (2017), em que, buscando valorizar algumas línguas indígenas faladas dentro da Universidade Federal do Amapá – UNIFAP, documentam-se as línguas de um lado e, de outro, criam-se ações para se formar professores nesses idiomas. Não se veem, contudo, trabalhos que considerem que todas as línguas naturais vivas são dinâmicas e estão em constante mudança (cf. Bagno, 2007).

Importante frisar: as línguas faladas pelas atuais comunidades indígenas brasileiras continuam mudando conforme as necessidades e contextos em que as pessoas falantes se encontrem, especialmente quando têm de lidar com o mundo não-indígena. Contudo, sem iniciativas que valorizem essa característica fundamental, as línguas indígenas tendem a manter suas comunidades falantes alijadas das realidades socioeconômicas e culturais que as cercam, perpetuando suas condições marginais. É preciso pensar em trabalhos e pesquisas que permitam a ampliação e a funcionalidade de uma língua indígena em outras esferas além das convencionais e localizadas dentro do espaço da aldeia, caso esse seja o desejo da comunidade que a utiliza. Seguindo essa ideia, a comunidade Sateré-Mawé sente a necessidade de que sua língua esteja representada e seja usada em mais do que cartilhas e trabalhos escolares voltados para crianças em fase de alfabetização.

Para poder traduzir documentos oficiais do português para o sateré, porém, é preciso primeiro tornar a língua indígena funcional nos diversos contextos ocidentais que usam registros escritos. A Língua Sateré carece de muitas palavras e gêneros discursivos que tenham equivalentes na Língua Portuguesa. Então, antes de traduzir, é preciso ampliar a língua indígena.

A ideia de ampliação e revitalização de línguas não é nova. Berman (2002), por exemplo, fala do caso da língua alemã: entre os séculos XVIII e XIX, um grupo de pensadores alemães, entre eles Goethe, Humboldt e Schleiermacher, decidiu ampliar a língua através da tradução. Inicialmente, eles buscaram as grandes obras em todas as línguas e culturas a que tinham acesso. Em seguida, verteram todos esses textos para o alemão, e quando uma palavra estrangeira não tinha correspondente no alemão, uma nova palavra era criada, sempre seguindo-se as normas gramaticais e ortográficas da língua alemã. Em outros casos, a palavra estrangeira foi incorporada, com ou sem modificações em sua ortografia, além de outras possibilidades. Com isso o alemão expandiu-se consideravelmente, e hoje em dia é uma das línguas mais utilizadas nas diversas áreas do conhecimento humano. Outro caso é o da língua hebraica: Izre'el (2003) relata que até o século XIX o hebraico falado era uma língua morta, mas no século XX foi reavivada, ampliada e, atualmente, é a língua oficial de milhões de israelenses, usada em suas versões escrita e oral nos mais diversos contextos além do religioso.

Processo, pesquisa e extensão

O trabalho de pesquisa e extensão ora em andamento busca então construir conhecimentos e processos que auxiliem comunidades falantes de línguas minoritárias/ameaçadas na ampliação e fortalecimento de tais línguas. Isso deve ser feito com a contribuição da comunidade, num movimento de retroalimentação entre obras traduzidas e publicadas e sua aceitação pela comunidade. O trabalho conta atualmente com os ora autores em com alguns professores e professoras das cidades de Parintins e Barreirinha, AM, onde encontram-se comunidades Sateré-Mawé. O município de Maués, AM, também possui populações da mesma etnia, mas até o presente momento não houve adesão de pessoas bilíngues daquela cidade.

A seguinte sequência de ações foi planejada de modo a envolver toda a comunidade no processo, o que certamente torna tudo muito mais válido e naturalizado. Esperamos que outras pessoas interessadas no assunto possam analisar e repensar a ideia para outras populações.

1) Primeiramente é feita a capacitação de pessoas bilíngues nos registros escritos das duas línguas envolvidas, neste caso português e sateré. Tais pessoas aprendem a trabalhar com planilhas, bancos de dados, softwares dedicados e memórias de tradução. Ainda, recebem noções sobre teorias de tradução, antropologia, estudos culturais e linguística.

2) Ao mesmo tempo, os participantes buscam por todos os documentos e estudos a respeito da língua e da cultura em questão, incluindo dicionários, glossários e textos bilíngues. Tais

documentos ajudarão, de um lado, a aumentar o conhecimento já existente sobre a língua e a cultura indígena e, de outro, a alimentar os bancos de dados das memórias de tradução.

3) A etapa seguinte, caso seja necessária, é buscar algum software que permita a digitação de caracteres especiais usados no registro escrito da língua indígena em questão.

4) Na sequência, os bancos de dados começam a ser preenchidos com as palavras e expressões dos dicionários, glossários e textos bilíngues. Esses bancos de dados alimentarão as primeiras memórias de tradução que serão usadas no software.

5) Então inicia-se o trabalho de tradução de textos curtos do português para a língua indígena. Nesse momento, seguindo o exemplo dos alemães do séc. XIX, é válido criar ou ressignificar palavras, ou outras possibilidades que se julgue mais eficazes para a tradução do texto, mas sempre respeitando a gramática e o vocabulário escritos já construídos/consagrados para aquela língua.

6) Feita a tradução para a língua indígena, os textos são difundido nas redes sociais, caso existam, ou impresso e afixado em locais de circulação da população indígena, para que esta entre em contato com os textos e avalie se as palavras e expressões escolhidas ou criadas "funcionam" na língua indígena. Tais avaliações serão recebidas na forma de respostas a perguntas diretas feitas a pessoas pelas redes ou presencialmente, ou na forma de comentários das redes sociais.

7) Por fim, as memórias de tradução são ajustadas de acordo com os feedbacks: caso a palavra ou expressão seja bem recebida, é mantida nos bancos de dados; caso não tenha sido bem recebida, é retirada e outra solução é pensada para substituí-la.

Elucidando algumas das ideias apresentadas acima, cabe salientar que a ação não visa apenas criar conhecimento, mas distribuí-lo. As pessoas serão capacitadas para que saibam utilizar as ferramentas de tradução, de modo a continuarem o processo de tradução da língua mesmo após o fim da ação. Desse modo tem também um viés extensionista, por buscar criar conhecimentos junto com a população Sateré-Mawé.

Na parte de pesquisa, há tanto a possibilidade de se investigar como ocorrem os letramentos digitais indígenas quanto sobre teorias e processos de tradução. Para o primeiro tópico, espera-se acompanhar o desenvolvimento das pessoas envolvidas no uso das ferramentas tecnológicas: como aprendem a operar os softwares em computadores e/ou celulares?; como trabalham organizando os bancos de dados e outros arquivos e recursos?; como tais aprendizados auxiliam essas pessoas em outras tarefas no ambiente digital?; como a aquisição de conhecimento auxilia no empoderamento das pessoas envolvidas e da própria comunidade Sateré-Mawé?; etc. Para o segundo tópico, espera-se confirmar, refutar ou criar-se novas teorias relacionadas à tradução: como ocorre a tradução entre línguas cujos referenciais socioculturais são tão distintos?; quais as relações de poder e éticas perpassam o trabalho de tradução entre uma língua majoritária e uma minoritária/ameaçada?; como a oralidade e suas características afetam o registro escrito no momento da tradução?; como ocorre a recepção dos textos traduzidos e como essa recepção afeta a tradução como um todo?; etc.

Atualmente, os esforços da equipe estão em criar o banco de dados que alimentará o software de tradução. Isso está sendo feito com os dicionários português-sateré de Azevedo (2015), Ribeiro (2010) e com a versão em sateré da Bíblia cristã, disponível na página da Igreja das Testemunhas de Jeová.[6] Também já estão sendo selecionadas as pessoas bilíngues com conhecimentos dos registros escritos do sateré e do português. O trabalho de capacitação dos indígenas ainda depende da aquisição de computadores e do software de tradução, bem como de subsídios para que as pessoas possam se deslocar regularmente até o campus da Universidade, já que o software não tem uma versão para celular e deve estar ligado constantemente à Internet.

Mais algumas considerações

Ao se utilizar softwares e memórias de tradução, outro problema surge, além dos anteriormente elencados páginas atrás: a influência das tecnologias digitais de tradução no processo tradutório. Essas tecnologias trabalham com estatísticas e *corpora* de textos já traduzidos, de modo que sempre apresentam como primeira opção de tradução de uma palavra a palavra que é mais usada como correspondente na outra língua. Por exemplo, se digitarmos na plataforma Google Tradutor a palavra em inglês *desk*, ela provavelmente será traduzida como mesa, e não como carteira ou escrivaninha. Assim, tais tecnologias podem levar a textos e expressões pouco familiares aos usuários de uma língua por um lado, conforme nos lembra Deneufbourg (2021), e a valorizar certos tipos de textos e expressões, eliminando outras possibilidades mais criativas e diversificadas por outro, conforme apontam Bowker e Ciro (2019). Imaginemos, por exemplo, que seja dada a uma classe de estudantes a tarefa de traduzir

6 Disponível em: https://www.jw.org/mav/popera-ko%E2%81%A0%EA%9E%8C%E2%81%A0i/tupana-ehay-online-ehamo/tupana-ehay/miwan-set-ko%E2%81%A0%EA%9E%8C%E2%81%A0i/ e https://www.jw.org/pt/biblioteca/biblia/biblia-de-estudo/livros/. Acesso em: 21 jan. 2023.

um texto do inglês para o português usando a ferramenta on-line Google Tradutor e os computadores com acesso à Internet da escola. Muito provavelmente o programa fornecerá a mesma versão de texto a todas as pessoas da classe, e as mudanças serão apenas pontuais, no momento da revisão desse texto por cada discente (supondo que façam essa revisão).

Por fim, é preciso aproveitar os conhecimentos teóricos já construídos sobre qualquer povo para facilitar o trabalho de tradução. Mesmo considerando-se os equívocos de interpretação inerentes a tais conhecimentos, conforme já apontado antes, eles são um ponto de partida para que se comece a compreender o ponto de vista do outro. Em nosso caso, serão levadas em conta as muitas obras que já analisaram e descreveram a Língua Sateré, como as relevantes contribuições de Franceschini (2005, 2011), Carneiro (2012), Azevedo (2015), Ribeiro (2010) e Picanço & Lucchesi (2021). Ainda, o conhecimento da cultura Sateré-Mawé será considerado, o qual é condensado em obras como as de Teixeira (2005) e Uggé (s/d).

Além da fundamentação acima mencionada, será essencial o conhecimento teórico/prático da língua das pessoas bilíngues que trabalharão neste projeto. Tal conhecimento é insubstituível, já que são elas que tornam a Língua Sateré viva, dinâmica e cheia de sentidos.

O que esperar?

Como consequência do sucesso da implantação do projeto, o que se espera é a ampliação e fortalecimento da língua indígena, seja ela qual for, a qual poderá ser utilizada pela população em diversos outros contextos fora de seus usos tradicionais, inclusive nas esferas urbanas das cidades em que vivam. Com isso, os Poderes Públicos, bem como as populações não indígenas, terão mais contato com a língua, e isso deve levar ao reconhecimento dela como canal de comunicação eficiente e funcional.

Outra consequência esperada é o aumento do número de escritores na língua indígena, o que aumenta significativamente a relação da população indígena com diversas práticas letradas escritas. E como dito anteriormente, ainda existe a possibilidade futura de que as memórias de tradução possam ser usadas na criação de uma máquina de tradução automática, nos moldes do Google Tradutor, e que poderá ser baixada como um aplicativo para os celulares dos membros da comunidade. Será possível a um indígena, por exemplo, escrever um texto diretamente ao prefeito da cidade ou a qualquer instituição para a qual deseje reivindicar algum direito ou benefício. Também poderá comunicar-se mais facilmente nas redes sociais, ou com repórteres e ONGs, buscando assim alianças e cooperações para reforçar seu engajamento sociopolítico.

Ainda existe a possibilidade de, a médio prazo, a língua ser reconhecida como oficial a nível municipal, igual ao que ocorreu em São Gabriel da Cachoeira, AM, onde as línguas Tukano, Baniwa e Nheengatu foram oficializadas. Isso trará ainda mais impactos sociais, como a obrigação de seu ensino nas escolas municipais. Mas mesmo que não haja a oficialização da língua, seu maior uso levará ao seu reconhecimento como canal funcional de comunicação por parcelas das populações não indígenas, que então buscarão aprendê-la e/ou ensiná-la em determinados lugares e situações.

Aliás, como mencionado anteriormente, uma das maiores fontes de preconceito nas sociedades é justamente o desconhecimento dos aspectos socioculturais do outro. A melhor compreensão da cultura e da forma de pensar e ser indígenas, através da melhor compreensão e acesso à sua língua, certamente ajudará a diminuir diversos preconceitos que até hoje permanecem entre não indígenas.

Referências

AZEVEDO, M. J. S. *Minidicionário Trilíngue Indígena Sateré Mawé em Libras e Língua Portuguesa.* Manaus: UEA, 2015.

BAGNO, M. *Preconceito linguístico* – o que é, como se faz. 49ª ed. São Paulo: Edições Loyola, 2007.

BERMAN, A. *A prova do estrangeiro*: cultura e tradução na Alemanha romântica: Herder, Goethe, Schlegel, Novalis, Humboldt, Schleiermacher, Hölderlin. Tradução de Maria Emília Pereira Chanut. Bauru: EDUSC, 2002.

BOWKER, L.; CIRO, J. B. *Machine Translation and global research*: towards improved machine translation literacy in the scholarly community. Bingley, UK: Emerald Publishing Limited, 2019.

CAMPETELA, C. et al. Documentação linguística, pesquisa e ensino: revitalização no contexto indígena do norte do Amapá. *Revista LinguíStica*, Rio de Janeiro, v. 13, n. 1, p. 151-167, jan. 2017. Disponível em: https://revistas.ufrj.br/index.php/rl/article/view/10425 Acesso em: 03 mai. 2022.

CARNEIRO, D. S. *Construções Negativas em Sateré-Mawé.* Dissertação (mestrado). Universidade Federal de Uberlândia, Uberlândia, 2012.

CÉSAR, A. L.; CAVALCANTI, M. C. Do singular para o multifacetado: o conceito de língua como caleidoscópio. In CAVALCANTI, M. C., BORTONI-RICARDO, S. M. (Orgs). *Transculturalidade, linguagem e educação.* Campinas, SP: Mercado de Letras, 2007.

COSTA, M. I. S.; IANNI, A. M. Z. O conceito de cidadania.

In: *Individualização, cidadania e inclusão na sociedade contemporânea*: uma análise teórica [online]. São Bernardo do Campo, SP: Editora UFABC, 2018, p. 43-73. DOI https://doi.org/10.7476/9788568576953.0003. Acesso em: 18 jan. 2023.

DENEUFBOURG, G. The problem with machine translation: beware the wisdom of the crowd. *The conversation*. Edição de 22/12/2021. Disponível em https://theconversation.com/the-problem-with-machine-translation-beware-the-wisdom-of-the-crowd-171913 Acesso em 07 abr 2022.

DUPUIS, C. To speak is to exist – the case of endangered languages in Brazil and Ecuador. *Amazônia Latitude*, edição de 09/08/2019. Disponível em: https://amazonialatitude.com/falar-e-existir-the-case-of-endangered-languages-in-brazil-and-ecuador/. Acesso em: 18 jan. 2023.

FRANCESCHINI, D. C. (org). *Satere Mawe pusu agkukag*. Manaus: Editora da UFAM, 2005.

________. Línguas indígenas e português: contato ou conflito de línguas? Reflexões acerca da situação dos Mawé. In: SILVA, S. S. (Org.). *Línguas em contato*: cenários de bilinguismo no Brasil. Campinas: Pontes, 2011. p. 41-72

FREIRE, J. R. B. Tradução e interculturalidade: o passarinho, a gaiola e o cesto. *Alea Estudos Neolatinos*, vol. 11, n. 2, jul-dez/2009, p. 321-338

IBGE – Instituto Brasileiro de Geografia e Estatística. *Censo Demográfico 2010*: características gerais dos indígenas. Rio de Janeiro: IBGE, 2012.

IZRE'EL, S. The Emergence of Spoken Israeli Hebrew. In HARI, B. H. (ed.). *Towards the compilation of the corpus of spoken Israeli Hebrew*. Tel Aviv: Tel Aviv University, 2003.

MAHER, T. M. "Índio" para estrangeiro ver: pan-etnicidade em contexto multicultural indígena. *Revista Língua & Literatura* – FW, v. 14, n. 23, p. 1-223, Dez. 2012.

O'BRIEN, S. Crisis Translation. *InContext*, v. 2, n. 1, p. 84-108, 2022. DOI https://doi.org/10.54754/incontext.v2i1.12 Acesso em 18 jan. 2023.

PICANÇO, H.; LUCCHESI, D. Análise sociolinguística da variação na concordância nominal de gênero no português indígena sateré-mawé da Amazônia. *Confluência*, n. 60, 2021. DOI https://doi.org/10.18364/rc.v1i60.452. Acesso em 07 abr. 2022.

RIBEIRO, M. J. P. *Dicionário Sateré-Mawé/Português*. Dissertação (Mestrado) Programa de Pós-graduação em Ciência da Linguagem, Universidade Federal de Rondônia, Guajará-Mirim, RO, 2010.

SAID, E. *Orientalismo:* o Oriente como invenção do Ocidente. Tradução de Tomas R. Bueno. São Paulo: Cia das Letras, 1990.

SAPIR, E. *Language*. New York: Harcourt, 1921.

SCOLLON, R.; SCOLLON, S. W. *Intercultural communication*: a discourse approach. 1.ed. London: Blacwell Publishers, 1995.

TEIXEIRA, P. *Sateré-Mawé*: Retrato de um povo indígena. Manaus: UFAM, 2005.

TODOROV, T. Colombo e os índios. In *A conquista da América*: a questão do outro. Tradução de Beatriz P. Moisés. 2.ed. São Paulo: Martins Fontes, 1993.

UGGÉ, H. *Bonitas Histórias Sateré-Maué*. Manaus: Governo do Estado do Amazonas, SEDUC, s/d.

VIVEIROS DE CASTRO, E. A Antropologia Perspectivista e o método da equivocação controlada. *ACENO* – Rev. Antropologia do Centro-Oeste, v. 5, n. 10, p. 247-264, 2018. DOI https://doi.org/10.48074/aceno.v5i10.8341 Acesso em 18 jan. 2023.

PARTE III

A CONEXÃO DE TODAS AS COISAS

Ecología política de la ciudadanía digital - reflexiones para América Latina

José Alberto Sánchez Martínez[1]

El encuentro con el tema de la ciudadanía digital abre una contradicción con el sistema capitalista, principalmente trasladado a las condiciones actuales de usos y prácticas de las tecnologías digitales. ¿Son aún factibles, operativas, las condiciones sociales a través de las que se define un ciudadano en su proceso de participación social? ¿Alguna vez lo han sido? La contradicción se explica de la siguiente manera: por un lado, se acentúa el riesgo de control social, de vigilancia masiva, de nuevas economías capitales y oligopolios, el problema del surgimiento de un capitalismo digital; y por otro lado, las tecnologías digitales en su versión contemporánea-actual invierten la propia lógica del capital, desbordando los usos, prácticas, fenómenos, principalmente por grupos minoritarios, comunidades urbanas, agenciamientos deslocalizados, individualidades, grupos donde el efecto de la vida digital les permite encontrar una dimensión

1 Profesor-investigador del Departamento de Relaciones Sociales y Coordinador del Doctorado en Humanidades de la Universidad Autónoma Metropolitana-Xochimilco, México. Doctor en Comunicación y Política con especialidad en imagen y cultura visual digital. E-mail: joseasan@correo.xoc.uam.mx.

para reelaborar la voz propia, la organización, la creación y participación. Este último aspecto es el que permite discutir la importancia de la construcción de ciudadanía digital.

La ciudadanía digital surge en el momento en que aparece el desbordamiento de los fenómenos, por una expansión del hacer, del colaborar, de una expansión del sentir, sea por apropiación social-cultural, por procesos técnicos que desbordan las prácticas (como el caso de la educación y la inteligencia artificial), o por hipercaos, la superproducción de eventos que transgreden el designio del antropocentrismo. El hipercaos está íntimamente conectado con el correlacionismo, el establecimiento de relaciones que transcienden el tiempo, las cosas, las personas, la naturaleza, ahí donde se produce una realidad que desplaza el sentido de ser y estar en el mundo (MEILLASSOUX, 2018).

La hiperconectividad correlacional es lo que podemos llamar ecología política, necesaria para la formación de ciudadanías digitales. Este texto busca proponer un debate tomando a la ciudadanía digital como centro de reflexión y observando la América Latina como espacio. Hay muchos datos y estudios sobre la ciudadanía digital en América Latina, documentos como los de la CEPAL, o investigaciones que establecen categorías basadas en la aplicación de políticas públicas. Este texto no busca situarse ahí, sino observar la circularidad del fenómeno conectivo, que va de una condición nativa hasta su revuelta por condiciones de tecnologías de comunicación digitales. Reconocemos que hay dos grandes enfoques sobre la ciudadanía digital, aquellos que observan sus aplicaciones desde el ámbito de la institucionalidad (esferas de poder) y aquella que se produce como inseminación micropolítica, infra-social, donde las tecnologías de comunicación digital irrumpen las identidades y las proyectan en una búsqueda de concretizarse, ahí encontramos conceptos como el de conexión, colaboración, apropiación, pero no como política pública que impulsa a las personas a tomar curso de prácticas, sino como disrupción o hipertelia.

La persecución de la fractura

Es difícil construir una imagen que exprese en palabras de nuestro tiempo, y con el aire de nuestro tiempo, la forma en la que los conquistadores y los colonizadores miraron las diversas tierras de América Latina al momento de su llegada, en su desembarco. El encuentro como lo ha expresado Octavio Paz, el poeta mexicano, fue un choque de cosmovisiones, campos subjetivo-místicos con campos teológicos-pragmáticos. Cuando se dice dos cosmovisiones refleja muy bien una genealogía de lo irreconciliable, en tanto las tierras a las que llega el conquistador están habitadas por todas las cosas, no sólo por humanos; mientras que las tierras de dónde vienen los conquistadores son tierras habitadas por humanos, donde todas las otras especies y objetos han sido desplazados. Se puede ampliar el término de cosmovisión y señalar que en ese encuentro hay dos figuras epistemológicas, la hiperrelacional y la excluyente. La primera conduce a crear espacios de alteridad con el mundo y sus seres en todos los sentidos, mientras que la segunda segrega y diferencia con fines de centralización y concentración. Pero también se puede pensar que sucede el encuentro de dos pedagogías, en tanto cada modelo conlleva una onto-técnica del sentir, del hacer, de los cuerpos, del crear[2].

2 No se puede entender esto de manera general. En Mesoamérica las diversas civilizaciones como los Aztecas, Toltecas, Olmecas, Mayas, tenían también prácticas conquistadoras, pero su ontología giraba en relación a sus ecosistemas naturales y la naturaleza.

La película *Apocalypto* (2006), dirigida por Mel Gibson, intentó mostrar una imagen de ese encuentro, y fracasó, porque esa escena es inconmensurable en su sentido genealógico. En la película la escena final presenta a nativos mesoamericanos que, en la persecución de un esclavo, miran la llegada de barcos europeos en playas mesoamericanas. El fracaso de esa película es haber puesto la cámara de video desde los ojos de los nativos, la escena nos mostrando lo que ellos ven. Revela el asombro de un barco sin saber qué es de humanos con indumentarias y ruidos que son totalmente extraños para ellos. Nos intenta mostrar la primera mirada, el momento genealógico de la fractura.

La película elabora toda una estrategia de la mirada sobre lo exótico, pero no tenemos referencias de cómo fueron mirados los nativos. Mirar al conquistador es un síntoma de la manera en la que se construyó el fenómeno de la entrada a Europa, siempre mirando hacia ellos para definir la identidad. Sucede también con la narrativa histórica, mucha de esa historia evade la mirada sobre aquellos que fueron conquistados. Eso en general es también un síntoma que Walter Benjamin señala cuando establece su filosofía de la historia como ruina. Y también lo que Bolívar Echeverría (2010, p. 10) llamará el fenómeno de la blanquitud, no como un problema racial, que está ya implícito en la conquista, sino en "la blanquitud - que no la blancura - es la consistencia identitaria pseudoconcreta destinada a llenar la ausencia de concreción real que caracteriza a la identidad adjudicada al ser humano por la modernidad establecida." La ausencia de una narrativa de la mirada sobre aquellos conquistados proyecta un ocularcentrismo que deriva en muchos procesos de centralización, lo vemos desarrollarse en América Latina como extensión de las formas prácticas del poder en Europa. Su reflejo prolongado se nota en la arquitectura colonial y también en la remodelación de las ciudades contemporáneas en esquemas de movilidad, de habitabilidad, en la superposición del monoteísmo cristiano sobre un politeísmo, la violación permanente de las lenguas nativas hasta soterrarlas, y particularmente en la explotación de la naturaleza en todas sus formas.

La llegada de barcos a América Latina conlleva el arribo de la tecnología y de la técnica occidental, la tecnología como símbolo de un valor histórico conquistador. Massimo Di Felice (2018) sitúa esa crisis que produce la tecnología desde la cultura griega con el nacimiento de una epistemología antropocéntrica. Una herencia que se arrastra por el tiempo y que en su versión más actual ya no puede ser ubicada como antropocentrismo sino como una disforia cultural (PRECIADO, 2022). No sabemos si el asombro de los nativos al ver la llegada de los invasores radicó en las personas o en la tecnología. En todo caso, las épocas de las navegaciones de los reinados europeos introdujeron una técnica en su sentido cultural: la técnica de la mirada homogeneizante.

Lo que no vieron los conquistadores y los colonizadores fue la compleja integración de las herramientas tecnológicas de los indígenas con sus cuerpos y con el ecosistema, la conexión de todas las cosas. El árbol, el pájaro, el insecto, el agua, el aire, no sólo eran formas utilitarias, constituían un ecosistema, un cosmos. Redes complejas de información, comunicación y simbolismo: los cuerpos, territorios, ecosistemas y las cosmovisiones. Para poder comprenderlos tuvieron que separar utilitariamente ese sistema de redes biológico culturales, rebajando el valor de las personas a meros cuerpos rentables y la naturaleza a un acto de explotación. De esa fractura se genera un método epistemológico que se deriva de la separación de los elementos que componen un ecosistema biológico cultural. Esa separación constituye en parte la lógica de América Latina como acontecimiento social. América Latina se va construyendo con una fractura, que no logra llegar a tener identidades, pero tampoco a abandonarlas. Todos los sistemas derivados de ese primer gesto de la globalización (la conquista) no encuentran una resistencia, sino una fractura, que ha impedido el dominio total. Entre orden y desorden. ¿Qué aspectos podemos situar cómo determinantes en la genealogía de América Latina?

1. El modelo epistemológico de la unificación y la privación de la pluralidad cuyo efecto no fue y no ha sido determinante. La variedad de lenguas, la larga tradición mítica, el misticismo, el sentido mágico, el contacto con la naturaleza, son aspectos que no se rindieron, sino que sobrevivieron, en el sentido en que lo plantea Edward B. Taylor en *Primitive Cultures* (2012). La cultura sobrevive por la fortaleza de sus signos que se encuentran en conexión con todas las cosas, a medida que la conexión es mayor, más posibilidades tiene de sobrevivir.

2. No es posible hablar de una extinción de la cultura ancestral y tradicional, se trata como se ha señalado de una supervivencia. Hasta ahora los estudios sobre América Latina han hablado de resistencia, de pueblos que se resisten ante el embate del dominio, pero esa perspectiva evade la fuerza que está ya introyectada en el propio pasado, en el origen. Por ello aquí no hablo de extinción sino de fractura como fuerza. Esa fuerza es un fantasma que no se puede extinguir, está en la misma esencia de la supervivencia, porque la supervivencia es otro tiempo, así, siguiendo a Aby Warburg,

Georges Didi-Huberman llama tiempo de los fantasmas a la imagen que proviene de otro tiempo. Sobrevivir es "vivir después: un ser del pasado no termina de sobrevivir" (2009, p. 29).

3. El siglo XXI arrastra todavía la incorporación del progreso social tal como fue establecido en la modernidad, ser ciudadano es aprender ciertos tipos de conocimientos, tener acceso a limites incorporados de participación, de responsabilidad, factores de hábitos globales, culturales, emocionales, políticos. Esta falta de desarrollo ha nominado a América Latina como países subdesarrollados. En el libro *Líneas de fuga* Félix Guattari hace una muy provocativa alusión a las ausencias del progreso en las sociedades primitivas. No observa la ausencia de progreso como una falta para realizarse, sino como un amuleto de protección contra la inercia del sistema.

> La ausencia de escritura, en "las sociedades primitivas", debería ser relacionada menos a una falta, a una carencia, a un subdesarrollo, que a una resistencia colectiva inconsciente contra cierto tipo de maquinismo desterritorializado (es así como hoy, en los estados africanos modernos, las lenguas vernáculas sirven en ocasiones de refugio para la expresión de un modo de vida literalmente cercado por el ascenso de los equipamientos del capitalismo). Pero la supervivencia de modos de semiotización que consiguen escapar, aunque sólo fuera de manera parcial, a la "dictadura" del significante escriturario, se plantea de igual modo en nuestras sociedades, de lado de la niñez, de la locura, de la creación. (GUATTARI, 2013, p. 25)

Frente al nacimiento del siglo XXI lo que vemos es una conversión de la idea de progreso, combatida particularmente con aquellos rasgos que fueron considerados *non gratos* para el progreso y que formaron en todos aquellos lugares donde el contacto con el pasado es más fuerte y más ancestral, por no decir, complejo. Recordar lo que escribe Bolivar Echeverria, para quien la modernidad no elimina las culturas en América Latina, sino que produce un barroquismo: en polémica con Edmundo O'Gorman, las meditaciones sobre el barroquismo que se incluyen aquí intentan mostrar que el "nuevo Adán", el criollo iberoamericano exaltado por el autor de las "Meditaciones sobre el criollismo", lejos de ser el sujeto de la historia del mestizaje, sólo es una respuesta a una "sujetidad" que comienza a esbozarse en la peculiar manera que "se inventa" la población indígena vencida de sobrevivir a la gran devastación. La sujetidad es la forma en la que la población indígena asume su perseverancia en sí misma, sea como fantasma y como forma práctica.

Estos tres elementos esbozan ya una genealogía de América Latina, pero también sus proyecciones cuando se enfrentan a nuevos esquemas del capitalismo y de la modernidad en todas sus caras.

Liberalismo e hipertelia

La introducción de todas las tecnologías en América Latina derivadas de la industrialización, la posindustrialización, fueron recibidas por esa fractura originaria. Los efectos de la ilustración y del liberalismo, corriente del siglo XVIII y XIX que resalta la libertad del individuo, y que implica la práctica de una libertad deliberativa sobre la base de la autonomía humana, impone un régimen económico, en tanto el liberalismo plantea menor intervención del Estado pero mayor del mercado. El individuo deja de ser un sujeto político para convertirse en un individuo económico.

A la fractura originaria se le suma un modelo económico global que no logra (como en todo el mundo) establecer sus lógicas del progreso e igualdad económica. No se trata aquí de hacer una composición histórica sobre América Latina, sino de señalar que hay en ella un problema singular en su composición moderna, no un signo de resistencia sino una fractura que se compone de una cosmovisión de culturas diversas, lenguas y tradiciones, que le dan una fisonomía particular[3].

¿Por qué poner en contexto esta condición fragmentada culturalmente en América Latina para hablar de ciudadanía digital? La inserción de tecnologías digitales a partir de 1995 en adelante, con internet como una red de distribución de conocimientos y de acceso gratuito, ha marcado el inicio de una nueva historicidad a nivel global, nunca totalmente libre y nunca totalmente controlada. La arquitectura digital de la Web 1.0 basada en textualidades representó una promesa a nivel social, se avizoraban nuevos campos de acción, intercambios, se concebía un horizonte donde los procesos de comunicación e información permitirían elaborar una sociedad más igualitaria, la gran utopía electrónica. Con la Web 2.0 y el nacimiento de las redes sociales, internet fue tomado por el ethos liberal: la economización, de la información, el oligopolio de los nodos informativos, el nacimiento de la GAFAT (Google, Facebook, Amazon, Twitter), la economización de la libertad individual, que se traduce en una era posprivada: hacer transparente la privacidad e intimidad. Aunado a la estetización

3 Esto no es exclusivo de América Latina, también lo es de muchas zonas como África, India, China, Japón, con matices y divergencias.

de sí mismo y el auto-diseño de sí, o como lo diría Eric Sadin (2022), "la búsqueda desenfrenada de la singularidad para distinguirse de la masa." Cultura del *like*, del me gusta, son ejemplos de procesos sociales que a la vez que educan, imponen disciplinas simbólicas de rendimiento y competitividad.

El ethos de la subjetividad liberal coincide con la "liberación del lazo localizado" en palabras de Eric Sadin. Se potencian las relaciones sociales deslocalizadas, la descorporalidad y el *defacement web* a través del anonimato y la desfiguración de las identidades. Con internet aparece una paulatina fuerza de libertad basada en acceso a la información, búsqueda de respuestas sobre salud, eventos cotidianos, acceso a hechos sociales de toda índole, opinar, intervenir. El liberalismo logra establecer un mercado y control de las herramientas digitales, plataformas, dispositivos, software, ancho de banda, pero también provoca una enorme brecha digital de diversos tipos, no sólo de acceso a las herramientas de hardware, también a brechas de contenido, de alfabetismo y analfabetismo. Y estas variables no son exclusivas de América Latina, son también de sociedades globales, donde a niveles diversos se han debatido.

Un rasgo particular, hasta la aparición de la Web 2.0 hay una clara formación de un liberalismo digital y de un cibercapitalismo, enfocados en transferir las lógicas de intercambio económico, sus reglas y procesos de circulación bajo el yugo del control del hardware y del software. En su avance contemporáneo ese capitalismo persiste, avanza, hoy con la aparición en el año 2023 de la IA (inteligencia artificial) en servicios de plataformas sociales libres, o internet de las cosas, o el *data culture*; se visualiza un desbordamiento que el mismo cibercapitalismo no logra controlar.

Hay dos grandes derivas cuando se habla de la cultura digital. Una es sin duda, el valor de lo material, de los pormenores de acceso a las máquinas y a los dispositivos, la construcción de brechas que poco a poco van insertándose aún por la vía de lo simbólico. Esto demuestra que el tema de la brecha digital no pasa únicamente por el tener dispositivos, sino de una transformación psicosocial en la que internet forma parte ya de todos los seres humanos. Tal como lo expresaba Cornelius Castoriadis (1993), se produce una estructuración social del imaginario en la época digital, tal vez más por el teléfono móvil que por las computadoras. Los niños, que en condiciones marginadas, no tienen acceso a internet, poseen ya la representación de internet como proyecto de vida, como medio de conexión con su mundo y los otros.

La otra deriva se encuentra entre el dispositivo tecnológico, computadora, teléfono, cámara fotográfica, *tablets*, y los contenidos. La cultura digital de nuestro tiempo está centrada en el contenido. El contenido nos lleva a plantear la reafirmación de que la participación no se limita a tener acceso, sino a participar, a colaborar, a remediar (de remediación). El contenido también es fundamental para comprender una de las transformaciones epistemológicas de nuestra época del siglo XXI: la conexión no se da en una vertiente de humano a humano, la vieja lógica antropocéntrica se diluye porque como dice Kae Tempest la conexión es una multiplicidad de estímulos. La apertura a los estímulos implica que las cosas y los animales y las plantas entran en conexión estimulando el contacto rizomático. Se provoca una apertura donde el humano se conecta más allá de lo humano.

A esta apertura que se encuentra entre el dispositivo técnico y el contenido en la cultura digital, es lo que podemos llamar *hipertelia* en una comprensión actual. Frente a la ampliación de múltiples formas de participación aparece la hipertelia que fue esbozada originalmente por Gilbert Simondon en su libro

El modo de existencia de los objetos técnicos (2008). En su un estudio observa que todo objeto técnico tiene una fractura en su propia función. La *hipertelia* es aquello que excede en el objeto técnico la función para lo que fue concebido, una especie de desbordamiento. Este exceso, falla o desbordamiento, aunque sería mejor llamar fractura, puede ser por su propia consistencia material, como por ejemplo una ruptura, su agotamiento material o desgaste, pero lo más importante es que la fractura puede ser por intervención humana. Tomar un objeto y hacerlo funcionar en otro sentido.

Si tomamos la cultura digital veremos que un teléfono celular posee funciones establecidas en el hardware, pero en el software, a pesar de tener una racionalidad impuesta, su uso puede ser muy diversificado. Grabar acontecimientos sociales, tomar selfies, hacer videos para educación, tener videoconferencias, todos esos trabajos representan una hipertelia que demanda cada vez más intervención humana en los contenidos.

Lo que contienen las tecnologías digitales es una hipertelia activa, ese rasgo lúdico que permite la concitación de lo diverso. El ethos de la subjetividad liberal que viene acompañada del nacimiento de las tecnologías digitales, ha creado una imagen que observa nuevamente, con error, la apropiación de las tecnologías digitales como insignes para rencontrar el valor de lo extraviado. Muchas teorías, como la de Eric Sadin, la más reciente, o la de Byung Chul Han, pareciera que imponen un discurso apocalíptico de la era digital. Cierto es que hay un capitalismo cibernético, basado en el dominio de los chips, el analfabetismo digital como canon técnico, o la emulación de mundos reales a virtuales disfrazados de explotación económica. No se puede negar que hay un oligopolio cibernético, pero quizá no hemos reconocido que el excedente de la tecnología digital no está ya en el campo de la producción de objetos (hay que revisar el concepto de objeto técnico), sino en la creación de contenidos. Hay que redefinir el concepto de objeto técnico. Un objeto técnico en la sociedad digital no se refiere únicamente a las herramientas (gadgets). El software, las plataformas, las redes sociodigitales, son objetos técnicos. Pero también se puede tomar por un objeto técnico a las imágenes, los comentarios, la música, el sonido. Los objetos técnicos de la época del siglo XXI no sólo son herramientas de producción, son también sujetos relacionales-creativos. Para Simondon (2008), la hipertelia es el eje a través del cual un objeto técnico evoluciona y se desarrolla. Existen dos tipos de hipertelia.

1. Hipertelia por adaptación a condiciones definidas, donde el objeto técnico no pierde su autonomía.

2. Hipertelia por apropiación, donde el objeto técnico es fraccionado, y aquí cabe el fenómeno de los contenidos en internet. Así un contenido en la era digital tiende a fraccionarse y relacionarse con otros contenidos, con otros objetos técnicos, involucrando cada vez más procesos de conectividad muy abiertos. El ejemplo más inmediato es el programa MidJourney, que con inteligencia artificial elabora imágenes que combinan todo lo existente, una conexión de todas las cosas puesta al servicio de la creación de imágenes. Así, el pasado puede reconstruirse, como es el caso de las civilizaciones mesoamericanas.

Figura 1: El Inca Atlahualpa se prepara para la guerra

Imagen creada por MidJourney (2022)

La hipertelia en la tecnología digital encuentra su valor en el encuentro con grupos humanos que han estado fracturados, negados, excluidos. Rosalía Winocur, investigadora argentina que trabaja actualmente para la Universidad de Uruguay, llama al encuentro entre la tecnología digital, los dispositivos y los contenidos con los grupos vulnerables, los claroscuros de la apropiación, señalando que las burbujas informativas son porosas y que los entornos próximos licuan la influencia de las redes sociales de manera directa.[4] Un proceso de licuación del que no se sabe mucho y que sin duda es más intenso en sociedades como las de América Latina donde paradójicamente la fractura originaria, la que he referido antes, permite poner en marcha un sentido de participación en internet que rebasa los usos convencionales. El individuo no es un receptáculo sin filtros, la información es llevada a un *defacement* web que proyecta en muchas dimensiones la resonancia.

La hipertelia permite pensar la conformación de ciudadanías digitales, no entendida como un decreto institucional, sino como procesos de fractura en el modelo epistemológico antropocéntrico. América Latina tiene una fisonomía muy peculiar para pensar la hipertelia tecnológica, muchas veces desde un ámbito de tecnologías que se pueden denominar de baja intensidad, de baja resolución, de baja fidelidad, aunado a sus diversas condiciones culturales. América Latina se sitúa en la lógica de las interferencias tecnológicas digitales de nuestro tiempo en comunidades y fenómenos que evidencian el agotamiento de los humanismos antropocéntricos y la necesidad de la revuelta al ecosistema de las interacciones enredadas. América Latina es un espacio que ha tenido una participación muy importante en la perdida de la forma humana, entendiendo la deformación como un principio donde el humanismo imperante no ha tenido éxito y ha dado poblaciones sociales que se organizan con autonomía utilizando las herramientas tecnológicas para elaborar su propio sentido.

Así podríamos señalar una categoría de la ciudadanía digital más allá de el canon institucional y el derecho, como parte de una hipertelia entre factor cultural y factor tecnológico.

4 La conferencia de Winocur puede ser vista en https://www.youtube.com/watch?v=_3v5hLjoTNU.

A. Ciudadanía digital por concretización – Aquí las tecnologías digitales se utilizan para participar y colaborar en la elaboración de soluciones puntuales de las comunidades. Por ejemplo, en la educación, donde lo digital permite desarrollar pedagogías que reconozcan aplicarse a problemas concretos bajo la intervención e implicación del estudiante en sus entornos.

B. Ciudadanía digital por saturación – Aquí la construcción de ciudadanía se produce por exceso de contenidos. Si Marx señalaba que la acumulación originaria generaba una deformación moral, la acumulación de información también genera una deformación de la institución. El tema de la posverdad o del desbordamiento de imágenes son ejemplos de que el campo de lo institucional ya no tiene facultades para controlar la información ni la conexión entre los contenidos. Hace intentos legales por controlarlo, pero el remix de todo con todo redefine el rol de la saturación en un campo fértil de codificaciones pospolíticas.

C. Ciudadanía digital por dissenso – Uno de los más reconocidos usos de tecnologías digitales es la convicción de lucha. Desde el nacimiento del Zapatismo (EZLN) en México, los movimientos sociales han incorporado a sus procesos de agenciamiento y de lucha política el uso de la información como campo de lucha. Esta ciudadanía está conformada por agenciamientos, colectivos que desde una posición política discienten hacia grupos que tienen el poder, donde las tecnologías digitales les permiten abrir procesos de inclusión diversos, como ejemplos están La primavera árabe (2010), el movimiento 5 estrellas, el Yo soy 132. Pero la ciudadanía digital por disenso no se remite solo a luchas de orden político, sino también a formas de organización para transformar las visiones del medio ambiente, de los ecosistemas, de los animales, de las mujeres. Aquí la ciudadanía digital permite visualizar también un desbordamiento de conexiones que en la cultura de lo analógico controlada por las instituciones no permitía la participación y la libertad.

D. Ciudadanía digital cultural – Aquí motor de la conectividad y de la colectividad no es una posición política, sino cultural. Apropiación digital indígena, fenómenos religiosos (como el caso del culto a la muerte en redes y el culto a San Judas en México. Así como también fenómenos de pluralidad multicultural, étnicos, decoloniales, incluso urbanos, como el caso de "las nenis" en México, que son mujeres que usan Facebook para producir una nueva forma de economía desbordante por ese medio.

E. Ciudadanía digital por creatividad – Donde la hipertelia se construye interviniendo los objetos culturales, la música (mashup), las imágenes (memes, selfies), nuevos registros visuales como el documental amateur, la videocultura. Todos estos materiales que oscilan entre lo antropológico y lo epistemológico, dando lugar a una web hibrida.

F. Ciudadanía digital por anomia – No se puede pensar que la ciudadanía digital es sólo un campo positivo, las formas de participación y apropiación de las herramientas digitales y de las redes sociales han estado desde su

> nacimiento ligadas a procesos de anomia social. En el año 2014 muchos medios internacionales cubrieron una marcha el Sinaloa, México, que apoyó y protestó contra la captura del narcotraficante El Chapo. La forma en la que se organizaron para tal acto ocurrió en redes sociales. Los periodistas llamaron a ello un sinsentido. ¿Se trató de una apología social del delito? Estos usos no pueden quedarse sin observación y análisis, ellos representan las diversidades a las que la cultura digital expone. Hay mediante los procesos anímicos del uso y apropiación de internet usos sociales del delito, ciber secuestro, estafas, acoso, intimidación, desfalco, suplantación de identidades. Desde luego esto es muy frecuente en países donde la educación esta siendo rebasada como principio de acompañamiento a los procesos de conformación ciudadana.

Es probable que a estas categorías les sucedan otras, pero a través de la exposición realizada hasta aquí, podemos concluir que la ciudadanía digital pone en crisis el ethos liberal, pone en crisis un humanismo donde la libertad aparecía instituida por las lógicas de organización estatal, comercial. La ciudadanía digital cambia el status de las individualidad a individuación, donde el hacer, el ser y el sentir pasan por el fenómeno de la red y la hiperconectividad.

Referências

CASTORIADIS, Cornelius. *La institución imaginaria de la sociedad* - vol. II: El imaginario social y la institución. Barcelona: Tusquets Editores, 1993.

DI FELICE, Massimo. *La cittadinanza digitale:* La crisi dell'idea occidentale di democracia e la partecipazione nelle reti digitali. Milano: Meltemi Editore, 2018.

ECHEVERRÍA, Bolivar. *Modernidad y blanquitud.* México: Ediciones Era, 2010.

GUATTARI, Félix. *Líneas de fuga*: Por otro mundo de posibles. Cactus, Argentina, 2013.

MEILLASSOUX, Quentin. *Hiper-caos,* Salamanca: Holobionte, 2018.

PRECIADO, Paul. *Dysphoria Mundi,* Madri: Anagrama, 2022.

SADIN, Eric. *La era del individuo tirano* - El fin de un mundo común. Traducción Margarita Martínez. Buenos Aires: La caja negra, 2022.

SIMONDON, Gilbert. *El modo de existencia de los objetos técnicos.* Buenos Aires: Prometeo libros, 2008.

A participação em rede na cidadania digital: experiências net-ativistas dez anos após as Jornadas de Junho de 2013

Marina Magalhães[1]
Matheus Soares M. Cruz[2]
Marcella Schneider Faria-Santos[3]

Introdução: o movimento das redes

A dinâmica de participação social tem se intensificado desde o início dos anos 2000, quando vimos emergir inúmeras mobilizações de ação direta associadas ao espaço fluxo (CASTELLS, 2005) das redes de comunicação digital, como Anony-

1 Professora Adjunta do Curso de Comunicação Social/Jornalismo da Universidade Federal do Amazonas (ICSEZ/UFAM). Doutora em Ciências da Comunicação pela Universidade Nova de Lisboa (Portugal). E-mail: marinamagalhaes@msn.com.

2 Mestre em Ciências da Comunicação pela Escola de Comunicações e Artes da Universidade de São Paulo (ECA/USP). E-mail: mthsoares1993@gmail.com.

3 Professora e coordenadora do Núcleo de Extensão da Faculdade Paulus de Comunicação – FAPCOM. Mestre em Ciências da Comunicação pela Escola de Comunicações e Artes da Universidade de São Paulo (ECA/USP). E-mail: marcellafaria@gmail.com.

mous, Wikileaks, Primavera Árabe (Norte da África e Oriente Médio), Geração à Rasca (Portugal), Movimento 15M ou Indignados (Espanha), Occupy Wall Street (EUA), Jornadas de Junho de 2013 (Brasil), entre outros. A mutação técnica da internet 1.0 (aquela dos buscadores, e-mails e mensagens instantâneas) para a Web 2.0 (de redes sociais digitais como Orkut, Facebook, YouTube, Twitter, Instagram etc.) potencializou o aproveitamento da rede como uma plataforma social de compartilhamento de conteúdos e de participação social, alterando também a arquitetura e a velocidade das trocas comunicacionais e sociais.

A relação entre mobilização social e meios de comunicação não configura uma combinação inédita na história do Ocidente – vemos isso desde a emergência da pólis grega, com a democracia ateniense, passando pela criação da prensa de Gutenberg e pela constituição dos Estados modernos europeus. A condição de conectividade, trazida pelas recentes estruturas da internet, concretiza uma forma de participação social sem precedentes ao possibilitar a presença de diferentes camadas sociais no espaço de debate público. Cria-se, dessa forma, uma nova escala do espaço público, no qual se torna visível o protagonismo de outras culturas e entidades para além dos humanos.

O aumento da escala social e sua relação com a arquitetura de rede vem sendo estudada com intensidade desde o final do século XX, como vemos na publicação dos três volumes da obra *Sociedade em Rede,* do sociólogo Manuel Castells, cuja primeira edição é de 1999. Para Castells (2005), o paradigma informacional se instala dando suporte para as densas ligações econômicas, culturais e políticas da globalização. Naquela altura ainda não tínhamos disponíveis as possibilidades de conexão surgidas a partir de 2010, quando associamos conectividade, ubiquidade e onipresença (SANTAELLA, 2010). Desse encontro, com a coincidência entre comunicação e deslocamento, a tecnologia se tornou ubíqua, característica que fez das interações entre pessoas, tecnologias e sociedade ainda mais complexas.

A forma social já não está mais limitada ao território nacional, às dinâmicas institucionais ou à opinião pública organizada pelos grandes veículos de mídia. A sociedade hoje se move com os fluxos de informação, baseados em arquiteturas distribuídas, formando um ecossistema comunicativo-colaborativo sociotécnico (DI FELICE, 2017). Atualmente, em 2023, tal ecossistema se transfigura novamente com a chegada da Web 3.0, em que a conectividade é instalada junto a sensores inteligentes, objetos e bancos de dados, atribuindo ao ambiente social certa qualidade transorgânica (DI FELICE, 2017), em que agentes de diferentes naturezas entram em conexão, expandindo-se em múltiplas inteligências.

Diante deste cenário de constante movimentação, temos um social expandido pelas arquiteturas de redes e pelas inúmeras identidades que nelas atuam. É a partir desse emaranhado de conexões que buscamos refletir como as mobilizações net-ativistas se relacionam com a proposição de uma cidadania digital. Esta reflexão foi tema da mesa "Net-ativismo, participação e conflitos em rede", promovida durante o III Congresso Internacional de Cidadania Digital, voltada para o debate dos novos significados das experiências de ativismo em rede, principalmente aquelas ocorridas desde o incremento e popularização da web 2.0 até movimentos recentes, ocorridos na segunda década do século XXI.

A cidadania planetária

Comecemos por olhar a definição de cidadania e cidadão no dicionário: *cidadão*: "pessoa que habita uma cidade [...]" (CIDADÃO, 2023); *cidadania*, em termos jurídicos, significa: condição de pessoa que, como membro de um Estado, se acha no gozo de direitos que lhe permitem participar da vida política" (CIDADANIA, 2023).

A primeira definição, sobre cidadão, não inclui nenhum outro elemento como agente social a não ser o humano, e considera menos ainda o ambiente midiático-tecnológico como arquitetura das relações. Já a segunda circunscreve a cidadania aos limites da dimensão política e das suas instituições legais. Tais determinações têm significado antropocêntrico, ou seja, para ambas o humano dirige suas ações e apenas suas decisões e seus propósitos são levados em conta na existência social.

A compreensão acerca do ambiente social complexo vem sendo desenvolvida por muitos autores, entre eles ressaltamos as pesquisas de Joshua Meyrowitz, explicitadas em seu livro *No sense of place* (1985), no qual se dedica a analisar os processos de socialização a partir da relação com as mídias eletrônicas. Naquela época, estas que já ocupavam grande espaço na vida pública, ganhavam ainda mais importância no âmbito da vida doméstica. A presença de equipamentos eletrônicos móveis, como uma câmera de vídeo ou um gravador de voz, e até mesmo de uma televisão em cada cômodo da casa, modifica não só os conteúdos, mas principalmente a configuração espacial e perceptiva do que se considera como ambiente social. O local não é o elemento essencialmente determinante para a socialização, mas sim as informações que circulam em suportes de diferentes características.

Influenciado pelo Interacionismo Simbólico e pela Escola de Toronto, Meyrowitz (1985) amplia o entendimento da mídia como canal limitado à transmissão de conteúdo e a concebe como linguagem e ambiente. Incorporando tanto o significado quanto a percepção de espaço, o autor entende a mídia de maneira mais complexa, para além da perspectiva instrumental. O social é visto como uma situação (e não um corpo como no paradigma sociológico clássico) composta por um sistema informativo. O social não é limitado ao ambiente em sua forma geográfica, tampouco se limita a ser um receptáculo da ação humana.

Di Felice (2009) contribui ainda mais para essa compreensão do social expandido para além das suas formas geográficas, humanas e comunicativo-midiáticas quando define as formas comunicativas do habitar. Fundamentado nos estudos de Martin Heidegger sobre o habitar e o construir, Di Felice entende que "habitar" significa estar no ambiente. "Estar" envolve nossa percepção, nossos sentidos, aquilo que processamos da experiência. Pensando que vivemos num ambiente comunicativo, o autor nos mostra que há diferentes formas comunicativas de habitar, a saber: a forma empática, a exotópica e a atópica. A forma empática e a exotópica estão associadas ao ambiente analógico do livro, da televisão e do rádio.

As formas atópicas estão vinculadas às redes digitais. O habitar atópico corresponde à situação social de conectividade. Diferentemente do sistema de informação que configura a situação social definida por Meyrowitz na década de 1980, o habitar atópico está permeado por inovações tecnológicas, como a banda larga, as redes de wi-fi, os *big data* ou os sensores digitais como etiquetas *RFID*, por exemplo. Principalmente, depois da pandemia de Covid-19, quando a espécie humana se viu ameaçada por uma organismo "invisível" que colocou em xeque a narrativa da sua superioridade, é possível perceber a complexidade das relações que integram diferentes entidades orgânicas e inorgânicas.

Desde a Web 2.0, a conectividade se instalou, mas com a versão 3.0 qualquer objeto passou a se comunicar a partir de sensores integrados a sistemas e bancos de dados com algoritmos inteligentes. Esse fenômeno não define a tecnologia disponível atualmente em sua totalidade. Seria impossível e ineficaz esse tipo de esforço, já que estas mudam de modo acelerado e em múltiplas direções. As relações são dinâmicas e ocorrem de forma atópica. Habitamos os fluxos, que a depender de seus agentes, orgânicos ou inorgânicos, podem cristalizar nós nas redes, conectar outros, expandir e /ou criar novos caminhos.

Mobilizações sociais como o Anonymous, as Jornadas de Junho de 2013, o movimento Black Lives Matter, entre outras que serão tratadas aqui parecem, em parte, ser expressões desse social complexo, do habitar atópico e da ecologia transorgância. Por sua caraterística transitória, efêmera, digital, linguisticamente diferente e em rede, aporta um outro tipo de ação social, interpretada por Di Felice (2017) como um ato conectivo, por seu caráter híbrido. O que pode se estender para uma compreensão planetária de cidadania.

As mutações climáticas têm sido um importante agente de transformação política. A cada sensor conectado a uma planta ou à atmosfera geram-se informações que nos influenciam nas tomadas de decisão, seja no âmbito particular ou coletivo. Tal realidade contribui para o entendimento de uma cidadania plana, não linear ou hierárquica, estendida aos diferentes elementos na vida no planeta.

Logo, a cidadania digital indica um modo de existência que coloca o sistema humano ao lado da existência de outros organismos, entre diferentes etnias e culturas. Todos são importantes nas conexões planetárias e não só para a experiência social antropocêntrica. Casos recentes como o da Índia, país que inseriu em sua constituição a concepção do Rio Ganges como um ser vivo[4], elucidam a proposição da cidadania em sua forma conectiva e digital, em que o que está em jogo é a mudança de paradigma científico-social.

O net-ativismo

Na dimensão da cidadania digital, o net-ativismo vem se consolidando como uma das suas expressões mais evidentes. Dos primórdios da internet à Web 2.0, acompanhamos a emergência de movimentos que surgem *em rede*, composta por elementos humanos e não humanos, e *nas redes digitais*, em diferentes níveis de conectividade e contextos culturais, sociais e econômicos. Em pontos distintos do mapa-múndi, despontam ações colaborativas e movimentos que revelam "uma ligação fundamental entre si: a importância das redes sociais digitais como elemento participante de uma nova forma de fazer ativismo" (MAGALHÃES, 2021, p. 20).

Diferentemente dos movimentos de ativismo tradicionais – sindicais, estudantis etc. –, que têm endereço fixo, líderes e buscam dialogar com políticos para terem as suas pautas agendadas e atendidas, os movimentos net-ativistas seguem uma lógica distinta. Alguém saberia identificar, por exemplo, o endereço da sede dos Anonymous? Ou poderia apontar um líder oficial da Primavera Árabe ou das Jornadas de Junho de 2013? Ou ainda imaginaria os acampados nas praças espanholas, durante o Movimento 15-M, dialogando com os políticos do país? Isso não ocorre porque o net-ativismo vai além de uma simples incorporação das tecnologias digitais no interior das ações e

4 Sobre isso, ler o texto: https://yalebooks.yale.edu/2019/04/25/of-holy-rivers-and-human-rights-protecting-the-ganges-by-law/. Acesso em: 30 jan. 2023.

movimentos tradicionais, ao inaugurar uma ordem distinta de participação e de conflitos em rede, com significados e características próprias do seu tempo digital.

Para Di Felice (2021), o net-ativismo acontece fora da esfera da política moderna, revelando um problema estrutural dos nossos dias, a crise da sua forma parlamentar. Isso seria perceptível no desinteresse cada vez maior dos jovens pela participação nos canais políticos institucionais e na suspeita em torno dos partidos políticos de massa, que perderam a primazia da mediação do debate público para as redes sociais digitais. É como se os sonhos não coubessem mais nas urnas nem pudessem mais ser defendidos por representantes escolhidos a cada quatro anos.

Ainda sobre a crise da política ocidental, Byung-Chul Han (2018; 2022) corrobora a ideia da crise da democracia destacando que os representantes políticos não são mais percebidos como servidores do povo, mas sim de um sistema que se tornou autorreferencial. Entretanto, para o autor, as massas que antes se organizavam em partidos, animados por uma ideologia, "deterioram-se agora em enxames de *unos barulhentos*, ou seja, em *Hikikomoris* digitais para si isolados, que não formam nenhum esfera pública e que não participam de nenhum discurso público" (HAN, 2018, p. 112).

Por outro lado, testemunhamos nos últimos anos um processo crescente de tomada coletiva da palavra, no qual grupos minoritários – mulheres, negros, indígenas, quilombolas, imigrantes, população LGBTQIA+, pessoas com deficiência etc. – juntam-se a outras vozes, humanas e não humanas, para ocupar as redes sociais digitais e fincar bandeiras, tão múltiplas quanto transitórias, em torno de diversas questões que ganham imediatismo e alcance global. O debate público, assim, parte de qualquer ponto, para qualquer direção. Mas a concepção de net-ativismo é mais complexa que a ideia de uma nova esfera pública digital.

No hibridismo das redes net-ativistas, pessoas conectam-se não apenas com outras pessoas, mas com inteligências diversas, que juntas participam de uma nova paisagem social. Fazem parte desta miríade de elementos: as conexões banda larga; dispositivos de conectividade (smartphones, smartwatches, tablets, computadores etc.); redes sociais como Facebook, Twitter, Youtube e Instagram, entre outras plataformas digitais; aplicativos como WhatsApp e GPS; robôs, algoritmos e softwares diversos (como vírus de computador); *big data*; ou qualquer outra entidade da biosfera digitalmente conectada.

A partir desta percepção, o net-ativismo não deve ser reduzido à esfera midiática ou da simples troca de opiniões, mas ser investigado dentro da complexidade de um social em rede, no qual "as últimas gerações de arquiteturas conectivas começaram a transferir, para além da esfera humana, as interações e os processos de tomada de decisão." (DI FELICE, 2021, p. 146) Com a difusão da conexão 5G e das novas formas de conexão, espera-se que as dinâmicas de interação sociais se transformem de modo ainda mais profundo, assumindo formas transorgânicas, como descrito abaixo:

> "Algoritmos, dispositivos, softwares, robôs e dados que já há algum tempo começaram a participar do nosso convívio, por meio de plataformas e arquiteturas digitais de interação, contribuirão de forma crescente e significativa para nossas escolhas, influenciando nosso agir." (DI FELICE, 2021, p. 147)

O monitoramento dessas ações colaborativas e movimentos net-ativistas deve ser contínuo e tem sido tema de interesse de inúmeros pesquisadores e centros de pesquisa ao redor do mundo. Como, por exemplo, o Centro Internacional de Pesquisa Atopos, cujos pesquisadores vêm se dedicando a mapear o fenômeno em diversas pesquisas e obras (DI FELICE, 2008, 2009, 2017, 2021; PEREIRA, 2012; ROZA, 2013; MAGALHÃES, 2018, 2021; FRANCO, 2019; CRUZ, 2022; entre outros), eventos científicos (Congresso Internacional de Net-ativismo e Congresso Internacional de Cidadania Digital), na Plataforma Internacional de Cidadania Digital e no Observatório Latino-Americano da Cidadania Digital.

Na próxima seção, contribuímos para esse inventário a partir da abordagem de alguns desses casos, a começar pelas Jornadas de Junho de 2013, no Brasil, que este ano completa uma década desde o seu surgimento. Também abordamos, de forma descritiva, os movimentos Black Lives Matter (EUA), Me Too (EUA), Coletes Amarelos (França), Protestos da folha em branco (China) e os Protestos Feministas no Irã, a fim de observar suas características e analisar a evolução do net-ativismo no últimos anos, em contextos e por razões tão distintas.

Jornadas de Junho e a ecologia comunicativa da colaboração sociotécnica

Jornadas de Junho foi o nome dado às manifestações populares que no ano de 2013 mobilizaram milhões de brasileiros em diferentes capitais do país, por oposição ao aumento da passagem do transporte coletivo. Na história recente do Brasil não tínhamos uma mobilização desta envergadura há tempos, ainda mais por sua espontaneidade e característica nada tradicional em termos institucionais e de ação política.

Neste contexto podemos identificar a presença inicial do Movimento Passe Livre (MPL)[5], que teve importante atuação

5 O Movimento Passe Livre é um movimento estudantil brasileiro que reivindica tarifa zero para o transporte coletivo. Teve origem no Fórum Mundial Social de 2005, ocorrido em Porto Alegre. A rede se autodefine como

na organização das primeiras manifestações (CALIL, 2013), as quais depois se diluíram em novas dinâmicas. Durante as primeiras manifestações, a polícia do Estado de São Paulo agiu com violência e de forma indiscriminada, amparada pelas autoridades legais. Tal atitude ganhou enorme repercussão quando as imagens desses atos de violência, gravadas por jornalistas independentes e cidadãos comuns, começaram a circular nas redes. A partir daí, tanto a população, quanto a mídia oficial e alternativa passaram a agir em conexão e em redes.

Destacamos aqui os elementos comunicativo e técnico que incrementaram o conflito inicial. A gestão do problema não estava mais limitada às agendas de discussão dos atores políticos tradicionais, como o governo e os partidos políticos institucionalmente constituídos. O problema ganhou dimensão coletiva, expandida em suas formas comunicativas-tecnológicas-digitais de rede. As Jornadas de Junho já não tinham mais donos, as diferentes narrativas eram tomadas por diversos agentes sociais que se organizavam em prol de problemas comuns.

Muitas reflexões sobre este fenômeno foram realizadas, entre elas, citamos aqui o ponto levantado por Calil (2013), que reconhece a forte disputa na significação do movimento para cada ator político do Brasil, como vemos abaixo:

> O caráter pluriclassista, a diversidade de reivindicações e o fato de que a maior parte dos manifestantes não tinha nenhuma experiência política anterior propiciaram uma intensa disputa em torno dos rumos das mobilizações, podendo-se identificar ao menos três posições principais: a) a oposição de esquerda; b) a oposição conservadora em suas diferentes frações; c) os defensores do governo Dilma Rousseff. A mídia corporativa oscilou entre a se-

---

apartidária e de dinâmica horizontal em sua atuação.

> gunda e a terceira posição, sempre buscando diminuir o significado social dos protestos e apresentar as manifestações essencialmente como "anti-corrupção". (CALIL, 2013, p. 377)

As disputas mencionadas por Calil evidenciam nossas tradicionais formas de analisar os fatos políticos, sociais e comunicativos. Mas as investigações sob a alçada do net-ativismo incluem diversos elementos como parte da agência social, percebendo mudanças qualitativas nas formas de habitar e agir socialmente.

Mencionamos aqui, entre as mudanças qualitativas, a circulação das imagens produzidas de forma individual e alternativa, a possibilidade de livre compartilhamento, monitoramento, de "tagueamento" das informações que acabam por transformar uma simples "*hashtag*" (elemento próprio da linguagem de computadores) num agente da rede, do social transorgânico. As escolhas particulares, os coletivos de diferentes naturezas, as empresas, os hackers, os algoritmos, os dados, os governos participam dessa complexa rede de agências (LATOUR, 2012). Essa arquitetura não pode ser compreendida apenas pelo projeto moderno, burguês e iluminista de progresso que formatou a ação política ocidental. Hoje, diante das emergências climáticas, humanitárias e sanitárias, o significado de progresso está em discussão.

Para Di Felice (2017), essa discussão passa pela crise do eurocentrismo, do antropocentrismo e do colonialismo, fatos anteriormente já pontuados por Gianni Vattimo em sua obra *A sociedade transparente* (1992). O social, identificado por Di Felice (2017, 2021), Bruno Latour (2012), entre outros, é uma rede de redes, assim como a dimensão da ação social. Sobre essa arquitetura social, Di Felice (2017) reconhece a característica dialógica da ação, nomeada pelo termo "net-ativismo dialógico".

O conflito relativo ao aumento da passagem de ônibus reivindicado nas Jornadas de Junho de 2013 expandiu a repercussão e persuasão midiáticas próprias da esfera pública tradicional e da sociedade de massa para além das fronteiras institucionais da política. Também o elemento tecnológico não atuou apenas como uma ferramenta nas mãos humanas: os fluxos de informação em suas formas autônomas agiram em direções diversas, ou seja, o que temos é uma escala social de redes "sem escala".

Di Felice (2017) reconheceu quatro tipos de net-ativismo que expressam características em comum, como que descrevendo fases: o primeiro chamado *net-ativismo frontal*, da época em que os abaixo-assinados virtuais convidavam as pessoas a atuarem em prol de uma causa; o segundo chamado *net-ativismo imersivo*, em que os envolvidos no movimento passavam mais tempo nas redes e interferiam nas suas próprias arquiteturas, como no caso do hacktivismo; o terceiro é o *net-ativismo dialógico,* que definitivamente traz um salto na dinâmica das relações, sendo aquele em que o conflito é gerido por diferentes agentes e em diferentes momentos, em dinâmicas de ocupação simultâneas das redes e das ruas; e por fim, o *net-ativismo ecológico*, que agrega os elementos tecnológicos, humanos e a biodiversidade para agir em direção a um problema que diz respeito ao planeta.

A compreensão da época contemporânea ultrapassa a análise da intenção, do discurso, da subjetividade, da semiótica, do território, dos instrumentos tecnológicos, do social e incorpora sua dimensão digital. Dez anos após os acontecimentos das Jornadas de Junho, vemos inúmeras manifestações que demonstram sua dimensão dialógica e, de acordo com recentes manifestações, expandem-se para os caminhos do net-ativismo ecológico. Este é o caso, por exemplo, da rede de pesquisadores que mapeiam a população das onças pintadas na Mata Atlântica e, a partir de 2014, passaram a contar com coleiras de sensores GPS e sistemas de informação que leem os dados e direcionam a ação dos diferentes actantes em prol da vida do bioma.

Nas próximas seções vamos contribuir para o inventário de movimentos net-ativistas que refletem uma combinação de dinâmicas de interação que vão do uso de hashtags a ocupação dos espaços públicos, revelando características frontais, imersivas, dialógicas ou mesmo ecológicas, desafiando quaisquer tentativas de categorização. Tais movimentos, cujas principais ações despontaram entre 2013 e 2023, partiram de diferentes latitudes para viralizar por todo o globo, como resultado de uma combinação entre humanos e um sem fim de entidades de outras naturezas.

Black Lives Matter

Conhecido no Brasil como "Vida negras importam" ou "Vidas negras contam", o movimento Black Lives Matter surgiu nos Estados Unidos como uma reação da comunidade afro americana à violência contra pessoas negras. As primeiras ações datam de 2013, quando o segurança George Zimmerman foi absolvido da acusação de assassinato a tiros do adolescente negro Travvon Martin. A hashtag #BlackLivesMatter ganhou as redes após a decisão, graças à iniciativa de três membros da comunidade negra, Alicia Garza, Patrisse Cullors e Opal Tometi, motivados a lutar contra a desvalorização da vida negra pela polícia, pela justiça e pela sociedade norte-americana.

A publicação pioneira foi "Um bilhete de amor para os negros", escrito e postado no Facebook por Garza, no qual ela afirma "Nossa vida é importante, a vida é negra". A carta aberta recebeu como resposta de Cullors a hashtag “#BlackLivesMatter”, seguido pelo apoio de Tometti, iniciando assim a difusão de uma campanha online. A hashtag #BlackLivesMatter se espalhou nas redes e, na sequência da morte de outros afro-americanos durante operações policiais – Michael Brown e Eric Garner –, ganhou também as ruas de diversas cidades dos Estados Unidos em forma de protestos.

Ao longo dos anos seguintes, inúmeros casos semelhantes vitimaram afro-americanos, alguns dos quais foram estampados nas mídias e nas redes sociais digitais por meio de vídeos filmados por testemunhas das violentas – ou mortais – abordagens policiais. Até que em 2015 o movimento começou a questionar publicamente os políticos acerca das questões referentes às vidas negras, incluindo os candidatos às eleições presidenciais dos Estados Unidos de 2016.

Ainda que de certa forma tenha dialogado com os políticos sobre o tema, o movimento se caracteriza como uma mobilização net-ativista pelo seu formato descentralizado. Sem apresentar qualquer estrutura hierárquica formal, sem endereço fixo, líderes ou manuais de conduta, as ações sob a #BlackLivesMatter viralizaram também em outros países que vivenciavam contextos violentos para pessoas negras, como África do Sul, Brasil e Austrália.

O movimento continua em atividade em diversos pontos do globo, reaquecendo as suas campanhas diante de novas denúncias ou fatos que atingem diretamente as vidas das pessoas negras. A partir de 25 de maio de 2020, conquistou adesão mundial após viralizarem na web vídeos do assassinato de George Floyd, afro-americano asfixiado até a morte pela polícia de Minnesota (EUA), o que levou a protestos em cerca de 350 cidades nos Estados Unidos. Tal visibilidade fez com que, em 2021, o

Black Lives Matter chegasse a ser indicado ao Prêmio Nobel da Paz pelo deputado norueguês Petter Eide.

Para além da bandeira contra a violência policial, o movimento também incluiu as bandeiras de diversas minorias à margem dos movimentos libertários dos negros – como os negros *queers* e trans, pessoas negras com deficiência, mulheres negras etc. –, dando origem a outras hashtags: #BlackWomenMatter, #BlackGirlsMatter, #BlackQueerLivesMatter e #BlackTransLivesMatter, trazendo a interseccionalidade para o centro do debate.

No net-ativismo do Black Lives Matter estão em jogo as vidas negras, as bandeiras interseccionais, os ativistas e apoiadores das causas, mas também uma miríade de elementos tecnológicos que dão visibilidade à presença dos não humanos nessas ações. A começar pelos dispositivos móveis na captura de crimes e injustiças, registros reais que possibilitam as suas denúncias, sensibilizando audiências pelo "compartilhamento de informações que podem colaborar para movimentos de resistência e dar voz a multidões" (SILVA & SILVA, 2021, p. 53).

Isto é, mais do que simplesmente gravar imagens, quando conectados a redes wi-fi tais dispositivos lançam as denúncias de forma imediata, por meio de redes espalhadas por todo o mundo. Além dos smartphones, das conexões à internet, das plataformas digitais e dos bancos de dados, merecem destaque também as *hashtags* que ajudam a aglutinar essas vozes, fazer com que elas se reconheçam e fortaleçam independente do ponto de onde partirem.

Me too

O "Me too" ("Eu também", em português) é um movimento de mulheres vítimas de assédio sexual, agressão sexual e estupro que começou nos Estados Unidos em 2006, por iniciativa da ativista social norte-americana Tarana Burke. A ideia surgiu após a ativista ouvir, durante um encontro presencial pelo empoderamento de crianças e adolescentes negras, uma menina relatar sofrer abuso sexual por parte do namorado da mãe. Sobre o episódio, comentou: "Por mais que eu a amasse, eu não conseguia reunir a energia para dizer a ela que eu entendia, que estava conectada, que podia sentir sua dor. Não pude ajudá-la a liberar sua vergonha ou impressioná-la de que nada que lhe acontecesse era culpa dela" (BURKE, 2018, tradução nossa).

A identificação com a história da vítima fez com que Burke criasse um caminho para ajudar sobreviventes de violência sexual, com foco em jovens e meninas negras norte-americanas, por meio de apoio financeiro ou da criação de espaços de conexão entre elas. Porém, a iniciativa que buscava unir vítimas de comunidades carentes dos Estados Unidos ganhou notoriedade mundial somente em 2017, quando envolveu a meca do cinema internacional, ocupou os tapetes vermelhos e plataformas digitais por todo o globo.

> Onze anos mais tarde, uma atriz de Hollywood chamada Alyssa Milano incentivou as mulheres a compartilharem suas histórias de assédio nas redes sociais utilizando a hashtag #metoo. A proposta era uma resposta às recentes notícias de importantes nomes do cinema e da televisão dos Estado Unidos que foram acusados de assédio por centenas de mulheres. Entre eles, o produtor Harvey Weinstein, que já havia sido chamado de o homem mais poderoso de Hollywood. (VELOSO, 2019, p. 11)

Milano foi a primeira a compartilhar no Twitter a hashtag #metoo em resposta a uma reportagem publicada em 5 de outubro de 2017 no jornal norte-americano *The New York Times*. Na publicação, a própria atriz denuncia Harvey Weinstein de cometer violência sexual contra dezenas de vítimas do universo do cinema. "Se você foi assediada ou abusada sexualmente escreva 'eu também' como uma resposta a este *tweet*" (MILANO, 2017, tradução nossa), dizia a postagem de 15 de outubro de 2017[6].

> No dia seguinte à postagem de Milano, a hashtag #metoo foi utilizada mais de 600 mil vezes no Twitter. Um ano depois, já eram quase 14 milhões de tuítes. Os usuários compartilhavam de suas histórias de violência sexual e/ou deixavam palavras em apoio ao movimento.
>
> Ao longo desse período, 425 líderes mundiais, presidentes de empresas, atores, jornalistas, entre outras pessoas proeminentes, foram acusados de assédio sexual. (VELOSO, 2019, p. 43)

A denúncia de Alyssa Milano contra o famoso produtor foi corroborada por inúmeras estrelas, como Angelina Jolie, Gwyneth Paltrow, Asia Argento, Lupita Nyong'o, Cara Delevingne, entre outras. Com a adesão de atrizes e produtoras da indústria do cinema de Hollywood, o #MeToo rapidamente ganhou proporção internacional. Logo, o movimento criado na década anterior por Tarana Burke assumiu a forma net-ativista de uma campanha global, em colaboração com as redes sociais digitais. A partir do uso de uma *hashtag* (#MeToo), pessoas de todo mundo – em sua maioria mulheres, mas também homens –, famosas ou não, denunciaram que também foram vítimas desse tipo de crime.

6 Disponível em: https://twitter.com/Alyssa _Milano/status 919659438700670976. Acesso em: 10 fev. 2023.

O movimento de pessoas que levantaram suas vozes contra abusos sexuais foi inclusive escolhido como "Pessoa do Ano" pela revista *Time* de dezembro de 2017. A capa foi estampada por cinco mulheres célebres – Ashley Judd, Taylor Swift, Susan Fowler, Adama Iwu e Tarana Burke –, escolhidas como as vozes que impulsionaram a campanha, acompanhadas pela chamada "As quebradoras do silêncio". Na capa, ainda é possível ver o braço de uma sexta mulher, que preferiu permanecer no anonimato, mas que de algum modo simboliza todas as outras que não couberam na fotografia da publicação.

Figura 1: Me Too – Pessoa do Ano

Revista *Time*, 18/12/2017

Segundo o editor-chefe da *Time*, Edward Felsenthal, o #MeToo "é o movimento social mais rápido que vimos em décadas, e começou com atos individuais de coragem de centenas de mulheres – e alguns homens, também – que vieram a público e contaram suas próprias histórias" (MEZZOFIORE, 2017, tradução nossa). O editor do periódico também enfatizou a diversidade do movimento, que reúne pessoas de todas as raças, classes e ocupações, que participam virtualmente de qualquer lugar do mundo. "Eles são parte de um movimento que não tinha um nome formal. Mas agora eles têm uma voz" (MEZZOFIORE, 2017, tradução nossa).

Para além da *hashtag*, com a difusão global do movimento, em abril de 2018 a Google lançou um recurso de mapeamento das buscas pelo #MeToo feitas em seu site. Conhecido como "Me Too Rising", o mapeamento possibilita verificar uma linha do tempo que começa no dia 5 de outubro de 2017, data em que a matéria denunciando Weinstein foi publicada no *The New York Times*. A plataforma se apresenta como "*A visualization of the movement from Google Trends*" (em português, "Uma visualização do movimento a partir das Tendências Google") e funciona como uma espécie de banco de dados interativo. Nele o usuário pode selecionar uma data específica entre o dia da origem da campanha até o dia de acesso da página e escolher uma localização no mapa para verificar as principais tendências de busca, o que determinada cidade fala acerca do tema ou onde a *hashtag* é utilizada.

Figura 2: Me Too Rising

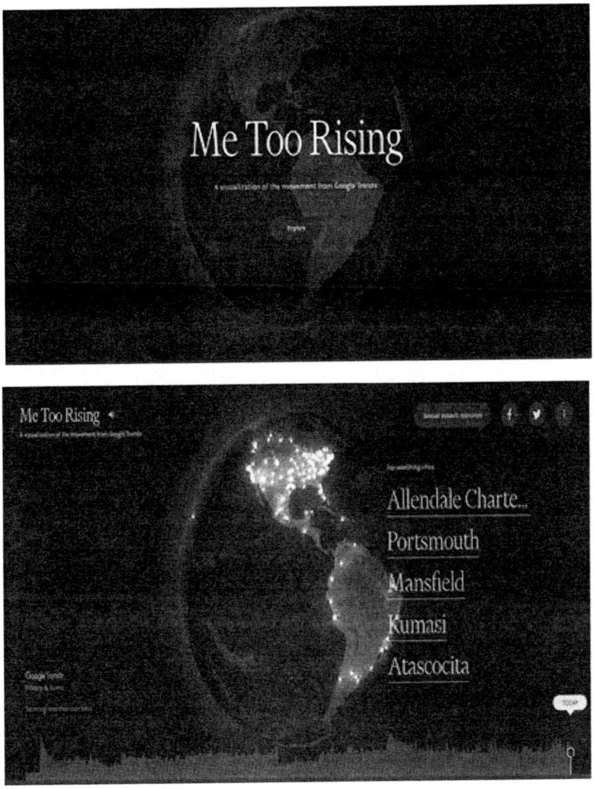

https://metoorising.withgoogle.com/[7]

No mesmo ano do lançamento da plataforma pela Google, cerca de 300 mulheres da indústria do cinema de Hollywood criaram o "Time's up" (em português, "Acabou o tempo"), um fundo para a defesa legal de sobreviventes de crimes de violência sexual que reúne 700 advogados e advogadas que lhes dão assistência jurídica (VELOSO, 2019). A iniciativa ganhou notorieda-

7 Acesso em: 8 fev. 2023.

de midiática na premiação do Globo de Ouro de 2018, quando algumas de suas representantes compareceram à cerimônia vestidas de preto contra o assédio sexual e discursaram pela união das mulheres contra esse tipo de crime.

No Brasil, desde o começo da viralização da campanha #MeToo, o movimento teve repercussão nas redes sociais digitais. Ainda em 2017, ganhou destaque a participação de celebridades (Deborah Secco, Mônica Martelli, Marina Person etc.) e esportistas (as nadadoras Joana Maranhão e Diana Nyad, a jogadora de basquete Layshia Clarendon, a atleta de saltos ornamentais Ingrid Oliveira, a lutadora Aline Silva, o jogador de futebol Aleksander Montrimas, entre outros)[8] que denunciaram publicamente as violências sexuais sofridas, em diferentes contextos e idades.

Em 2019, uma das características do movimento foi chegar a localidades onde o feminismo ainda não encontrava força, como na região dos países Nigéria e Gana, na África Ocidental (VELOSO, 2019). De lá para cá, as ações do #MeToo continuam repercutindo na vozes de vítimas que vão ao encontro das tecnologias digitais – hashtags, dispositivos de conectividade, plataformas digitais, bancos de dados, algoritmos, recursos de geolocalização etc. – para experienciar novas formas de viver o ativismo em rede e nas redes.

O movimento dos Coletes Amarelos

Em outubro de 2018, a França registrou uma alta no preço do diesel, principal combustível utilizado no país, chegando ao

8 Ver reportagem #METOO: Atletas brasileiras quebram o silêncio e denunciam casos de assédio sexual, exibida no Esporte Espetacular (TV Globo) em 24/12/2017. Disponível em: https://globoplay.globo.com/v/6378265/. Acesso em: 8 fev. 2023.

maior pico das últimas duas décadas. Insatisfeitos com o valor do produto, cidadãos franceses, principalmente motoristas, vestiram coletes refletivos amarelos e ganharam as principais vias de diversas cidades para protestar contra a subida do preço.

A adesão popular à reivindicação e ao próprio colete, peça presente obrigatoriamente nos carros do país como item de segurança, fez com que os manifestantes passassem a ser chamados de "Coletes Amarelos" (*Gilets Jaunes*, em francês). No dia 16 de novembro, as manifestações do coletivo conseguiram reunir nas ruas cerca de 280 mil pessoas em diferentes cidades do país[9].

Identificando o caráter net-ativista das manifestações, Di Felice (2018) descreveu os coletes amarelos como um exemplo de protesto que surgiu por meio das redes, repercutindo a história de outras mobilizações passadas, como a própria Jornadas de Junho de 2013. Por não estar atrelado a partidos políticos, não reivindicar a busca pelo poder e trazer experiências de democracia e de deliberação direta, Di Felice diz que o caso dos coletes amarelos:

> Faz parte dessa longa série de objetos políticos não identificados (OPNI), formas de conflitualidade conectadas, sem líderes, nem fascistas, nem revolucionários. A política não os reconhece porque não tem um vocabulário para nomeá-los, as ciências sociais não conseguem interpretá-los porque não possuem uma teoria da ação apropriada e uma ideia de social não composta apenas por humanos. (DI FELICE, 2018, online)

Com os seus coletes amarelos, os protestantes reivindicavam voz perante as decisões unidirecionais do governo federal

9 Sobre a manifestação, ler notícia da época: https://www.bbc.com/portuguese/internacional-46249017. Acesso em: 27 jan. 2023.

francês, sem se ligar a partidos ou ideologias específicas[10].

Protestos feministas no Irã

Os protestos que tomaram conta do Irã no segundo semestre de 2022 começaram com a morte da jovem iraniana Mahsa Amini, presa no dia 13 de setembro daquele ano pela "polícia da moralidade" local após supostamente usar o *hijabe*[11] de forma incorreta, violando a lei que exige que mulheres usem vestimentas para cobrir partes do corpo. Em resposta, uma onda de protestos aconteceu no país pedindo esclarecimentos sobre a morte de Amini sob custódia policial[12].

Com forte liderança feminina, as reivindicações pediam também punições aos policiais, bem como o fim da polícia da moralidade e das regras que obrigam o uso do lenço para mulheres. O lema "Mulher, vida, liberdade" começou a ser usado pelas manifestantes, buscando defender pautas de igualdade de gênero em oposição ao sistema religioso fundamentalista do país.

A Internet e as redes sociais tiveram papel importante nas manifestações iranianas de 2022. No Twitter, houve uma mobilização de cidadãos iranianos compartilhando os motivos para

10 Apesar de, na época, os protestantes não reivindicarem afiliações partidárias ou ideológicas, pesquisadores apontam que, com o desenrolar das ações, o movimento foi ganhando viés de extrema-direita, com integrantes, inclusive, se candidatando a cargos institucionais. Sobre isso, ler: https://www1.folha.uol.com.br/mundo/2019/11/apos-1-ano-coletes-amarelos-deixam-de-ser-revolta-e-viram-estilo-de-vida.shtml. Acesso em: 27 de jan. 2023.

11 Conjunto de vestes femininas utilizado para cobrir os cabelos e o corpo recomendado pela religião islâmica.

12 Notícia sobre a explosão dos protestos no Irã: https://www.cnnbrasil.com.br/internacional/revolucao-das-mulheres-do-ira-pode-ser-um-momento-muro-de-berlim/. Acesso em: 27 jan. 2023.

apoiar a causa dos protestos. Tais postagens foram reunidas por um jovem músico que as transformou em música: Shervin Hajipour compartilhou no Instagram a canção que, em menos de 48 horas, já havia somado 40 milhões de visualizações. De acordo com a matéria da BBC Internacional, Shervin foi preso pela polícia iraniana e teve a música removida do seu perfil[13].

Imagens dos protestos, como mulheres tirando seus *hijabes* ou queimando fotos do líder supremo da nação, também foram feitas pelas próprias manifestantes e postadas nas redes sociais. Frente a tal ativismo digital, o governo iraniano decidiu reprimir o acesso à internet, bloqueando aplicativos de comunicação e de redes sociais como WhatsApp, Signal, Skype e Instagram.

Para burlar tais bloqueios, as ativistas iranianas buscaram criar novas abordagens de comunicação, navegando na Internet por meio de servidores TOR[14], protegendo a identidade e a privacidade dos usuários. Como aponta a reportagem do veículo especializado em tecnologia, *Techcrunch*[15], o método foi utilizado por pelo menos 200 pessoas e replicado publicamente em fóruns. A ajuda da comunidade internacional de usuários também foi registrada.

13 Sobre os protestos e a prisão do músico Shervin Hajipour, ler a matéria: https://www.bbc.com/portuguese/internacional-63179033. Acesso em: 27 jan. 2023.

14 O TOR é um programa de código aberto que permite ao usuário navegar de forma anônima, protegendo a identidade e privacidade de quem o utiliza. Para mais informações, ler a matéria: https://canaltech.com.br/internet/saiba-o-que-e-tor-e-como-essa-rede-garante-o-seu-anonimato-na-web/. Acesso em: 27 jan. 2023.

15 Notícia disponível em: https://techcrunch.com/2022/10/05/iran-internet-protests-censorship/. Acesso em: 27 jan. 2023.

Os protestos da folha em branco na China

Em novembro de 2022, enquanto o mundo assistia às partidas da Copa do Mundo de Futebol, no Catar, a China enfrentava mais uma onda de transmissão de Covid-19. Para conter tal situação, o presidente Xi Jinping, no poder desde 2013, aplicou a política de "Covid zero", com testagens em massa e determinações de confinamento severas.

Conforme aponta o relatório anual da organização internacional Human Rights Watch (2023), as medidas sanitárias aplicadas pelo governo trouxeram impactos na vida dos cidadãos chineses, chegando a bloquear o acesso a necessidades básicas, como saúde e alimentação:

> Um número desconhecido de pessoas morreu após ter sido negado tratamento médico para doenças não relacionadas à Covid. Em alguns casos, pessoas tiveram que recorrer a ameaças de automutilação ou violência para que seus familiares fossem aceitos em hospitais. Em Xangai, as autoridades separaram crianças pequenas de seus pais após testes positivos de Covid, o que exigia que aqueles com resultado positivo se isolassem em um hospital ou instalação designada, revertendo a política somente após protestos públicos. Diversas pessoas relataram ter enfrentado grave escassez de alimentos, medicamentos, produtos de higiene menstrual e outros itens essenciais. (HUMANS RIGHTS WATCH, 2023, online)

No dia 23 de novembro de 2022, imagens de um incêndio em um prédio na região de Xinjiang foram replicadas nas redes sociais do país, mostrando que o corpo de bombeiros estava tendo dificuldades de se aproximar da área afetada e conter as chamas por conta das restrições aplicadas contra o coronavírus. Estima-se que ao menos dez pessoas tenham morrido no incidente[16].

O episódio gerou uma resposta poucos dias depois, quando dezenas de chineses começaram a ir às ruas em diversas cidades do país, incluindo Pequim e Xangai, para protestar contra as políticas de Covid zero do Estado. As manifestações, com forte presença de universitários, pediam o fim da testagem em massa e das reclusões sociais obrigatórias em prol da liberdade.

Nos atos, também foram identificadas críticas ao governo chinês, controlado pelo Partido Comunista do país, com pedidos de democracia e ataques ao presidente Xi Jinping. Apesar de algumas reivindicações abertas, muitos dos protestantes preferiram táticas de protesto mais sutis ao temer represálias de um governo que possui pouca tolerância com manifestações dissidentes.

Um dos principais elementos dos protestos foi a folha em branco. Utilizada pelos manifestantes, ela possui diversos significados que vão desde a representação do silêncio frente à censura governamental até piadas que brincam com mensagens subliminares de liberdade. O fato é que, à medida que os protestos cresciam, mais pessoas iam às vias públicas carregando suas folhas em branco[17].

Outra tática adotada foi o uso de aplicativos de namoro para tentar burlar a censura imposta pelo governo e criar canais de comunicação entre os manifestantes. A importância dos aplicativos móveis se tornou tão latente que foram registrados epi-

16 Notícia disponível em: https://edition.cnn.com/videos/world/2022/11/25/china-xinjiang-building-fire-covid-anger-wang-contd-nr-vpx.cnn. Acesso em: 26 de jan. 2023.

17 Sobre os significados da folha em branco, ler: https://www.nytimes.com/2022/11/28/world/asia/china-protests-blank-sheets.html. Acesso em: 26 jan. 2023.

sódios em que a polícia chinesa revistava e apreendia celulares dos manifestantes[18] na busca de aplicativos ilegais no país.

Além disso, nas redes sociais locais, controladas pelo governo, os usuários recebiam imagens dos torcedores sem máscara nos estádios do Catar, inflamando ainda mais o sentimento de revolta contra o governo. Nos aplicativos de mensagens e plataformas como WeChat e Weibo, os usuários publicaram mensagens questionando as políticas de confinamento e reclusão social[19].

Ainda no final de novembro, o governo chinês passou a controlar as manifestações, abrindo inquéritos para averiguar a participação de manifestantes, e, em consequência, as manifestações foram perdendo força, até se extinguirem ainda em 2022.

Considerações Finais

Dez anos se passaram desde junho de 2013, quando milhares de brasileiros foram às ruas com seus cartazes, reivindicando pautas e pedidos diversos. E o que aconteceu nesse entremeio? Os casos aqui expostos nos mostram que, após a explosão de manifestações conectadas e conectivas entre 2008 e 2014, considerada a fase mais madura do net-ativismo (DI FELICE, 2017), as lógicas de participação de rede continuaram aparecendo ao redor do mundo, expondo a possibilidade de criar ecossistemas complexos e interconectados entre diversas entidades.

---

18 Sobre o uso de aplicativos de namoro, ler matéria: https://www1.folha.uol.com.br/mundo/2022/11/chineses-usam-criatividade-para-driblar-censura-ate-em-apps-de-paquera.shtml. Acesso em: 26 jan. 2023.

19 Notícia disponível em: https://exame.com/esporte/revolta-nas-redes-sociais-chinesas-com-as-imagens-de-torcedores-sem-mascara-na-copa-do-mundo/. Acesso em: 23 jan. 2023.

Os protestos do Black Lives Matter, do #MeToo ou dos Coletes Amarelos, bem como os protestos iranianos e chineses do final de 2022, apontam-nos que a lógica colaborativa entre humanos e não humanos (como dados, algoritmos, dispositivos móveis, internet móveis, plataformas etc.) pode ser uma opção profícua de questionar governos autoritários e instituições violentas, além de reivindicar valores democráticos de liberdade e de autonomia, sem passar pela lógica da política moderna e da opinião publicada da esfera pública, as quais colocam o humano no centro da ação.

Dentre esses dez anos que separam o junho de 2013 a este mais próximo de nós, também vimos a Internet entrar na "era de sobriedade digital", como afirma Morozov (2018), em que estudos identificaram problemas graves advindos do/no ecossistema hipercomplexo, desde casos de racismo algorítmico até movimentações de grupos orientados por teorias da conspiração e por objetivos antidemocráticos.

Ao nos depararmos com esse contexto presente na última década, então, compreendemos que, além das constatações acima compartilhadas, também se apresentam desafios de entender não só as dinâmicas da passagem do tempo (por exemplo: de que fase essas e as próximas experiências net-ativistas fazem parte?), mas também os obstáculos para a implementação de uma cidadania cada vez mais digital, coletiva e colaborativa que abranja não só os seres humanos, mas também as tecnologias contemporâneas e a biodiversidade do planeta.

Referências

BURKE, T. The Interception. *Me Too*. 2018. Disponível em: https://metoomvmt.org/the-inception/. Acesso em 5 fev. 2023.

CALIL, G. Embates e disputas em torno das jornadas de junho. *Revista Projeto História*, São Paulo, n. 47, p. 377-403, Ago. 2013.

CASTELLS, M. *A Sociedade em rede*. 8ed. revista e ampliada. Tradução Roneide V. Majer. São Paulo: Paz e Terra, 2005.

CIDADÃO. In: *DICIO*, Dicionário Online de Português. Porto: 7Graus, 2023. Disponível em: https://www.dicio.com.br/cidadao/. Acesso em 14 fev. 2023.

CIDADANIA. In: *oxford languages*. Reino Unido: Oxford University Press, 2023. Disponível em: https://languages.oup.com/google-dictionary-pt/cidadania. Acesso em 14 fev. 2023.

CRUZ, M. S. M. *Da esfera pública ao net-ativismo*: as transformações nas formas de participação em contextos digitais. 2022. Dissertação (Mestrado). Teoria e Pesquisa em Comunicação. Escola de Comunicação e Artes. Universidade de São Paulo, São Paulo, 2022.

DI FELICE, M. (org.). *Do público para as redes*: A comunicação digital e as novas formas de participação em rede. São Paulo: Difusão, 2008.

________. *Paisagens pós-urbanas*: o fim da experiência urbana e as formas comunicativas do habitar. São Paulo: Annablume, 2009.

________. *Net-ativismo*: Da ação social para o ato conectivo. São Paulo: Paulus, 2017.

________. Objetos Políticos Não Identificados (OPNI) e o fim da ideia europeia de mundo. *Massimo Di Felice*. 6 de dezembro de 2018. Disponível em: https://www.massimodifelice.net/post/2018/12/06/objetos-pol%C3%ADticos-n%C3%A3o-identificados-opni-e-o-fim-da-ideia-europeia-de-mundo. Acesso em: 27 de janeiro de 2023.

________. *A cidadania digital*. A crise da ideia ocidental de democracia e a participação nas redes digitais. São Paulo: Paulus, 2021.

DI FELICE, M.; TORRES, J. C.; YANAZE, L. *Redes digitais e susten-*

tabilidade: as interações com o meio ambiente na era da informação. São Paulo: Annablume, 2012.

FRANCO, T. C. *Ameríndios Conectados*: As formas comunicativas de habitar e narrar o mundo, de acordo com as imagens dos modernos e dos Krahô. 2019. Tese (Doutorado). Teoria e Pesquisa em Comunicação. Escola de Comunicação e Artes. Universidade de São Paulo, São Paulo, 2019.

HAN, B. C. *No enxame:* perspectivas do digital. Petrópolis, RJ: Vozes, 2018.

________. *Infocracia:* digitalização e a crise da democracia. Petrópolis, RJ: Vozes, 2022.

HUMANS RIGHTS WATCH. *World Report 2023*. Janeiro, 2023. Disponível em: https://www.hrw.org/world-report/2023. Acesso em: 27 jan. 2023.

LATOUR, B. *Reagregando o social:* uma introdução à teoria ator-rede. Salvador: EDUFBA, 2012.

MAGALHÃES, M. *Net-Ativismo*: protestos e subversões nas redes sociais digitais. Lisboa: ICNOVA, 2018

________. *"Nossos sonhos não cabem nas urnas"*: a crise da política e o net-ativismo. João Pessoa: Marca de Fantasia, 2021.

MEYROWITZ, J. *No sense of place.* The impact of the eletronic media on social behavior. New York: Oxford University Press, 1985.

MEZZOFIORE, G. Time Person of the Year poll honors the women who broke the silence with #MeToo. *Mashable.* December 6, 2017. Disponível em: https://mashable.com/article/time-person-of-the-year-metoo-women-sexual-harassment#FwYFake7Paqy. Acesso em 5 fev. 2023.

MOROZOV, E. *Big Tech*: A ascensão dos dados e a morte da política. São Paulo: Ubu Editora, 2018.

PEREIRA, E. S. *Ciborgues Indigenas.Br*: A presença nativa no ciberespaço. São Paulo: Annablume, 2012.

ROZA, E. A. *Net-ativismo:* comunicação e mobilização em contextos reticulares. 2013. 175f. Dissertação (Mestrado). Teoria e Pesquisa em Comunicação. Escola de Comunicação e Artes. Universidade de São Paulo, São Paulo, 2013.

SANTAELLA, L. *A ecologia pluralista da comunicação*. São Paulo: Paulus, 2010.

SILVA, T. G.; SILVA, T. T. Black Lives Matter: o uso de dispositivos móveis no registro, denúncia e mobilização contra a violência racial nos Estados Unidos. *Aurora*: revista de arte, mídia e política, São Paulo, v.11, n.33, p. 38-55, out.2018-jan.2019

VATTIMO, G. *A sociedade transparente*. Lisboa: Relógio D'água, 1992.

VELOSO, I. C. *Feminismo digital: análise do movimento #MeToo no Brasil*. Trabalho de Conclusão de Curso [Graduação]. 2019. Curso de Jornalismo, Faculdade de Comunicação, Universidade de Brasília, Brasília, 2019. Disponível em: https://bdm.unb.br/bitstream/10483/28296/1/2019_IsabellaCoelhoVeloso_tcc.pdf. Acesso em 5 fev. 2023.

As ecologias transorgânicas e conectivas do cuidado (e da saúde) digital[1]

Silvia Surrenti[2]

Uma primeira mudança de rota: imergir na hipercomplexidade

Reler a saúde e o cuidado em termos transorgânicos e conectivos significa, antes de tudo, reler a nossa existência à luz das grandes emergências contemporâneas: os eventos pandêmicos presentes e futuros, o aquecimento global, o desmatamento da Amazônia e a digitalização do mundo. Em outras palavras, requer uma mudança de rota para imergir na hipercomplexidade do presente (LOVELOCK, 2019; MORTON, 2013).

O hoje se apresenta como uma nova condição habitativa, caracterizada por múltiplas conexões entre entidades humanas e não humanas: como os vírus, as plantas, o big data, a inteligência

1 O texto foi inspirado na palestra apresentada pela autora na mesa redonda "Cidadania Digital e o direito dos não humanos" no III Congresso Internacional de Cidadania Digital. Tradução de Marina Magalhães de Morais.

2 Professora de Sociologia do Ambiente e do Território no Departamento de Medicina Experimental e Clínica, na Università degli Studi di Firenze (Itália). Doutora em Sociologia e Ciência Política pelo Istituto Universitario Europeo di Fiesole (Itália). E-mail: silvia.surrenti@unifi.it.

virtual ou a internet de todas as coisas. Ou seja, uma vida repleta de inteligências diversas daquelas humanas e igualmente capazes de agir (MANCUSO, 2017).

Mas o hoje também se caracteriza por uma mistura de dimensões orgânicas e inorgânicas que são consequência, por exemplo, das hibridizações cada vez mais evidentes entre fatores informativos e fatores biológicos, como nos dizem os estudos de metagenômica na área médica, cujas pesquisas se baseiam em métodos de cálculo digitalizados, fundados na potência multiplicativa e conectiva do big data (PUECH, 2008). A metagenômica revelou agora como o ser humano pode ser considerado, ao mesmo tempo, um organismo e uma ecologia: uma entidade composta por bactérias e vírus em número maior que as células humanas e cujo corpo está em constante comunicação com o meio externo (GILBERT, SAPP, TAUBER, 2012). Holobionte é o termo usado pelos biólogos para descrever a relação simbiótica entre as bactérias e o hospedeiro intestinal daqueles que antes eram chamados de humanos e que, hoje, também são descritos pelo termo "mais que humanos" (TSING, 2015).

Um viver, o atual, que o filósofo Perniola (2004) teria definido como transorgânico, pois não é nem natural nem artificial, nem orgânico nem inorgânico, e em que a própria distinção entre humanos e não-humanos provavelmente está destinada a se pulverizar em uma interconexão entre todas as coisas. "Somos microcosmos do organismo Terra" destaca, a esse respeito, Ailton Krenak (2020, p.72), expoente de um pensamento indígena multinaturalista no qual o multiespecismo sempre foi uma das propriedades dos organismos vivos e não vivos.

Da mesma forma, Di Felice (2019) vê na digitalização do mundo uma nova condição habitativa reticular e interativa, semelhante aos ecossistemas em que membros humanos e não humanos (dados, redes, algoritmos) se associam por meio de dinâmicas interdependentes. Por último, mas não menos importante, Floridi (2014), utilizando o neologismo *onlife*, descreve a relação que hoje os humanos têm com o mundo e na qual é cada vez mais difícil marcar a distinção entre vida real e vida digital. Uma das consequências do *onlife* é, de fato, o florescimento de lógicas habitativas dos tipos conectivo e transorgânico devido ao fim da distinção entre humano, tecnológico e natural.

A digitalização e a hipercomplexidade do mundo também afetam os cuidados com a saúde. Nesse sentido, falarei de saúde e cuidados digitais como novas condições habitativas transorgânicas e conectivas típicas do novo mundo atual: aquele em que, entre a informação e o big data, de um lado, a natureza e a biologia, do outro, se produzem alterações constantes.

As narrativas transorgânicas da saúde (e do cuidado) digital

A vida atual tem sido descrita como a vida simpoiética em que nenhuma entidade é autônoma ou isolada (HARAWAY, 2016). Um exemplo é dado pelo vírus Covid-19 que, embora invisível, tem atuado como uma rede de redes capaz de influenciar, além da saúde, também a economia, a política, o meio ambiente e as relações sociais. O vírus foi rastreado graças a aplicativos de código de software, os quais também estão condicionando o mundo dos cuidados e da saúde. Hoje, dados, algoritmos e inteligência artificial estão transformando tanto os pressupostos do diagnóstico médico e dos modelos terapêuticos quanto a relação entre médicos, pacientes e seus pares, gerando assim novas ecologias de saúde e cuidado.

"As transformações tecnológicas sempre ocorreram na área médica, mas nunca levaram a uma transformação do *status quo* da medicina como agora" (MESKÓ et al., 2017, p.10, tradução minha). Para dar alguns exemplos, blogterapia, comunidades terapêuticas digitais, autodiagnóstico online, aplicativos para melhorar a qualidade de vida, consultas médicas online, órgãos 3D, prontuários digitais, big data e inteligência artificial, além de transformarem os princípios básicos da cuidados, estão mudando também os pressupostos da pesquisa científica, as técnicas de coleta de dados, o manejo da dor, a própria ideia de doença, bem como a percepção do nosso corpo. O *Watson for Oncology* da IBM é o primeiro sistema de suporte a decisões clínicas no âmbito oncológico conduzido por sistemas de inteligência artificial. E a telemedicina é considerada pelos *stakeholders* como a palavra de ordem dos cuidados de saúde do futuro: um exemplo de terapia que se realiza remotamente, em casa, com a ajuda de um computador e de uma ligação à internet (ASCIONE, 2018).

A literatura sociológica tem descrito as mudanças trazidas pelo digital no mundo do cuidado e da saúde com a ideia do fim da medicina mecânica e, portanto, com o advento da medicina da informação, baseada em uma nova lógica que conecta tudo (LUPTON, 2020; MOL, 2002; NETTLETON, 2004). A saúde digital tem sido narrada na qualidade de uma força cultural capaz de desafiar as práticas tradicionais de cuidados agora transformadas em complexas ecologias conectivas humanas e não humanas (dados, big data, algoritmos, vírus, bactérias etc.) e, portanto, em um novo ambiente comunicativo de vida.

Na literatura, o advento da saúde digital tem sido associado a uma alteração – um efeito disruptivo – dos rituais tradicionais de cuidado e do *status quo* da disciplina médica (BARABÁSI; GULBACHE; LOSCALZO, 2011). Exemplos disso são os cenários nas novas fronteiras da saúde que falam de avatares médicos que vão responder aos pacientes 24 horas por dia, a partir de uma base de dados global a serviço dos pacientes capaz de identificar os tratamentos disponíveis e de escolher o mais válido, de intervir a distância com robôs comandados por cirurgiões que irão operar em um continente diferente daquele do paciente.

Logo, também fazem parte dessa grande narrativa – a do efeito disruptivo – o nascimento do cuidado colaborativo entre pacientes por meio de redes sociais, plataformas de saúde, tecnologias vestíveis corporais para o automonitoramento dos parâmetros de saúde, os aplicativos para smartphones etc. Em outras palavras, a tecnologia digital submete hoje as formas tradicionais de cuidado – no contexto ocidental, aquelas centradas no binômio relacional do médico e do paciente no ambiente ambulatorial ou hospitalar – ao desafio de gerar novas condições habitativas para a saúde e a doença (GRAFFIGNA et al., 2020; MESKÓ et al., 2017; TOPOL, 2012). Tanto que a medicina contemporânea hibridizada pelos novos ambientes de vida digital também tem sido caracterizada como a medicina dos 4Ps: participativa, preditiva, personalizada, preventiva (ASCIONE, 2018).

Defino este conjunto de mudanças como o advento da info-medicina, na qual o percurso do cuidado ao paciente é cada vez mais um caminho informativo do tipo colaborativo, organizado em torno de entidades humanas e não humanas (tecnologias, dados, vírus e bactérias). É também isso que contribui para o nascimento de uma nova identidade para o paciente que pode ser assimilada à ideia de info-víduo, que Di Felice (2019) define como o todo indissociável da pessoa física e da digital, sendo a primeira orgânica e a segunda composta pelo conjunto de dados online e perfis digitais. O paciente contemporâneo também tem sido descrito como um sujeito digitalmente engajado, destinado ao autocuidado (LUPTON, 2013).

Por dentro das infoecologias digitais e transorgânicas do cuidado e da saúde

Com o aparecimento da saúde digital, o protagonismo comunicativo dos pacientes juntou-se ao protagonismo das informações e dos dados. Isso aconteceu primeiro com o surgimento da web 2.0 e das redes sociais, depois com a internet de todas as coisas e, finalmente, com a internet dos dados. A interatividade, habilidade que a web 2.0 dotou os usuários ao longo do tempo, tem sido considerada tanto como o fator democratizador do cuidado, ou seja, como a condição pela qual médico e paciente estabelecem uma relação comunicativa cada vez menos assimétrica, quanto como a dimensão útil para a distribuição de agência (quem faz o quê) entre entidades não apenas humanas (LEONELLI, 2016). Por outro lado, com a chegada dos smartphones e com a transferência quase instantânea de informação entre diferentes dispositivos – portanto, com o nascimento da *m-health*, uma vez que se tornou possível ligar diferentes objetos (os chamados objetos inteligentes) entre si –, tornou-se também possível trocar e coletar dados muito além da ação humana. Segundo Di Felice, "hoje a internet não é mais apenas uma inteligência coletiva, mas uma rede de redes de dados que, por meio de dispositivos móveis, softwares, sensores constitui o ambiente dinâmico em que vivemos e interagimos todos os dias" (2019, p. 44, tradução minha).

A cada dia, com os nossos smartphones, ou por meio de sensores e algoritmos digitais, o nosso corpo cria dados e informações com os quais monitoramos nossa atividade física, escolhemos o que comer, observamos nossos estilos de vida. O caso mais marcante é representado pelo Movimento *Self-Quantified*, nascido em San Francisco em 2007, cujo lema é o *auto-conhecimento* e o *auto-rastreamento* do corpo considerado como "dado". Ou seja, um movimento cultural interessado no rastreamento automático dos parâmetros vitais do organismo por meio do suporte de sensores digitais aplicados ao corpo ou ao ambiente, que pode ser tomado como exemplo de estratégia de saúde preventiva a tal ponto de, ao transformar matéria em informação, a internet de dados colocar em rede toda a biosfera, pela qual se tornou possível conhecer o estado de saúde das plantas, dos mares, do solo ou do ar que respiramos.

Entre as redes sociais mais utilizadas pelos pacientes para cuidados estão o *Patientslikeme* e o *Hello Health*. Nelas os utentes/pacientes trocam dados e informações sobre a sua saúde entre pares e com pacientes especialistas com quem também co-criam condições de apoio emocional. *Babylon* ou *GP (General Practice) at your hand*, por outro lado, é um aplicativo para smartphone por meio do qual o sistema de saúde anglo-saxão oferece um serviço de atenção primária aos pacientes que têm, ao alcance da mão e de um clique, uma equipe de médicos para solicitar um diagnóstico, encontrar terapias ou localizar um especialista. O aplicativo *Babylon* foi projetado com o auxílio de inteligência artificial usando big data de várias comunidades de assistência. O sistema é capaz de pensar em 100 bilhões de combinações de sintomas, doenças e fatores de risco. Os médicos da *Babylon* formulam diagnósticos e fornecem conselhos sobre sintomas e tratamentos medicamentosos usando essa rede de dados. Um terceiro exemplo são as plataformas dedicadas ao estudo do genoma humano, como a *23andMe*, usada para prever a predisposição genética dos humanos a contrair doenças específicas. Mas também há casos de hospitais totalmente digitalizados, como o *Mercy Virtual Hospital* (EUA), onde as pessoas são tratadas enquanto permanecem em suas próprias casas. Finalmente, entre tantos exemplos, o surgimento de casos de pesquisa científica participativa (*crowd-science*) também pode ser rastreado até a digitalização do cuidado e da saúde. Nos Estados Unidos, pacientes com uma mutação rara, a ROS-1, ligada ao câncer de pulmão, promoveram o primeiro ensaio clínico no campo dessa patologia. Isso aconteceu por meio de uma rede de doadores de amostras de tecidos que, graças às redes sociais, está se expandindo em todo o mundo.

Conclusões: os novos mundos conectivos do cuidado e da saúde

A natureza conectiva dos ambientes digitais está dando origem a novas ecologias de saúde e cuidados cujas arquiteturas informativas não são mais atribuíveis a contextos exclusivamente humanos, mas transorgânicos. A lógica que acompanha esses novos ecossistemas de cuidado é a da rede que expande a capacidade de ação humana para redes de dados ecológicos: big data, coisas, bactérias, etc.

Com a saúde digital, o caminho do cuidado ao paciente está se tornando cada vez mais um caminho informativo do tipo colaborativo. O digital oferece ao paciente condições compartilhadas e interativas de tratamento e diagnóstico. Com o info-cuidado, o médico perde sua centralidade e se encontra tendo que lidar com redes de pacientes, cuidadores, dados, informações e ambientes de vida conectivos.

Por meio de sensores corporais, a saúde digital produz dados mesmo na ausência de sintomas. É por isso que se deve considerar como uma experiência preventiva, preditiva e personalizada: voltada a monitorar a qualidade dos nossos estilos de vida, assim como a qualidade do ambiente em que vivemos. Por fim, o uso do digital no mundo da saúde está transformando a ideia de corpo como a medicina e a sociedade o entenderam até agora. Nosso corpo está assumindo cada vez mais a aparência de um ambiente vivo alimentado por infinitas cadeias de dados e informações.

Em razão da digitalização, o corpo hoje não é mais sujeito nem objeto de conhecimento, mas pode ser considerado como um ambiente vivo transorgânico, ou como uma rede inteligente hipercomplexa. Nas palavras de Donna Haraway (2016), com a saúde digital tornou-se possível dar visibilidade ao fato que a nossa identidade sempre foi uma espécie companheira: ou seja, um conjunto simbiótico de entidades orgânicas e inorgânicas (como tecnologias e dados). Por fim, com o digital forma-se uma nova ideia de saúde: reticular e não apenas humanocêntrica, hoje conhecida como *One Health* (a interconexão da saúde humana, vegetal e animal).

Referências

ASCIONE, R. *Il futuro della salute*. Milano: Hoepli Editore, 2018.

BARABÁSI, A. L.; GULBAHCE, N.; LOSCALZO, J. Network Medicine: A Network-based Approach to Human Disease. *Nat Rev Genet*, n. 12, p. 56-68, 2011.

DI FELICE, M. *La cittadinanza digitale*. La crisi dell'idea occidentale di democrazia e la partecipazione nelle reti digitali. Milano: Meltemi, 2019.

FLORIDI, L. *The Fourth Revolution*. How the Infosphere is Reshaping Human Reality, Oxford, Oxford University Press, 2014.

GILBERT, S. F.; SAPP, J.; TAUBER, A. I. A Symbiotic View of Life: We Have Never Been Individuals. *The Quarterly Review of Biology*, v. 4, n. 87, p. 325-341, 2012.

GRAFFIGNA, G.; BARELLO, S.; BOSIO, C.; OLIVARI, M.G. From a patient-centered care model to an engagement ecosystem: the

ASUGI model. *AboutOpen. A Multidisciplinary Open Access Journal*, v. 1, n. 7, p. 24-6, 2020.

HARAWAY, D. J. *Staying with the Trouble.* Making Kin in the Chthulucene, Duke: Duke University Press, 2016.

KRENAK, A. *A vida não é útil.* São Paulo: Editora Schwarcz, 2020.

LEONELLI, S. *Data-Centric Biology*. A Philosophical Study. Chicago: University of Chicago Press, 2016.

LOVELOCK, J. *Novacene*. The Coming Age of Hyperintelligence. London: Penguin Books, 2019.

LUPTON, D. The digitally engaged patient: Self-monitoring and self-care in the digital health era. *Social Theory & Health*, v.11 n.3, p. 256-270, 2013.

LUPTON, D. Data Mattering and Self-Tracking: What Can Personal Data Do? *Continuum*, v. 1 n. 34, p. 1-13, 2020.

MANCUSO, S. *Plant Revolution*. Firenze: Giunti Editore, 2017.

MESKÓ, B.; DROBNI, Z.; BÉNYEI, É.; GERGELY, B.; GYÖRFFY, Z. Digital Health is a Cultural Transformation of Traditional Healthcare. *MHealth*, n. 3, p. 3-38, 2017.

MOL, A. *The Body Multiple:* Ontology in Medical Practice. Durham: Duke University Press, 2002.

MORTON, T. *Hyperobjects*. Philosophy and Ecology after the End of the World, Minneapolis: University of Minnesota Press, 2013.

NETTLETON, S. The Emergence of E-Scaped Medicine? *Sociology*, v. 4, n. 38, p. 661-679, 2004.

PERNIOLA, M. *Il sex appeal dell'inorganico*. Torino: Einaudi Editore, 2004.

PUECH, M. *Homo Sapiens Technologicus*, Paris: Éditions Le Pommier, 2008.

TOPOL, E. *The Creative Destruction of Medicine*. How the Digital Revolution will Create Better Health Care. New York: Basic Books, 2012.

TSING, A. *The Mushroom at the End of the World*. Princeton: Princeton University Press, 2015.

O fortalecimento dos direitos e garantias constitucionais por meio do Portal da Transparência do estado do Tocantins

Suzana Gilioli da Costa Nunes[1]

Mariana Lacerda Barboza Melo[2]

Janete Monteiro Gomes[3]

Rodrigo José Lima Almeida[4]

---

1 Professora da Universidade Federal do Tocantins (UFT). Doutora em Administração de Empresas pela Universidade Presbiteriana Mackenzie, com pós-doutorado pela Universidade de Coimbra, com pesquisa sobre Competências Digitais de Professores, e pela Universidade Estadual Paulista (UNESP), com pesquisa ligada à Transparência Pública. Pós-doutoranda UNAMA, com pesquisa na área de Inovação Territorial/Pública. E-mail: suzanagilioli@mail.uft.edu.br.

2 Pró-reitora Acadêmica do Centro Universitário Católica do Tocantins (Unicatólica). Doutoranda em Desenvolvimento Regional pela Universidade Federal do Tocantins (UFT). E-mail: barbozafilhamariana@gmail.com.

3 Analista Técnica-Jurídica da Escola de Gestão Fazendária do Estado do Tocantins – EGEFAZ. Mestranda no Programa de Pós-Graduação Comunicação e Sociedade da Universidade Federal do Tocantins (PPGcom/UFT). E-mail: jannamonteiro@gmail.com.

4 Diretor da Escola de Gestão Fazendária do Estado do Tocantins – EGEFAZ. Mestre em Gestão de Políticas Públicas e Segurança Social pela Uni-

Introdução

As reflexões e debates acerca da transparência pública em geral estão intimamente ligadas aos fundamentos da democracia. Em verdade, em sentido mais específico a transparência pública viabiliza o acesso e troca de informações entre cidadão e governo. A década de 1990 marca de forma histórica o surgimento de leis que destacam o respeito à privacidade dos consumidores bem como às informações pessoais dos cidadãos e a regulamentação do acesso à informação (SIQUEIRA, 2022).

A representatividade ou legitimidade de um sistema político depende do conhecimento dos cidadãos sobre quais são as atividades desempenhadas pelo governo, os recursos necessários e os desdobramentos dos seus efeitos. A transparência é, assim, elevada à condição central do sistema democrático-constitucional (CUNHA FILHO, 2018).

A Lei da Transparência e a Lei de Acesso à Informação fortalecem o cumprimento da disponibilização das informações da máquina pública em canais que viabilizem a transparência das ações do governo na esfera municipal, estadual e federal, garantindo o fácil acesso do cidadão a tais informações. A transparência é vista, também, como uma forma de manter os atos dos agentes políticos dentro dos limites instituídos pelos titulares do poder político, pois ela seria um instrumento de empoderamento do conjunto de cidadãos, no sentido de exigir a prestação de contas sobre todos os atos, atitudes e decisões do conjunto de agentes políticos, constrangendo-os a atuar de maneira representativa e dentro dos parâmetros da delegação de poder (DUNN, 1999).

---

versidade Federal do Recôncavo da Bahia (UFRB). E-mail: digoanalise@gmail.com.

Em convergência ao exposto, a transparência de certa forma cumpre seu papel como instrumento de limitação do exercício do poder político, na medida em que ela constrange os agentes políticos a atuar dentro dos limites instituídos por seus representados. Para Moraes Filho (2015) a transparência torna-se, assim, um instrumento de concretização do constitucionalismo. A transparência deve permitir que os cidadãos, estando constantemente munidos de informações acerca das condutas estatais, exerçam controle sobre os agentes representativos, inclusive (mas não apenas) por meio das vias eleitorais (GAILMARD, 2014), abrindo espaço para as manifestações do controle social.

Nesta direção, são vários os possíveis mecanismos e as estratégias para assegurar a transparência pública. Nesse contexto, na reflexão ora apresentada, é direcionado o destaque para os portais de transparência do governo.

Transparência Pública

A transparência pública constitui um dos principais fundamentos da democracia. Deriva da Constituição de 1988 e fortalece a capacidade dos cidadãos de participar das decisões que afetam suas vidas, à medida que possibilita conhecer e acessar os investimentos e gastos relacionados aos direitos básicos como saúde e educação. É fundamental na gestão e funciona como forma de controle destes gastos e aprimoramento das políticas públicas.

> A Constituição Federal de 1988 traz uma marca muito importante ao processo civilizacional brasileiro. Ela amplia o conceito de público para além das fronteiras do Estado. O público foi reafirmado como imerso na sociedade. Assim, os agentes do Estado – como o são os magis-

> trados e demais funcionários da Administração Pública –, são vistos e devem se ver como servidores da sociedade. É ao interesse público que servem. As suas obrigações são mais amplas do que apenas servir ao interesse estatal. (MARTINS, 2019, p. 3)

A palavra transparência conforme o dicionário é a particularidade do que não possui duplo sentido; que se apresenta com clareza e limpidez. Por essa ótica, o principal objeto da transparência pública é a troca de informações entre cidadãos e governo. É por meio dela que a má gestão dos recursos públicos pode ser combatida, permitindo à sociedade fiscalizar diretamente a administração. Além disso, representa também um fenômeno de prestação de contas, no que se refere ao destino, à distribuição e uso destes recursos e prestação de contas por meio de relatórios com a programação das atividades desenvolvidas pelas instituições (MACIEL et al., 2019).

Como fator de impulso à participação ativa da sociedade no controle dos recursos destinados à coletividade, a transparência consiste em conjunto de plataformas que permitem o acesso da população às ações do governo, seja ele federal, estadual e municipal no que tange ao uso da verba e do patrimônio público (FONSECA, 2022).

Quando a transparência pública é fator primordial na gestão pública para orientar a administração governamental e a relação com os cidadãos, reduz-se consideravelmente a distância para com os administrados, tornando as ações e decisões voltadas à participação de processos de opinião e de tomada de decisão comum. (FONSECA, 2022)

Para Martins (2019), a publicidade e a transparência configuram valores muito relevantes. Conhecer a forma de uso dos recursos públicos e como são entregues é um dado muito importante para a organização e planejamento das ações do Estado. É um valor social e que promove o fortalecimento na prática do controle social. Além disso, constitui-se uma prestação de contas bastante relevante ao interesse da coletividade, permitindo o pleno conhecimento dos cidadãos sobre o que é desempenhado pelo Estado.

Conforme Bliacheriene, Ribeiro e Funari (2013), a transparência, na prática, quer dizer permitir informações abertas sobre atividades governamentais, a exemplo de execução de obras, salários dos servidores, quitação de dívidas, entre outros, e suas decisões. "Os governos devem mobilizar os cidadãos para que se engajem no debate público, opinem e contribuam para uma governança mais responsiva, inovadora e efetiva" (BLIACHERIENE, RIBEIRO E FUNARI, 2013).

Nesse contexto, a relação entre governantes e governados foi aprimorada com o advento dos portais da transparência, iniciado em 2004 pelo Governo Federal, que passou a possibilitar ao cidadão o acesso direto e eletrônico de diversas informações que auxiliam o acompanhamento e controle das finanças públicas. Conforme Abdala e Torres (2016), o processo de ampliação da transparência tem como finalidade diminuir o déficit de informações entre aquele que delega o poder, o cidadão/eleitor, e os agentes empossados no aparelho de Estado de maneira acessível e inteligível.

Para Fonseca (2022), o eixo central da questão transparência na administração pública está relacionada diretamente ao investimento na publicidade, tornando públicas as ações preservando os direitos de informação do cidadão, o direito de acesso e resguardando processos de articulação entre o estado, o governo e cada cidadão.

> O direito subjetivo dos cidadãos à transparência e às informações é uma necessidade do Estado de Direito e da defesa da sociedade. Contudo, é sabido que, em casos excepcionais, este direito precisa ser ponderado em relação aos demais cidadãos (intimidade, por exemplo) e para necessidades específicas (segredo industrial ou defesa do Estado, por exemplo). (MARTINS, 2019, p. 6)

Assim, a transparência tem como objetivo regular a relação jurídica que é composta do direito à informação e do dever que tem o poder público de prestá-la a todos os cidadãos de maneira ampla e essa amplitude estende-se a União, Estados, Distrito Federal e municípios, bem como os entes controlados, as empresas nas quais haja controle pelo Estado e por fim as empresas privadas que recebam verbas públicas (MARTINS, 2019).

Nesse sentido, institui-se a Lei da Transparência (LC 131/2009) para divulgar em tempo real as receitas e as despesas das entidades públicas, dentro do prazo máximo de 24h, disponibilizando em um site na internet. No Portal, as consultas estão apresentadas tanto em formato de tabelas como de gráficos, em linguagem simples, podendo ser facilmente compreendidas mesmo para quem não dispõe de familiaridade com o sistema financeiro-orçamentário brasileiro.

Lei de Acesso à Informação

No Brasil, o direito de acesso à informação foi garantido pela Constituição Federal de 1988, no artigo 5 º, inciso XXXIII, quando diz que todos têm direito a solicitar e receber dos órgãos públicos informações de interesse público e particular; entretanto, somente com a Lei de Acesso à Informação (LAI), n º 12.527/11, o referido inciso foi regulamentado.

A LAI trata de assuntos de interesse da União, dos Estados, do Distrito Federal e Municípios e, como a própria Constituição Federal estabelece, todos têm direito a receber dos órgãos públicos informações de interesse particular e de interesse coletivo ou geral, com a ressalva de que existem algumas exceções para a própria segurança da sociedade e do Estado, lembrando que esta Lei inclui toda a Administração Direta e Indireta, incluindo as entidades controladas direta ou indiretamente pelos Municípios (BRASIL, 2013).

Para garantir o pleno exercício do direito de acesso à informação, a Lei em comento estabelece quais os mecanismos, prazos e procedimentos para a entrega das informações requeridas à administração pública pelos cidadãos. Além disso, a LAI leva em consideração os princípios norteadores e reguladores da administração pública, expressos no artigo 37 da Carta Magna que são: legalidade, moralidade, impessoalidade, publicidade e eficiência, atuando no sentido de constituir uma das principais garantias dos direitos individuais, e ganhando relevância pelo fato de proteger o cidadão de possíveis abusos cometidos por agentes públicos (AMORIM; SILVA, 2014).

Nesse sentido, para Amorim e Silva (2014), é válido destacar que a garantia da moralidade, em que é necessária uma conduta ética no trato das informações, está enfocada nos artigos 32, 33 e 34, que dispõem sobre as condutas ilícitas e estipulam sanções cabíveis a pessoa física ou privada que possuir informações em razão de vínculo com o poder público e deixar de observar a Lei.

Já nos artigos 10 e 12 da Lei de Acesso à Informação está retratado o princípio da impessoalidade que prevê tratamento igualitário a todos. Nos artigos citados, os interessados podem solicitar informações por qualquer meio legítimo, vedando exigências referentes ao motivo daquele pedido e garantindo gratuidade no fornecimento destas informações. No tocante à publicidade, que é o objetivo principal da Lei 12.527/11, o foco é a transparência dos atos governamentais (AMORIM; SILVA, 2014).

Quanto ao princípio da publicidade, enfoca-se a abrangência do direito à informação que deve ser ampla no tocante às informações e órgãos envolvidos, bem como quanto aos indivíduos que poderão reivindicar esse direito. Além disso, dentre os vários pontos dessa lei, merecem destaque os incisos de I a VIII do artigo 8º, parágrafo 3º, que trazem os requisitos mínimos que os sites de órgãos e entidades públicas devem possuir para atender aos "conceitos de usabilidade, acessibilidade e arquitetura de informação, de forma que as funcionalidades dos sites dos órgãos possam, de maneira clara, respeitar as necessidades do usuário/ cidadão", e assim facilitar a compreensão de seu conteúdo (SILVA; EIRÃO; CAVALCANTE, 2013, p. 11).

Para Pinto Filho, Finger e Pinto (2021) esta lei é um instrumento para que as necessidades de informação dos cidadãos possam ser atendidas de forma fácil e acessível, possibilitando que pessoas físicas ou jurídicas recebam as informações independentemente de motivação. Nesse sentido, a administração pública deve gerir a documentação governamental de maneira a disponibilizar, por meios virtuais, uma consulta a quem precisar e sem exigir as razões do pedido, de acordo com os procedimentos e prazos previstos, desde que não tenha caráter sigiloso.

Neste contexto é que se pode destacar que a Lei 12.527/11, assim como a Lei da Transparência n º 131/2009 e outros diplomas normativos nessa linha, revela que o Estado vem buscando formas de possibilitar maior transparência nas suas ações, permitindo que seja possível acompanhar o desempenho dos governantes de forma clara e precisa. (PINTO FILHO; FINGER; PINTO, 2021).

Importante salientar que as diretrizes da LAI são divididas em dois eixos: transparência ativa e transparência passiva. Conforme Pinto Filho, Finger e Pinto (2021), a ativa é referente ao dever que tem a administração pública de promover, independentemente de solicitação, informações nos sítios virtuais da internet (PINTO FILHO; FINGER; PINTO, 2021). Refere-se ao dever que os órgão e entidades governamentais possuem de divulgar por meio de seus sites na internet informações de interesse coletivo sem precisar aguardar solicitação ou requerimento dos cidadãos. A lei determina que os órgãos e entidades públicas deverão divulgar um rol mínimo de informações, proativamente, por meio da internet.

> Ela reconhece a internet como fonte de informação relevante para a sociedade contemporânea, além de ir ao encontro de iniciativas internacionais como a Dados Abertos Governamentais, que defende a disponibilização de dados eletrônicos emanados dos governos, sob formatos abertos para a livre utilização pelos cidadãos. (SILVA; EIRÃO; CAVALCANTE, 2013, p. 13)

Já a transparência passiva é aquela materializada nas solicitações formalizadas e direcionadas ao Serviço de Informações ao Cidadão (SIC), que permite a qualquer cidadão formular seus pedidos de informação para os órgãos e entidades de maneira rápida, por meio da internet. Esse serviço, no geral, conta com uma estrutura física instalada na sede dos órgãos, em local de fácil acesso, onde servidores identificados como tal atendem presencialmente aos solicitantes, seja prestando informações ao interessado de forma imediata, quando possível, ou encaminhando o pedido para a área detentora da informação (DE LIMA; ABDALLA; OLIVEIRA, 2020).

No âmbito das ações de democratização da informação e atendendo às exigências da sociedade civil organizada, a LAI trouxe uma ferramenta para efetivar os direitos, deveres e responsabilidades que é o Sistema Eletrônico do Serviço de Informação ao cidadão – e-SIC, como instrumento que facilita o acesso da sociedade à informação e possibilitando um melhor desempenho das atividades de gestão pública. (MACIEL et al., 2019)

> Desde a sua implantação, o e-SIC tem desempenhado um importante papel, estabelecendo uma ponte entre os órgãos e entidades da gestão pública e a sociedade, contribuindo para o fortalecimento das ações de acesso à informação pública e relevante para subsidiar a tomada de decisão e os mecanismos de fiscalização (MACIEL et al., 2019, p. 148).

Dessa forma, pode-se compreender que a divisão entre transparência ativa e passiva é mais de cunho procedimental. Na transparência ativa, a iniciativa é da Administração Pública, conforme art. 8 º, a forma de acesso é pelo site e em tempo real. Já na passiva, a iniciativa é de qualquer interessado, conforme art.10; a forma de acesso é pelo SIC, segundo Art. 9º, I; Art. 10, §2º, e o tempo para resposta pode ser imediatamente ou em até 20 dias (prorrogáveis por mais 10 dias) de acordo com o artigo 11, §§1º e 2º (DE LIMA; ABDALLA; OLIVEIRA, 2020).

É nesse contexto que o ente público tem que estar preparado para responder a qualquer solicitação da sociedade, desde que tal pedido não esteja entre os casos elencados como sigilosos. No que tange ao sigilo, com a instituição da LAI, a regra geral é que a informação seja sempre pública e somente em casos específicos haverá o sigilo, isto é, quando as informações podem provocar riscos à sociedade.

A lei traz a classificação da Informação quanto ao Grau e Prazos de Sigilo, definindo as informações em ultrassecreta, secreta e reservada. A Lei de Acesso estabeleceu, nos termos dos art. 23 e 24, os casos em que são consideradas imprescindíveis à segurança da sociedade e do Estado. As informações classificadas com os tipos de sigilo, após o prazo de validade da classificação, tornam-se de acesso público (BRASIL, 2018).

> Dessa forma, vive-se hoje a cultura do acesso, na qual sabe-se que os cidadãos têm direito a informações públicas e o Estado tem o dever de provê-las, suplantando a cultura do segredo na qual a gestão pública pautava-se na ideia de reter a informações para não correr riscos. Nesse sentido, definiu-se que:
>
> Na cultura do acesso, o fluxo de informações favorece a tomada de decisões, a boa gestão de políticas públicas e a inclusão do cidadão. Pesquisas mostraram que a confiança da população no serviço público aumentou em países nos quais há lei de acesso. (CARTILHA DE ACESSO À INFORMAÇÃO PÚBLICA, 2011, p. 13)

Assim, com foco nessa premissa, observa-se que um governo aberto estimula a criação de processos e procedimentos governamentais mais transparentes. A alteração da cultura de sigilo, que muitas vezes está incorporada ao setor público, para uma cultura de abertura de informações é fundamental para a promoção do direito à informação, um direito humano fundamental e que está vinculado à noção de democracia (BRASIL, 2013).

Portanto, o acesso a essas informações – que compõem documentos, arquivos, estatísticas – constitui-se em um dos fundamentos para o aprofundamento e consolidação da democracia, ao fortalecer a capacidade dos cidadãos de participar mais efetivamente do processo de tomada de decisões que os afetam. Isto significa que a informação produzida, guardada, organizada e gerenciada pelo Estado em nome da sociedade é um bem público. Dessa forma, para que o livre fluxo de ideias e informações sejam garantidos, é extremamente importante que os órgãos públicos facilitem aos cidadãos o acesso a informações de interesse público (BRASIL, 2013).

Dessa forma, é importante ressaltar que com esta lei, institui-se uma mudança de paradigma. A informação ao público passou a ser a regra e o sigilo a exceção. Constitui-se em um avanço significativo em matéria de transparência pública e de divulgação de informações de interesse coletivo, representando um importante passo para o fortalecimento das políticas de transparência pública ao evidenciar que qualquer interessado possa ter acesso facilitado a informações oriundas de órgãos e instituições públicas (MACIEL et al., 2019).

Diante do exposto o que se observa, ainda, é que o surgimento de leis que visam a inserção social nas últimas três décadas, ocorrida no Brasil, demonstra um avanço no caminho para o fortalecimento do exercício da cidadania. Mas é importante destacar que ainda existem entraves neste processo como, por exemplo, ausência de maior domínio sobre temas ligados ao Controle Social; falta conhecimento por parte dos cidadãos sobre o que está garantido nas leis, impedindo muitas vezes a mobilização dos cidadãos em busca e defesa dos seus direitos (ANDRADE FILHO; ANDRADE, 2019).

Portal da Transparência do Estado do Tocantins

Para Gomes, Amorim e Almada (2018), a palavra transparência pode ser conceituada como a forma de demonstrar aquilo que está por trás. Para os autores, o fato de a publicidade ter precedido a transparência, em tempo e valor, possibilitou a formação da percepção contemporânea que se tem sobre o termo nos dias atuais, onde uma instituição transparente deve ter suas informações acessíveis, escancaradas e disponíveis a qualquer tempo.

Nesse contexto, a publicidade é tida como uma ferramenta de sanção social, ou seja, "um constrangimento consistente para que os indivíduos se comportem de maneira virtuosa principalmente em situações em que estejam sob forte tentação" como forma de evitar o abuso do poder político por parte das autoridades (GOMES; AMORIM; ALMADA, 2018, p. 03).

Dentro desta perspectiva, o principal objeto do processo de transparência governamental ou administrativa é a troca de informações entre cidadãos e governo. e conforme Sales, desde a edição da Lei Complementar nº 101/2000, a Lei de Responsabilidade Fiscal, o Brasil passou a adotar um novo regime de gestão dos recursos públicos, com base no planejamento, controle social dos recursos públicos e transparência (SALES, 2012).

Importante destacar que o Estado do Tocantins editou, em 2010, a Lei nº 2286 que dispõe sobre a divulgação de dados e informações pelos órgãos e entidades da Administração Pública Estadual, por meio da Rede Mundial de Computadores – Internet e instituiu o Portal da Transparência do Estado do Tocantins com a finalidade de informar os dados e as informações detalhadas sobre a execução orçamentária e financeira do Estado (TOCANTINS, 2010).

Diz a lei que a gestão do portal da Transparência é de responsabilidade da Controladoria-Geral do Estado (CGE), como órgão central do Sistema de Controle Interno do Poder Executivo. Os Órgãos e as Entidades da Administração Pública Estadual têm a responsabilidade de fornecer à Controladoria-Geral do Estado, até o décimo quinto dia do mês subsequente ao da execução orçamentária, os dados necessários para a plena consecução dos objetivos do Portal da Transparência (PGE, 2022).

Além disso, importante ressaltar que por ato do Chefe do Poder Executivo será disciplinado o conteúdo mínimo que deverá constar de cada página, bem como estabelecerá o cronograma de execução das ações de divulgação, consideradas as peculiaridades de cada órgão ou entidade. O Portal da Transparência do Tocantins apresenta todos os dados exigidos por lei como Receitas, Despesas, convênios, parcerias, licitações e contratos, entre outros (PGE, 2022).

Assim, por meio do Decreto nº 4.839/2013, o Tocantins regulamentou as normas para acesso à informação no Poder Executivo (TOCANTINS, 2013). A referida norma trouxe no capítulo II, art. 3º, a definição de que a transparência ativa no Tocantins ocorrerá por sítio institucional, "Portal da Transparência" (TOCANTINS, 2013).

Nesse sentido, em estudo de campo feito por Lyrio, Lunkes e Castello-Taliani (2019) sobre os portais eletrônicos de transparência dos estados brasileiros, o Estado do Tocantins apresentou os seguintes dados:

Quadro 1: Posição do Tocantins no Ranking dos Portais Eletrônicos de Transparência

Ranking	Tocantins	Média Nacional	Maior Nota	Menor Nota
Transparência por Estado	8 pontos	8 pontos	40 pontos	- 23 pontos
Estados em relação ao conteúdo informacional	17 pontos	9 pontos	46 pontos	- 28 pontos
Estados em relação ao fomento à cultura de transparência	- 56 pontos	- 42 pontos	72 pontos	- 60 pontos
Estados em relação à usabilidade dos portais	32 pontos	35 pontos	58 pontos	-1 ponto

Elaboração própria, adaptado de Lyrio, Lunkes e Castello-Taliani (2019).

Pelos dados da Figura 1, é importante ressaltar que o Tocantins está dentro da média nacional no quesito transparência, e quanto ao conteúdo e o fomento à cultura da transparência está acima da média nacional. Entretanto é necessário analisar que a transparência é muito mais ampla do que a simples publicização de dados por meios eletrônicos, tendo em vista que é um conjunto de processos de informação e comunicação entre as entidades públicas e a sociedade, com vistas à elaboração e transmissão de informações claras e objetivas, corroborando para a viabilização do controle social.

Para Lyrio, Lunkes e Castello-Taliani (2019), os portais de transparência são utilizados como um canal de comunicação com o governo e como forma de disseminar e reforçar a cultura de transparência no setor público. E, nesse contexto, as redes sociais se constituem em ferramenta importante para comunicação entre governo e sociedade, o que pode vir a produzir conhecimento sobre temas variados, tais como a utilização de dados abertos e serviços aos cidadãos, de forma que é possível incentivar a participação social nas decisões tomadas no setor público.

Controle Social

Com origem na sociologia, o termo 'controle social' em geral é utilizado para definir os mecanismos para a ordem social, condicionando a disciplina da sociedade aos padrões e princípios morais direcionando o comportamento do indivíduo a um conjunto de regras. Todavia, na perspectiva da teoria política, o termo é empregado para definir o controle do Estado sobre a sociedade, mas também, para definir o controle da sociedade sobre as ações do Estado.

As reflexões acerca do controle social sobre a gestão dos recursos públicos, aqui apresentadas, consideram o fato de que publicações anteriores, realizadas por autores que pesquisam e debatem o tema, revelam que o controle social ocorre de modo espontâneo, individualmente, no interior das associações civis e organizações não governamentais, ou por meio dos Conselhos de políticas públicas instituídos por lei.

Partindo do princípio que a legislação brasileira norteia a garantia do cidadão ter acesso às contas públicas e aos processos licitatórios, promover a transparência pública e estimular a participação da sociedade no acompanhamento e controle da gestão pública, constitui-se em uma alternativa eficaz para criar condições ao controle social mais efetivo e democrático. Todavia, é necessário que o cidadão conheça seus direitos e as leis que garantem o exercício da cidadania.

Nesse sentido, o controle social pode ser compreendido como a capacidade que tem a sociedade organizada de intervir nas políticas públicas, interagindo com o Estado na definição de prioridades e na elaboração dos planos de ação do município, estado ou do governo federal. A afirmação de Cunha (2003) trata o controle social como um mecanismo de distribuição do poder de decisão sobre as políticas públicas entre o Estado e a sociedade, participando de forma ativa da definição, elaboração e acompanhamento das prioridades e políticas a serem implementadas pelos entes administrativos da máquina pública.

De acordo com Alcântara (2000), o controle social corresponde ao poder legítimo utilizado pela população para fiscalizar a ação dos governantes, indicar soluções e criar planos e políticas em todas as áreas de interesse social. A definição de Alcântara (2000), comunga com o exposto por Cunha (2003), devendo ser considerado que ambos destacam o acompanhamento / fiscalização da utilização dos recursos públicos, mediante o acesso às informações. Na mesma direção, Carvalho (1995, p. 8), afirma que o controle social "corresponde a uma moderna compreensão de relação Estado-sociedade, onde a esta cabe estabelecer práticas de vigilância e controle sobre aquele".

> O controle social adquiriu força jurídica no Brasil com a publicação da Constituição Federal de 1988, que, elaborada sob grande influência da sociedade civil, através de emendas populares, estabeleceu a descentralização e a participação popular como marcos no processo de elabo-

> ração das políticas públicas, particularmente nos campos das políticas sociais e urbanas, consagrando, assim, uma conjuntura favorável à participação da sociedade nos processos de tomada das decisões políticas fundamentais ao bem-estar da população. (ALCÂNTARA, 2000)

Nesse sentido, com o controle social o cidadão atua no acompanhamento e supervisão dos gastos públicos, ampliando assim a capacidade de influência da sociedade sobre o Estado.

O Exercício do Controle Social e os desafios da realidade brasileira

De acordo com Andrade (2019), o entendimento de uma cultura do governo aberto, onde há a aproximação do cidadão do Estado, tem sido um anseio da população e não somente de ser ouvido, ou seja, não apenas em um plano conceitual, mas de influenciar em todo o processo decisório de gestão e políticas públicas, ou seja, uma participação efetiva nas decisões.

Para Jacobi (2005), tal participação é uma limitação à democracia representativa, viabilizando o controle social e a formulação de políticas públicas. Porém, o desafio deste controle são as barreiras criadas pelos órgãos públicos. Para isso é necessário que na sociedade civil surjam interlocutores coletivos desarticulados, mas motivados para o engajamento em práticas participativas – que viabilizem uma participação ativa e representativa, sem que o Estado exija nenhum tipo de dependência administrativa e financeira (ANDRADE, 2019).

Desta forma são criadas condições para romper com as práticas tradicionais. Em caráter de transparência pública, Gruman (2012) destaca:

> A transparência e o acesso não garantem a eficácia do funcionamento da máquina pública, mas, pelo contrário, sua ausência é garantia de mau uso dos recursos públicos porque livres de controle social. O acesso à informação é um instrumento, um meio para alcançar um fim, a eficácia das políticas públicas (GRUMAN, 2012, p. 104).

O Estado deveria possibilitar a cidadania ampliada instrumentalizando a população e, para isso, precisaria "criar espaços democráticos e plurais de articulação e participação" (JACOBI, 2005, p. 31-33). Sendo o controle social uma importante ferramenta de democratização das organizações, é necessário adotar uma série de práticas que efetivem a participação da sociedade na gestão (GUIZARDI et al., 2004).

A prática do Controle Social é desafiadora em função de alguns fatores, a exemplo da baixa participação popular da sociedade em conselhos gestores e fóruns de elaboração e avaliação de políticas públicas, baixa presença popular em audiências públicas, dentre outros. Esta realidade é marcada, especialmente no Brasil, que apesar de uma crescente atuação do cidadão em tais instâncias, ainda não possui a expressividade necessária:

> (...) É necessário que na sociedade civil surjam interlocutores coletivos desarticulados, mas motivados para o engajamento em práticas participativas – que viabilizem uma participação ativa e representativa, sem que o Estado exija nenhum tipo de dependência administrativa e financeira. Isso cria, portanto, as condições para romper com as práticas tradicionais – populismo, autoritarismo, clientelismo, assistencialismo, mandonismo, patrimonialismo e privatização da política nas suas diversas acepções (JACOBI, 2005, p. 31).

Com isso, os gestores públicos, ainda precisam viabilizar e estimular a efetiva participação social. A informação é o principal elemento para tornar uma sociedade capaz de transformar sua realidade. De acordo com Andrade (2019), "a educação, por sua vez, constitui-se como uma ferramenta consolidada de suma importância para o ser humano e seu desenvolvimento pessoal, principalmente para a formação de sua consciência crítica".

Portanto, a união da educação com as informações disponibilizadas pela gestão pública torna o controle social um instrumento efetivo de fiscalização dos atos do governo em esfera municipal, estadual e federal.

Considerações Finais

A questão da transparência da informação pública tem as suas bases em aspectos diretamente associados ao exercício da cidadania, o cumprimento da legislação, a democracia e o acesso à informação. Pautada na Constituição de 1988, a Lei da Transparência (LC 131/2009) determina a divulgação em tempo real das despesas e receitas públicas e a Lei de Acesso à Informação (LAI 12.527/11) garante a qualquer pessoa a acessar informações públicas podendo solicitar informações de processos, projetos, ações e ou qualquer documento público não sendo necessária a apresentação de justificativas para tal solicitação. A Lei de Transparência tem um escopo menor, uma vez que trata apenas do aspecto financeiro. Além disso, a Lei de Acesso à Informação tem o aspecto da capacidade ativa e passiva, ou seja, informações gerais são disponibilizadas nos sites e outras, a partir das solicitações, enquanto que a Lei da Transparência é proativa, e as prefeituras e câmaras municipais precisam ativamente divulgar os dados financeiros em seus mínimos detalhes, independente de solicitação.

Ambas estabelecem o redesenho do acesso à informação, proporcionando ao cidadão a participação ativa a partir do momento que lhe é dado o direito de questionar e conhecer a gestão dos recursos e tomada de decisão por parte do Estado e as questões correntes da atuação dos entes públicos nas instâncias federais, estaduais e municipais. Em tese, esta realidade abre espaço favorecendo a ação do controle social, no sentido de estimular a capacidade da sociedade organizada de intervir nas políticas públicas, atuando de forma participativa nos planos de ação e tomadas de decisão quanto à gestão dos recursos públicos junto ao Município, Estado ou Governo Federal. Contudo, junto ao exposto até aqui, considera-se que a atuação do controle social poderia ser mais expressiva, mas fatores como barreiras estabelecidas pela máquina pública e a ausência ou baixa mobilização consciente por parte da população frente às informações disponibilizadas seja de forma ativa ou passiva, constituem-se ainda, em limitadores.

O texto em tela constata que são diversos os mecanismos e as estratégias para a garantia da transparência pública. Em geral, os portais eletrônicos têm cumprido o papel de espaço para acesso público e amplo às informações do Estado. Todavia, considerando que nas reflexões apresentadas foi dado o destaque para o portal de transparência do governo, no caso do Estado do Tocantins, conclui-se por ora que com base nos estudos realizados para a construção das reflexões aqui expostas o portal de transparência do Tocantins está dentro da média nacional no que se refere à transparência, e quanto ao conteúdo e o fomento à cultura da transparência está acima da média nacional. Contudo, cabe uma análise considerando que a transparência não se limita à publicização de dados, sendo algo muito mais amplo, constituindo-se em processos de informação e comunicação entre as entidades públicas e a sociedade, permitindo a atuação do controle social. Diante do apresentado, recomenda-se mais estudos que revelem questões associadas ao tema, que porventura não foram detalhadas nas reflexões aqui apresentadas.

Referências

ABDALA, Paulo Ricardo Zilio, TORRES, Carlos Marcos Souza de Oliveira e. *A Transparência como Espetáculo:* uma análise dos portais de transparência de estados brasileiros. Administração Pública e Gestão Social, v. 8, n. 3, p. 147-158, 2016. Disponível em: https://www.redalyc.org/journal/3515/351557812003/351557812003.pdf. Acesso em: 01 set. 2022.

ALCÂNTARA, E. S. Controle social e políticas públicas. In: GONDIM, S. M. G., COSTA, M. C. O. (Orgs.). *Políticas públicas e o terceiro setor*: uma visão crítica (pp. 111-127). São Paulo: Cortez, 2000.

AMORIM, Michelle Ribeiro Lage de, SILVA, Felipe de Souza da. *Impactos da Implantação da Lei de Acesso à Informação no Serviço Público*: uma Análise das Dificuldades e Benefícios à Cidadania. XI simpósio de Excelência em Gestão e Tecnologia. Tema Gestão do conhecimento para a Sociedade, 22 a 24 de outubro de 2014. Disponível em: https://www.aedb.br/seget/arquivos/artigos14/8820506.pdf. Acesso em: 17 ago. 2022.

ANDRADE FILHO, Aroldo Carlos Ferreira; ANDRADE, Ailson de Menezes. Controle Social: Ferramenta Para o Exercício da Cidadania / Social Control: Tool for the Exercise of Citizenship. *ID on line. Revista de psicologia*, [S.l.], v. 13, n. 44, p. 945-961, fev. 2019. ISSN 1981-1179. Disponível em https://idonline.emnuvens.com.br/id/article/view/1668/2466. Acesso em: 04 set. 2022.

BLIACHERIENE, Ana Carla; RIBEIRO, Renato Jorge Brown; FUNARI, Marcos Hime. *Governança pública, eficiência e transparência na administração pública.* Fórum de Contratação e Gestão Pública. Belo Horizonte, ano 12, n. 133, jan. 2013. Disponível em: https://www.editoraforum.com.br/wp-content/uploads/2014/12/governanca.pdf. Acesso em 01 set. 2022.

BRASIL. Constituição (1988). *Constituição da República Federativa do Brasil.* Brasília: Senado Federal, 2013. Disponível em: http://www.senado.gov.br/legislacao. Acesso em: 10 jan. 2014.

BRASIL. Senado Federal. *Lei de Acesso à Informação no Brasil.* O que você precisa saber. Brasília, 2013. Disponível em: https://www12.senado.leg.br/publicacoes/estudos-legislativos/tipos-de-estudos/outras-publicacoes/lei-de-acesso-a-informacao-no-brasil-o-que-voce-precisa-saber.-uma-leitura-da-lei-no-12.527-de-18-de-novembro-de-2011-lai/lai-2013. Acesso em: 18 ago. 2022.

BRASIL. *Lei n 12.527 de 18 de novembro de 2011.* Regula o acesso a informações previsto no inciso XXXIII do art. 5º no inciso II do § 3º do art. 37 e no § 2º do art. 216 da Constituição Federal; altera a Lei nº 8.112, de 11 de dezembro de 1990; revoga a Lei nº 11.111, de 5 de maio de 2005, e dispositivos da Lei nº 8.159, de 8 de janeiro de 1991; e dá outras providências. Disponível em: http://www.planalto.gov.br/ccivil_03/_ato2011-2014/2011/lei/l12527.htm. Acesso em: 15 ago. 2022.

BRASIL. Escola Nacional de Administração Pública. *Acesso à Informação. Módulo 3, classificação de Informação e Dados Abertos.* Brasília, 2018. Disponível em: https://repositorio.enap.gov.br/bitstream/1/3144/1/M%C3%B3dulo%203%20-%20Classifica%C3%A7%C3%A3o%20de%20Informa%C3%A7%C3%B5es%20e%20Dados%20Abertos%20%281%29.pdf. Acesso em: 18 ago. 2022.

BRASIL. Controladoria Geral da União. *Manual da Lei de Acesso à Informação para Estados e Municípios.* 1ª ed. Brasília, 2013. Disponível em: https://acessoainformacao.valparaisodegoias.go.gov.br/res/docs/manual_lai_estadosmunicipios.pdf. Acesso em: 18. ago. 2022.

CARVALHO, Antônio Ivo. *Conselhos de Saúde no Brasil*: participação cidadã e controle social. Rio de Janeiro: Fase/Ibam, 1995.

CONTROLADORIA GERAL DA UNIÃO. *Acesso à Informação Pública*: uma introdução à Lei nº 12.527, de 18 de novembro de 2011. Brasília: CGU, 2011.

CUNHA, Sheila Santos. *O Controle Social e seus Instrumentos.* Salvador, 2003. Disponível em: http://socialiris.org/imagem/boletim/arq493428c8bc3db.pdf. Acesso em: 01 set. 2022.

CUNHA FILHO, Márcio Camargo. O que sabemos sobre Transparência Pública? Uma revisão bibliográfica das abordagens normativa, conceitualística e empírica. *Revista CGU.* v.10. n.16.p.878-907, 2018. Disponível em: https://revista.cgu.gov.br/Revista_da_CGU/issue/view/28/pdf_31. Acesso em: 03.nov. 202.

DE LIMA, Melina Pompeu; ABDALLA, Márcio Moutinho; LIMA OLIVEIRA, Leonel Góis. A Avaliação da transparência ativa e passiva das universidades públicas federais do Brasil à luz da Lei de Acesso à Informação. *Revista do Serviço Público, [S. l.]*, v. 71, n. c, p. 232-263, 2020. DOI: 10.21874/rsp.v71ic.4662. Disponível em: https://revista.enap.gov.br/index.php/RSP/article/view/4662. Acesso em: 17 ago. 2022.

DUNN, Delmer D. Mixing Elected and Nonelected Officials in Democratic Policy Making: Fundamentals of Accountability and Responsibility. In: PRZEWORSKI, Adam; STOKES, Susan C.; MANIN, Bernard. *Democracy, Accountability and Representation.* Cambridge: Cambridge University Press, 1999.

FONSECA, Ricardo da. Transparência Pública: *Entenda o que é a transparência pública e porque ela é tão importante.* 2022. Disponivel em: https://cr2.co/o-que-e-a-transparencia-publica/. Acesso em: 01 set. 2022.

GAILMARD, Sean. Accountability and Principal-Agent Theory. In: BOVENS, Mark; GOODIN, Robert E.; SCHILLEMANS, Thomas. *The Oxford Handbook of Public Accountability.* [S.l.]: Oxford Handbooks Online, 2014. Disponível em <https://play.google.com/books/reader?id=aaecAwAAQBAJ&pg=GBS.PT8&hl=pt-BR&printsec=frontcover&source=gbs_atb> Acesso em: 02 set. 2022.

GOMES, Wilson; AMORIM, Paula Karine Dias Ferreira; ALMADA, Maria Paula. Novos desafios para a ideia de transparência pública. *E-Compós*, [S. l.], v. 21, n. 2, 2018. DOI: 10.30962/ec.1446. Disponível em: https://e-compos.org.br/e-compos/article/view/1446. Acesso em: 2 set. 2022.

GRUMAN, Marcelo. Lei de Acesso à Informação: notas e um breve exemplo. *Revista Debates*, Porto Alegre, v.6, n.3, p.97-108, set--dez, 2012.

GUIZARDI, Francine Lubi et al. Participação da comunidade em espaços públicos de saúde: uma análise das conferências nacionais de saúde. *Revista de Saúde Pública*, Rio de Janeiro, v. 14, n. 1, p. 15- 39, jan./ jun. 2004.

JACOBI, Pedro Roberto. *Ampliação da cidadania e participação*: desafios na democratização da relação poder público-sociedade civil no Brasil. 1996. Tese (Livre Docência em Políticas Públicas - Educação) - Faculdade de Educação, Universidade de São Paulo, São Paulo, 1996. doi:10.11606/T.48.2005.tde-25102005-105004. Acesso em: 02 set. 2022.

LYRIO, Mauricio Vasconcellos Leao; LUNKES, Rogério João; CASTELLO-TALIANI, Emma Teresa. Transparência além da legislação: uma análise dos portais eletrônicos dos estados brasileiros com base em um instrumento de apoio à decisão. *Revista de Gestão Pública*. V.11, n. 2, 2019.

MACIEL, Raoni Gonçalves; FONSECA, Platini Gomes; DUARTE, Francisco Ricardo; DOS SANTOS, Ernani Marques. Sistema Eletrônico do Serviço de Informação ao Cidadão (e-SIC) e sua contribuição para a transparência: uma experiência gerencial em uma universidade federal. *Perspectivas em Ciência da Informação*, Volume: 24, Número: 2, p. 143-164. Publicado: 2019. Disponível em: https://www.scielo.br/j/pci/a/Kf5qYLfWgrPxSwTcfmdKK8y/abstract/?lang=pt#. Acesso em 15 ago. 2022.

MARTINS, Humberto. *Lei da Transparência e sua Aplicação na Administração Pública*: valores, direito e tecnologia em evolução. v. 87, p. C3, 2019. Disponível em: https://www.stj.jus.br/internet_docs/ministros/Discursos/0001182/LEI%20DA%20TRANSPAR%C3%8ANCIA%20E%20SUA%20APLICA%C3%87%C3%83O%20NA%20ADMINISTRA%C3%87%C3%83O%20P%C3%9ABLICA%20VALORES,%20DIREITO%20E%20TECNOLOGIA%20EM%20EVOLU%C3%87%C3%83O.pdf. Acesso em: 01 set. 2022.

MORAES FILHO, Marco Antônio Praxedes de. A Transparência como Instrumento de Democracia na Governança Pública Brasileira. *Revista FFBusiness* – Fortaleza – V.13, – Nº16-Jun.2016. Disponível em:https://fbuni.edu.br/sites/default/files/artigos_ffbbusiness/artigo_4_20152b. Acesso em 02 set. 2022.

PINTO FILHO, Jovino; FINGER, Andrew Beheregarai; PINTO, Ibsen Mateus Bittencourt Santana. *Acesso à Informação*: traçando um panorama da Lei 12.527/2011 a partir de uma revisão sistemática de literatura. *Revista Gestão e Desenvolvimento, [S. l.]*, v. 18, n. 3, p. 131–156, 2021. DOI: 10.25112/rgd.v18i3.2359. Disponível em: https://periodicos.feevale.br/seer/index.php/revistagestaoedesenvolvimento/article/view/2359. Acesso em: 18 ago. 2022.

PROCURADORIA GERAL DO ESTADO - PGE, 2022. Disponível em: https://www.to.gov.br/pge/transparencia/4pm7es-6dx59s. Acesso em: 03 out. 2022.

SALES, Tainah Simões. *Acesso à informação, controle social das finanças públicas e democracia: análise dos portais da transparência dos Estados brasileiros antes e após o advento da lei nº 12.527/2011.* Porto Alegre, IOB; IDP, ano 9, n. 48, p.28-48, nov. dez/ 2012. Disponível em: https://repositorio.idp.edu.br/handle/123456789/1566. Acesso em: 02 set. 2022.

SILVA, Terezinha Elisabeth; EIRÃO, Thiago Gomes; CAVALCANTE, Raphael. Acesso à Informação: notas de pesquisa. *Revista Informação & Informação*, v. 18, n.2, p.01-19, mai/jul, 2013. Disponível em: https://www.researchgate.net/publication/307698985_Acesso_a_Informacao_notas_de_pesquisa. Acesso em: 17 out. 2022.

SIQUEIRA, Mariana Pereira. *A proteção de dados no contexto internacional e a origem da LGPD.* 2022. Disponível em: https://ejur.com.br/blog/a-protecao-de-dados-no-contexto-internacional-e-a-origem-da-lgpd/. Acesso em: 03 nov. 2002.

TOCANTINS. *Lei nº 2.286, de 10 de fevereiro de 2010.* Dispõe sobre a divulgação de dados e informações pelos órgãos e entidades da Administração Pública Estadual, por meio da Rede Mundial de Computadores – Internet e institui o Portal da Transparência do Estado do Tocantins. Disponível em: <https://www.al.to.leg.br/arquivos/24106.pdf>. Acesso em: 03 out. 2022.

TOCANTINS. *Decreto nº. 4839, de 19 de junho de 2013.* Define regras específicas para o Poder Executivo quanto ao acesso à informação, e adota outras providências. Disponível em: http://servicos.casacivil.to.gov.br/decretos/decreto/4839. Acesso em: 03 out. 2022.

TRANSPARÊNCIA. *Procuradoria Geral do Estado - PGE*, Tocantins, 2022. Disponível em: https://www.to.gov.br/pge/transparencia/4pm7es6dx59s. Acesso em: 03. out de 2022.

PARTE IV

EDUCAÇÃO NA CIDADANIA DIGITAL

Uma outra universidade possível: perspectivas pós-pandêmicas, epistemes e saber tradicional

Teresa Neves[1]
Eli Borges Junior[2]
Marcelo Rodrigo da Silva[3]

Introdução[4]

1 Professora Associada da Faculdade de Comunicação da Universidade Federal de Juiz de Fora (UFJF). Doutora em Estudos Literários pela UFJF, com pós-doutorado pela Escola de Comunicações e Artes da Universidade de São Paulo (ECA/USP). E-mail: teneves@terra.com.br.

2 Professor Adjunto da Faculdade de Comunicação Social da Universidade Federal de Juiz de Fora (UFJF). Doutor em Ciências da Comunicação pela Escola de Comunicações e Artes da Universidade de São Paulo (ECA/USP). E-mail: ridolfi.eli@gmail.com

3 Professor Adjunto e coordenador do curso de Comunicação Social - Jornalismo da Universidade Federal do Amazonas (UFAM), campus Parintins (ICSEZ). Doutor em Comunicação e Estudos da Mídia pela Universidade Federal do Rio Grande do Norte (PPgEM/UFRN). Líder do Grupo de Pesquisa Visualidades Amazônicas (VIA/CNPq/UFAM). E-mail: prof.marcelorodrigo@gmail.com.

4 O presente texto constitui um relato comentado sobre as discussões ocorridas durante a apresentação de trabalhos do "Eixo 7: Uma outra universidade possível" do III Congresso Internacional de Cidadania Digital.

Poucos dias antes de morrer, o filósofo Edmund Husserl teria afirmado que toda a sua obra estaria equivocada e que era preciso reescrevê-la, já que então teria descoberto o verdadeiro objeto da filosofia (CHAUI, 2002). Para além de seu caráter hiperbólico ou quase anedótico – já que Husserl seria fonte intelectual de grandes nomes como Heidegger, Merleau-Ponty e Sartre –, o que esse comentário expressa poderia ser concebido, no mínimo, como um exercício de coragem e honestidade intelectual, frutos de uma postura crítica diligente, que parece estar de fato comprometida com a "teoria" em seu mais originário sentido: aquele da contemplação desinteressada do mundo, em que o exercício do próprio conhecer jamais capitula diante das circunstâncias em que é realizado.

Com efeito, parte do espanto diante da assertiva de Husserl deve-se justamente ao fato de que, sobretudo nos dias de hoje, os modos de produção do conhecimento parecem admitir, cada vez menos, a possibilidade do erro, do resultado malfadado ou mesmo das inconclusões, seja por deficiência dos métodos existentes, seja pela necessidade de algo cada vez mais escasso e subtraído a nosso próprio controle: o tempo. A inquietação de Husserl, que se faria ainda mais candente em sua reflexão sobre a "crise das ciências europeias" (HUSSERL, 2004), convida-nos a uma simples, mas fulcral questão: o que estamos fazendo em nossas universidades?

Tomando uma direção quase contrária àquela que caracterizaria o exercício contemplativo e desinteressado, somos envolvidos pela lógica das classificações, dos rankings e outros sistemas de avaliação, mobilizados pela pretensão de apreender "imparcialmente" as condições da realidade. Pululam no ambiente acadêmico índices de variadas naturezas, com avaliações de desempenho pessoal muitas vezes baseadas em tabelas que procuram comparar publicações a partir de critérios frouxos e cambiantes; textos que intentam surfar o temário de discussões do momento; trabalhos de consistência teórica ignorados e, ao mesmo tempo, publicações "bem avaliadas", cuja platitude não nos permitiria, muitas vezes, sequer compreender sobre o que se está tratando.

Prima facie, pode-se aventar, dentro dessa esfera nebulosa a que hoje denominamos "ciência", um certo paradoxo, que em alguma medida é sintoma dessa falta de orientação sobre o que fazemos hoje: ao mesmo tempo em que reconhecemos a necessidade de uma mudança ampla e estrutural nos modos e meios de construção e institucionalização do conhecimento, capitulamos à urgência de seus processos burocráticos, às exigências da entrega de resultados "tangíveis" e à constante prova de que nosso trabalho é importante para a sociedade. A ironia é imaginar que essa postura contraditória tenha como esteio o próprio contexto universitário, cujo edifício fora construído tendo como cimento fundamental a racionalidade. Ora, quais seriam os motivos desse contrassenso?

A questão deixa de ser meramente retórica se postulamos que o problema talvez resida não propriamente nos modos de organização dos espaços onde produzimos ciência, mas sim no próprio modelo de universidade, ou mesmo em sua incompatibilidade com nossa condição presente. Em seu artigo *Cem anos de crise*, o filósofo da tecnologia e engenheiro da computação Yuk Hui lança a provocação: "O coronavírus destruirá muitas instituições que já estavam ameaçadas pelas tecnologias digitais" (HUI, 2020, p. 212). Sem intenções alarmistas, Hui parece acreditar na possibilidade de articularmos a criação de instituições capazes de assimilar as mudanças de nossa época, sobretudo no que se refere a nossa relação com a tecnologia. O que deixa transparecer é a necessidade de um esforço capaz de repensar as articulações entre os modelos de produção de conhecimento, as características de nosso sistema econômico e as dimensões cosmológica e moral, revisando pressupostos básicos, o que parte principalmente de um profundo exame crítico do lugar que a técnica ocupa em nossa civilização.

A reflexão de Hui provoca-nos, assim, a refletir sobre o tipo de pensamento que privilegiamos em nossas salas de aula e laboratórios, assim como as possibilidades que teríamos, nessas circunstâncias, de alcançar o "novo" ou nos debruçarmos sobre algo que de fato cause incômodo à atual estrutura de poder em que esse modelo se elabora. Não teríamos incorrido na linha de erros já apontados, seja pelo próprio Husserl, seja por M. Horkheimer e seu materialismo interdisciplinar, ao insistirmos no caminho de uma racionalidade instrumental instauradora de uma sociedade "desorganizada e caótica" e uma economia "mais rica do que nunca e, ainda assim, incapaz de remediar a miséria" (HORKHEIMER, 2015, p. 11)?

A visão instrumental da ciência e as impossibilidades de um horizonte diverso reaparecem em nossa contemporaneidade, de modo ainda mais candente, quando nos deparamos, por exemplo, com as dificuldades no trânsito entre as disciplinas, ou mesmo nos limites ainda reafirmados entre elas, quase sempre relacionados a constantes disputas de poder dentro das áreas acadêmicas específicas. Essas fronteiras, mais ou menos porosas a depender dos campos em que se trafega, são ainda aquilo que orienta as formulações dos programas dos cursos de graduação, em sua maioria, permitindo, por exemplo, em muitos casos, que alunos se tornem bacharéis em cursos das ciências humanas e/ou sociais sem uma consistente formação teórico-conceitual.

O engodo da distinção "teoria x prática" (como se isso, em última medida, fosse possível) marca presença de modo ainda mais contundente nas ciências exatas, em que a formação humanística é pouco presente ou quase inexistente. O aluno, ao aprender sobre a técnica, é dela apartado; aquele que projeta, as condições em que isso ocorre, bem como as implicações sociais dos resultados, ou não comparecem nas aulas, ou ali timidamente compõem a grade programática; à sua subjetividade é interditado avançar para além do próprio processo de elaboração ou execução de um projeto. Como, no entanto, lembra-nos Anne Balsamo, ao se aventurar no ensino de cultura e crítica da ciência e da tecnologia no célebre Georgia Institute of Technology (GIT), "o importante não é apenas saber fazer as coisas, mas 'por que' são feitas e por que são feitas de determinada forma" (BALSAMO, 2012).

É possível reelaborar esses elementos apresentados a partir da noção de uma crise do ensino superior como crise na relação entre pensamento e seu lugar no contexto universitário. Sigamos, nesse sentido, em nossas próximas linhas.

Crise do ensino superior e potência do pensamento

Em 2020, os professores israelenses Tamar e Oz Almog publicaram o livro intitulado *Academia – All the Lies: What Went Wrong in the University Model and What Will Come in its Place* (*Academia – Todas as mentiras: o que deu errado no modelo universitário e o que virá em seu lugar*, em tradução livre). Em 753 páginas, ambos descrevem, de modo amplo e detalhado, uma aguda e contundente decadência do modelo tradicional de instituições de ensino superior constatada em diferentes cantos do planeta. Ainda sob o impacto mais imediato da pandemia de Covid-19, os autores compõem um retrato do que chamam de "a cultura da mentira, negação e fixação" na qual se converteu o atual modelo de universidade (ALMOG, 2020).

Em síntese, no panorama descrito pelos autores, destacam-se muitos fatores, entre eles: a falta de profissionalismo na gestão das instituições; a aderência a métodos de ensino obsoletos e alheios às transformações advindas da internet; a desconexão entre currículos e demandas da sociedade e do mercado de trabalho; a conversão de professores em servidores desprestigiados e subservientes inseridos numa linha de produção antiquada; o descrédito do grau acadêmico e a perda de atratividade da carreira acadêmica; a inflação de publicações científicas e o consequente declínio na qualidade, relevância e confiabilidade da produção científica; a degenerescência dos parâmetros empregados na avaliação da pesquisa; a obsessão por rankings que condena governos e instituições ao autoengano; a perda de potência crítica e de efetividade das humanidades.

O estudo flagra um estado de estagnação, no qual uma elite intelectual abrigada nas instituições de ensino superior dá as costas para as transformações em curso e renega sua finalidade social (ALMOG, 2020). Para os dois estudiosos, os sistemas de educação e ciência estão irreversivelmente abalados e exigem a transição para um novo modelo já esboçado pela experiência acumulada durante o período pandêmico.

Um segundo diagnóstico, em formato de relatório, foi divulgado, em 2022, por uma das maiores multinacionais de serviços profissionais do mundo, a Ernest & Young (EY), com sede no Reino Unido. O documento aponta tendências disruptivas que abalam a estabilidade das universidades tradicionais, tais como a emergência de modelos de organização educacional mais ágeis e responsivos às exigências do mercado de trabalho e da vida contemporânea (FRIDAY, 2022). Programas de estudo mais atualizados, acessíveis e de menores custos, bem como novos modos de financiamento, concorrem para que as universidades percam gradualmente seu protagonismo na formação profissional, segundo as conclusões relatadas.

Neste novo cenário, aponta o documento, as instituições de ensino superior convencionais perderiam sua superioridade hierárquica e se converteriam em uma das alternativas entre outros inúmeros provedores de serviços educacionais acessados por meio de diversas plataformas digitais, o que viabiliza drasticamente a redução de custos e a ampliação quase infinita da distribuição de conteúdo em termos de escala, alcance, diversidade e atualização. De acordo com o relatório da EY, diante das limitações impostas por sua extensa e onerosa infraestrutura física e técnica, as universidades que não se adequarem às rápidas e profundas transformações perderão legitimidade e reconhecimento, cedendo espaço de prestígio e valor para outras organizações dedicadas à formação e ao conhecimento (FRIDAY, 2022).

A se levar em conta estas projeções, para sobreviver, as instituições terão de tomar decisões embaraçosas, tais como: encerrar programas e fechar departamentos; inovar nas abordagens de ensino, conferindo ênfase ao pensamento crítico, à capacidade de discernimento e julgamento e à criatividade. Em termos de pesquisa, será necessário compatibilizar o apoio à pesquisa motivada pela curiosidade e àquela devotada à solução de problemas sociais e ambientais prementes (FRIDAY, 2022).

Ao menos dois aspectos merecem ser observados nestes diagnósticos:

1. A crise no ensino superior não se contabiliza como fracasso, mas sim como esgotamento. Esgotar quer dizer – diz o Dicionário Houaiss (2009) – "esvaziar até a última gota", "secar(-se)", "gastar inteiramente", "exaurir(-se)", "extenuar(-se)", "consumir(-se)", "arruinar(-se)", "chegar a seu termo, a seu ponto terminal"; portanto, não ter mais o que ser – por já ter sido tudo o que poderia ser. Não se trata, então, de um fracasso: a universidade se esgota por ter alcançado a sua plenitude, a sua completude, a sua totalidade; por ter consumado ou concluído as possibilidades de seu modo de ser.

2. A crise do ensino superior em seu modo de ser tal como configurado no ambiente universitário, de modo algum é fenômeno isolado. Está inserida numa crise de mundo, que se traduz como crise da racionalidade, do raciocínio, da ciência, dos conceitos, dos protocolos, dos métodos, das disciplinas, das categorizações. Crise de mundo quer dizer escassez de sentido, perda de estabilidade.

Estar lançado à instabilidade implica se tornar sensível ao fluxo incessante do devir, certa percepção obliterada, reprimida e contida pelo modo de ser metafísico do Ocidente e sob a vigência de seus princípios de permanência e transcendência, atrelados à crença numa instância superior, suprassensível, de valores destinados a vigorar acima e além do histórico, do temporal, do circunstancial. À medida que a solidez desse mundo se desmancha, a universidade passa a ser percebida como um território perecível, instável, abalado, que deixa de ser o que é, porque não pode mais ser o que foi.

Sob tais condições, estaria, agora, o ensino superior aberto a um novo horizonte de possibilidades? Suprimida a estabilidade que lhe permitiu esgotar suas possibilidades, a universidade não pode permanecer sendo o que é. Assim pensada, a crise revela-se como campo de possibilidades abertas pela impossibilidade de permanência. Os dilemas do ensino superior e as demandas que as condições existenciais de nosso tempo impõem às universidades são complexos demais para o modo de ser vigente nas instituições tradicionais.

Três pilares das instituições acadêmicas, ciência, pesquisa e democracia, são ilustrativos a respeito da incapacidade acadêmica de se haver com as inadequações de seus horizontes de respostas a demandas emergentes em nossa época. Pode-se assim sintetizar tal desconexão: não basta promover mais ciência para se combater o negacionismo; não se dissuade os movimentos antivacina com mais pesquisa sobre imunizantes; não se dobra os que reivindicam autoritarismo com mais democracia.

Os parâmetros disponíveis não são mais válidos, o que plenamente vigorava perdeu vigor. À perda de potência da efetividade corresponde uma abertura de possibilidades. Na falta de bússola, qualquer direção está autorizada. Possibilidade, porém, de modo algum, significa fim de impasses.

Sob a inspiração de Martin Heidegger, é pertinente retomar a pergunta pelo ser da universidade. O que é o ensino superior universitário? Qual o seu devir? À luz dessas indagações, é possível cotejar os embaraços e as oportunidades indicados nos diagnósticos sobre o presente e as projeções de futuro para as instituições, tais como apresentadas por especialistas, com as distinções propostas por Heidegger acerca de dois tipos de pensamento: o calculador e o meditativo. A título de hipótese, pode-se conceber a atual crise do modelo universitário como derivado da predominância de um pensamento calculador. Em correspondência, as perspectivas abertas pelas novas tendências e configurações das práticas acadêmicas revelam-se oportunidade para a eclosão de um pensamento meditativo como sendo essencial no âmbito educacional. Heidegger (1959, p.13) expressa assim o sentido do primeiro tipo de pensamento:

> O pensamento que calcula corre de oportunidade em oportunidade. O pensamento que calcula nunca para, nunca chega a meditar. O pensamento que calcula não é um pensamento que medita (*ein besinnliches Denken*), não é um pensamento que reflete (*nachdenkt*) sobre o sentido que reina em tudo que existe.

Trata-se do pensamento dirigido a um objeto a ser investigado, para conquista de domínio e resultados. Planificador e investigador, o pensamento da representação metafísica tem o propósito da funcionalidade, sempre a partir de condições prévias, em função de um objetivo pretendido e da previsão de resultados.

Já o pensamento meditativo estaria no campo de possibilidades aberto no devir do ensino superior. Trata-se, conforme Heidegger, de um pensamento que demanda grande esforço, treino demorado e cuidados delicados. Na imagem criada por Heidegger, quem medita precisa aguardar que a semente brote e seus frutos amadureçam do mesmo modo como procede o lavrador (HEIDEGGER, 1959).

É o pensamento que desperta para outro tipo de relação com o mundo, com o conhecimento, com a educação e com a formação diante das mudanças radicais nos modos de existir de nosso tempo, sobretudo frente ao impacto das tecnologias. O pensamento meditativo é aquele que se volta à preparação de um amadurecimento, de um cultivo para que algo possa nascer. Está atento ao que ainda não se mostrou, ao que só se pode perceber como mistério, como ocultamento, como retraimento. É o pensamento da serenidade, aquele que se dispõe a acompanhar a dinâmica própria do velamento/desvelamento, aquele que se oferece às possibilidades, não se sujeita ao reducionismo, às simples sistematizações, às fronteiras disciplinares.

A complexidade de nossa época é assombrosa porque exige de nós algo para o qual não estamos prontos. Heidegger (1959, p. 21) escreve assim:

> aquilo que é verdadeiramente inquietante não é o fato de o mundo se tornar cada vez mais técnico. Muito mais inquietante é o fato de o homem não estar preparado para esta transformação do mundo, é o fato de nós ainda não conseguirmos, através do pensamento que medita, lidar adequadamente com aquilo que, nesta era, está realmente a emergir.

A complexidade de nossa época exige interdisciplinaridade, revisão e recomposição de conceitos, abertura para saberes não (re)conhecidos, mudança de paradigmas, tradução para outras linguagens. É pertinente, portanto, supor que a provável fase terminal das instituições de ensino superior fertilize o terreno para que uma nova episteme possa florescer.

Saber tradicional e possibilidades epistemológicas

É nesse cenário propício que se manifestam experimentações pedagógicas, científicas e metodológicas ainda em caráter embrionário. A crise no ensino superior e o novo horizonte de possibilidades aram o solo para que germinem perspectivas epistemológicas com base em saberes tradicionais, especialmente em geografias onde a presença de tais conhecimentos e cosmovisões é mais presente e latente, como a Amazônia.

A ameaça das tecnologias digitais já estrangulava o modelo de ensino superior muito antes da pandemia de Covid-19, especialmente em *campi* universitários geolocalizados nas cidades do interior do Amazonas como em Parintins, por exemplo. Um município com emancipação centenária localizado em uma ilha fluvial com internet via rádio - cara e frágil - e abastecimento de energia gerado por uma usina de bombas a diesel sintetiza as condições ideais para o esgotamento de qualquer empreendimento que demande um aparato avançado de tecnologia digital. As constatações de Hui já eram comuns aos nativos e residentes locais mesmo antes de suas publicações. A proposta de uma postura contemplativa e desinteressada do mundo alertada nos últimos suspiros de Husserl tornou-se uma providência premente exigida ao ensino superior local, de maneira ainda mais decisiva durante a pandemia.

Nessa conjuntura, apresenta-se adiante, de forma abreviada, um exemplo de iniciativa pedagógica e interdisciplinar que dialoga com a ideia de postura contemplativa desinteressada do mundo encontrada em Husserl e o pensamento meditativo de Heidegger. Não se trata de um modelo ou proposta de solução para o cenário descrito até então. Longe disso, delineia apenas uma perspectiva de geração do conhecimento epistemológico no ensino superior que se arrisca a ultrapassar a visão instrumentalista da ciência. Um ponto de vista que se aproxima também das provocações de Viveiros de Castro (2017) e sua crítica a um modelo de epistemologia objetivista favorecida pela modernidade ocidental, em que conhecer é objetivar, é distinguir no objeto o que lhe é intrínseco do que pertence ao sujeito cognoscente, e pelo qual o que não é objetivado permanece irreal e abstrato (VIVEIROS DE CASTRO, 2017). Em contrapartida, o autor apresenta o xamanismo ameríndio, pelo qual conhecer é personificar, subjetivar, porque é preciso personificar para saber. Uma abordagem ancorada na interpretação e que vai ao encontro do pensamento meditativo heideggeriano.

Resultado mais da inquietação e curiosidade docente do que de qualquer planejamento cartesiano ou calculador, o projeto "Corpo, gesto e lugar: notas sobre a luminescência" foi pensado por três professores das disciplinas de performance, cinema e fotografia dos cursos de Jornalismo e de Artes Visuais de uma instituição brasileira, em Parintins, e outra portuguesa, em Caldas da Rainha, com o objetivo de desenvolver colaborativamente os conteúdos programáticos e experiências acadêmicas, artísticas, visuais e filosóficas com os discentes. As turmas se reuniram em encontros presenciais e remotos sincronicamente, por meio de videoconferências, em horários logisticamente viáveis para ambas, levando-se em consideração a diferença de quatro horas entre os fusos horários das cidades e a qualidade limitada de conexão com a internet.

Partindo de uma perspectiva transmetodológica (MALDONADO, 2012), cada professor buscou referências que pudessem contribuir para a construção de um diálogo em torno da temática proposta, assim como permitissem a estimulação de atividades e experimentos colaborativos e intercambiáveis. A seleção dos trabalhos e obras de referência teve como base a sensibilidade e a apreciação contemplativa de cada docente, livremente. Não foram propostos roteiros. Com a atenção voltada às relações entre corpo, lugar, natureza e as visualidades, após uma busca ativa em diversas fontes, foram compartilhadas entre as turmas as obras: a performance "*The Branch Dance*"[5], de

5 Disponível em Museum of Performance + Design: https://annahalprindigitalarchive.omeka.net/exhibits/show/performances/the-branch. Acesso em: 06 fev. 2023.

autoria de Anna Halprin e apresentada em 1957, na Califórnia; a exposição fotográfica "*Pamürimasa* – os espíritos da transformação"[6], produzida por Paulo Desana em 2021 e em exibição virtual na plataforma digital Teatro e Povos Indígenas (TePI); e o filme "*Los silencios*"[7], dirigido, roteirizado e produzido por Beatriz Seigner em 2018 e premiado em Cannes no mesmo ano.

Cada referência evidenciava a relação do corpo com a natureza, os ecossistemas e as formas de representação e simbologia do sentir e perceber corpo(s) e lugar(es). Além disso, mais fortemente nas narrativas visuais da exposição fotográfica e da produção cinematográfica se faziam presentes elementos relacionados à luminescência para representar o saber ancestral dos povos indígenas. Essa forma de expressão com base nas tintas fluorescentes como representação de corpos fantasmagóricos, espíritos da floresta ou mesmo de um conhecimento ancestral é o que se revelou como tônica das discussões sobre visualidades envolvendo os assuntos corpo e lugar dentro do projeto, perpassando os pontos de vista das três disciplinas em questão. Gradualmente, as possibilidades de experimentação das linguagens relacionadas a essas visualidades também se tornaram um convite à imersão dos professores e alunos nesse universo de significações e cosmogonias. As práticas e observações teóricas das disciplinas passaram, então, a convergir para a observação das formas de vida, expressão, representação e sentido do ser e perceber as visualidades sobre o corpo e lugar a partir do saber tradicional dos povos amazônicos e suas cosmovisões.

6 Disponível em TePI – Teatro e os Povos Indígenas: https://tepi.digital/obra-pamurimasa-os-espiritos-da-transformacao-brasil/. Acesso em: 06 fev. 2023.

7 Disponível em Miríade Filmes: https://miriadefilmes.com.br/pt_br/portfolio-item/los-silencios/. Acesso em: 06 fev. 2023.

Expandindo-se as conexões de saber, foram ampliadas as leituras sobre o xamanismo ameríndio em Viveiros de Castro (2017), o habitar xamânico em Moreira (2017) e o depoimento do xamã Davi Kopenawa ao antropólogo francês Bruce Albert no livro *A queda do céu: palavras de um xamã yanomami* (2015). O relato de Kopenawa é abundante em referências visuais ricas em nuances, brilhos e contrastes luminosos. A floresta, seus seres e fenômenos são descritos em imagens que causam impacto visual, oscilando entre assombro e maravilhamento:

> Por isso os xapiri cintilam como estrelas que se deslocam pela floresta. [...] Seus dentes são imaculados e brilhantes como estilhaços de vidro. [...] Em suas danças de apresentação, os xapiri agitam jovens folhas desfiadas de palmeira hoko si, de um amarelo intenso e brilhante. Movem-se em ritmo lento, flutuando com leveza no mesmo lugar acima do solo. [...] Brandem imensos sabres, projetando raios de luz em todas as direções como se agitassem espelhos à sua volta. Avançam numa luminosidade ofuscante, como a dos faróis dos carros à noite. (KOPENAWA; ALBERT, 2015, p. 160)

A cada nova leitura se estabeleciam conexões de sentido entre as referências estudadas no decorrer das disciplinas. Na mesma medida, a contemplação individual dos participantes do projeto sobre as relações entre corpo e lugar, a partir do conhecimento assimilado nos estudos e experimentações baseados no saber tradicional ameríndio e na linguagem da luminescência, demandava esforços crescentes de transformação do perceber. Professores e alunos construíram colaborativamente ambiências de reflexão em torno das formas de percepção do corpo material/imaterial, expandindo-se para a espiritualidade e na ecologia da comunicação xamânica.

> A árdua tarefa da tradução xamânica, que consiste em passar por entre códigos apenas parcialmente equivalentes e reconstruir expressões por meio do estabelecimento de conexões entre sons, imagens e outros códigos [...], ultrapassa a coerência discursiva e adquire uma dimensão performática expressa nesses múltiplos planos sensórios. (MOREIRA, 2017, p. 138)

Associadas às tecnologias xamânicas de atualização das virtualidades (GARCIA DOS SANTOS, 2013), foram propostas aos alunos atividades baseadas também no tensionamento das linguagens narrativas relacionadas às experimentações tecnológicas, no sentido proposto por Murray (2003) quando discute a adaptação dos formatos narrativos a partir das possibilidades de enunciação dos meios de comunicação e expressão e o uso que fazemos das novas tecnologias; os alunos desenvolveram atividades no decorrer das disciplinas combinando diferentes linguagens.

Na disciplina de performance, os alunos foram estimulados a pensar a relação de seus próprios corpos com o lugar. Seus lugares de origem; a relação de seus corpos com a ancestralidade; as formas de representação dos corpos ancestrais em seu cotidiano; as imagens, as fotografias. Todos foram convidados a perceber o corpo material e reconhecer o corpo imaterial que se faz presente pelas visualidades dos elementos que os rodeiam. Na disciplina de cinema, a percepção sobre as materialidades e imaterialidades dos corpos e suas relações com o lugar foram tensionadas a partir das experimentações de linguagens narrativas. Os participantes foram convidados a buscar formas de representação dos diferentes corpos em diferentes planos (físico/etéreo); experimentar linguagens baseadas na expressão simbólica dos corpos a partir da luminescência; pensar a luminescência como linguagem; experimentar a produção de sentidos na sequência cinematográfica a partir do binômio luz (fluorescente) e sombra. Na disciplina de fotografia, os alunos foram convidados a representar em seus próprios corpos os corpos de seus ancestrais com tintas luminescentes. Todos foram estimulados a construir formas, linhas e desenhos que trouxessem à materialidade de seus próprios corpos os outros corpos sutis que passam a se materializar pela expressão visual. Depois de pintados, os alunos puderam performar e fotografar no escuro e com o auxílio de luz negra o resultado do efeito luminoso que eles mesmos criaram.

O entendimento do corpo além de sua materialidade, expandido pela espiritualidade com base no saber tradicional tornou-se uma questão central no âmbito do projeto. O percurso pedagógico e didático das disciplinas foi construído em grupo, em um fluxo de todos para todos, sendo adaptado a cada novo conhecimento compartilhado e assimilado, e culminou na descoberta de cosmovisões e saberes tradicionais de outra ordem, novos para os participantes do projeto.

O projeto "Corpo, gesto e lugar: notas sobre a luminescência" ainda está em curso e segue aberto para incorporar possíveis desdobramentos. Uma aula aberta já foi realizada em Portugal, em maio de 2022, quando foram compartilhados os primeiros resultados do trabalho colaborativo. Atualmente, o projeto está na fase de compilação das atividades realizadas pelos alunos, recolha de registros e relatos, visando compor uma publicação. O formato aberto do projeto possibilitou encontrar questões para além do entrelaçamento entre corpo, lugar e as visualidades relacionadas ao tema. Essa perspectiva permite um retorno à ideia do pensamento meditativo heideggeriano enquanto proposta de uma postura aberta ao devir no ensino superior, não se sujeitando às fronteiras disciplinares.

O percurso até aqui traçado, para além do estudo e expansão da percepção sobre a materialidade e imaterialidade do corpo, suas relações com o lugar e as linguagens visuais de produção de sentidos com base na cosmovisão ameríndia, propõe um debate (ou um embate) importante a ser discutido em âmbito acadêmico: a abertura, reconhecimento, legitimação e valorização do saber tradicional ameríndio enquanto ciência geradora de novas epistemes.

Inconclusões

O novo horizonte que se apresenta diante da necessidade de transformação do quadro de esgotamento que configurou a crise do ensino superior colide diretamente com um sistema logístico-econômico cristalizado de elaboração e estoque de produções universitárias em um ritmo descompassado em relação à sua socialização e efetiva contribuição à vida.

Mas visibilizar alternativas de atualizações nas lógicas metodológico-pedagógicas e científicas de geração e efetiva utilização de conhecimentos originários do ensino superior é um desafio que, possivelmente, exigirá do ser humano aquilo que pode aparentar ser o mais contraditório para a tradição científica e os modelos instrumentais consolidados até a modernidade ocidental: a subjetivação dos saberes, a atenção à complexidade ecológica das formas não humanas de inteligência e a conexão de todas as coisas.

O saber tradicional ameríndio é um exemplo de cosmologia que evidencia as limitações, lacunas e fissuras nas bases do modelo do ensino superior em crise. A iluminação dos xamãs, a ciência dos pajés, a tecnologia das medicinas da floresta, a comunicação dos não humanos e das formas datificadas são exemplos de conhecimentos e ciências que demandam transformações profundas nas formas de perceber todos os mundos coexistentes para serem acessados e estudados pelas mentes universitárias.

Entregar-se ao devir do desconhecido em uma empreitada contemplativa e meditativa, e experimentar o não-método, a ausência de roteiro prévio, o descontrole do tempo, a não contagem de páginas, caracteres ou dimensionamento dos espaços em branco, o pensamento fora da lógica moderna ocidental instrumentalista e a atenção às inteligências que coexistem para além dos sentidos, da matéria e do pressuposto antropocêntrico e social são exercícios que podem transformar o ensino superior naquilo que ele já não consegue ser.

Referências

ALMOG, Tamar; ALMOG, Oz. *Academia: All the Lies:* What Went Wrong in the University Model and What Will Come in its Place, 2020.

BALSAMO, Anne. *An Interview with Anne Balsamo.* FUTURE NON STOP. A Living Archive for Digital Culture in Theory and Practice. Institute for New Culture Technologies, World-Information Institute, 2012. Disponível em: http://future-nonstop.org/c/30f8692160789f1d476efeabcef9a5ba. Acesso em: 18 jan. 2023.

CHAUI, Marilena. *Experiência do pensamento:* ensaios sobre a obra de Merleau-Ponty. São Paulo: Martins Fontes, 2002.

FRIDAY, Catherine. *As universidades do passado continuarão a existir no futuro?* Disponível em: https://www.ey.com/pt_br/education/are-universities-of-the-past-still-the-future. Acesso em: 26 out. 2022.

GARCIA DOS SANTOS, Laymert. Tecnologia, natureza e a "redescoberta" do Brasil. In: REIS DE ARAÚJO, Hermetes (org.). *Tec-*

nociência e Cultura: ensaios sobre o tempo presente. São Paulo: Estação Liberdade, 1998.

KOPENAWA, Davi; ALBERT, Bruce. *A queda do céu*: palavras de um xamã yanomami. São Paulo Companhia das Letras, 2015.

MALDONADO, Alberto Efendy. A transmetodologia no contexto latino-americano. In: MALDONADO, Alberto Efendy (Et al.) (Orgs). *Epistemologia, investigação e formação científica em comunicação*. Rio do Sul; Natal: Unidavi; Editora da UFRN, 2012.

MOREIRA, Fernanda Cristina. As formas comunicativas do habitar xamânico. In: DI FELICE, Massimo; PEREIRA, Eliete da Silva. *Redes e ecologias comunicativas indígenas*: as contribuições dos povos originários à teoria da comunicação. São Paulo: Paulus, 2017.

MURRAY, Janet. *Hamlet no Holodeck*: o futuro da narrativa no Ciberespaço. São Paulo: Itaú Cultural - Unesp, 2003.

HEIDEGGER, Martin. *Serenidade*. Tradução de Maria Madalena Andrade e Olga Santos. Lisboa: Instituto Piaget, 1959.

HORKHEIMER, Max. *Teoria crítica:* uma documentação [1968]. Tomo I. São Paulo: Perspectiva: 2015.

HUI, Yuk. *Tecnodiversidade*. São Paulo: Ubu, 2020.

HOUAISS, Antônio. *Dicionário eletrônico Houaiss da língua portuguesa*. Rio de Janeiro: Objetiva, 2009.

HUSSERL, Edmund. *La crise des sciences européennes et la phénoménologie transcendantale* [1936]. Paris: Gallimard, 2004.

VIVEIROS DE CASTRO, Eduardo. A floresta de cristal: notas sobre a ontologia dos espíritos amazônicos. *Cadernos de Campo*, São Paulo, n. 14/15, pp. 319-338, 2006.

________. *A inconstância da alma selvagem*. São Paulo: Ubu, 2017.

Metaversos e novos mundos numa ecologia de inteligências: o habitar da cidadania digital na educação OnLIFE

Eliane Schlemmer[1]

Introdução

O processo de digitalização, datificação e algoritmização do mundo, associado à expansão da conectividade, vem incidindo sobre o mesmo em nível ontológico, antropológico, sociológico e epistemológico (DI FELICE, 2020; ACCOTO, 2020; FLORIDI, 2014).

Transformar átomos em bits altera o ser das coisas, a essência da realidade, fazendo emergir novas materialidades, realidades hiperconectadas, que transformam e criam novas relações com o ambiente. Isso implica repensar quem somos e a própria

1 Professora-pesquisadora titular do Programa de Pós-Graduação em Educação e do Programa de Pós-Graduação em Linguística Aplicada na Universidade do Vale do Rio dos Sinos (UNISINOS). Doutora em Informática na Educação pela Universidade Federal do Rio Grande do Sul (UFRGS), com pós-doutorado em Educação – Ecossistemas de Inovação na Educação na Cultura Híbrida e Multimodal pela Universidade Aberta de Portugal. Conceptora e líder do Grupo Internacional de Pesquisa Educação Digital - GPe-dU UNISINOS/CNPq. E-mail: elianeschlemmer@gmail.com.

compreensão que temos do humano nesse mundo hiperconectado, em que coexistem diferentes inteligências. Nesse contexto, a compreensão do que é social, bem como as relações sociais também se transformam, uma vez que não nos relacionamos somente com outros humanos, mas também com entidades não humanas (dados, algoritmos, inteligência artificial, redes neurais, arquiteturas e plataformas digitais, vírus, clima, floresta, etc.), o que contribui para a ampliação do que hoje entendemos por sociedade. Consequentemente, isso muda a forma como conhecemos o mundo, como acessamos e produzimos conhecimento, pois passamos a habitar uma infinidade de arquiteturas e plataformas digitais em rede, num contexto de inteligências diversas, constituindo uma Ecologia de Inteligências.

Isso nos leva a problematizar o paradigma vigente na Educação – cujo ensino é centrado no conteúdo, no professor, e focado na memorização, onde quem faz a pergunta é o professor e cabe ao aluno dar respostas – frente a novos mundos, constituídos por metaversos, realidade virtual, realidade aumentada, sensores, *wearables*, *chatbot*, agentes inteligentes, agentes comunicativos, entre outros que potencializam distintas formas de habitar e nos instigam ao desenvolvimento de uma cidadania digital em novas arquiteturas de conhecimento. Problematização essa que implica o deslocamento de uma visão antropocêntrica e dualista do mundo para uma compreensão de mundo constituído por redes ecológicas inteligentes, que formam um ambiente de hiperinteligências (LOVELOCK, 2019).

É nesse contexto que abordaremos a tecnologia de metaverso na composição de novos mundos hibridizados com inteligências diversas; as metodologias inventivas (SCHLEMMER, 2018, 2020, 2022) e a emergência do conceito de Educação On-

LIFE e das plataformas de interação ecológica; e o habitar da cidadania digital na Educação OnLIFE e a necessidade de uma nova política cognitiva na Educação.

Metaversos, novos mundos e inteligências diversas na Educação

Metaverso, em que "meta" significa o que transcende, que vai além, e "verso", abreviatura de universo, é um termo que emerge em 1992, em um romance pós-moderno do gênero da ficção científica, intitulado *Snow Crash*, escrito por Neal Stephenson. Enquanto desenvolvimento tecnológico, remonta a meados de 1970, anterior à Internet, com os primeiros mundos virtuais textuais multiusuários – *Multi-User Dimension* ou *Dungeon* (MUD)[2], que em 1990, com a possibilidade de ter salas e objetos programáveis, evoluíram para os MUD *Object Oriented* (MOO). Em 1993, a criação da *Virtual Reality Modeling Language* (VRML)[3] tornou possível a criação de *front-ends* gráficos, originando, em 1995, o primeiro MOO de educação – a *Diversity University*[4]. No mesmo ano é criado o Alpha World – primeiro servidor de Mundos Digitais Virtuais em 3D – MDV3D, popularizado em 1997 com o

2 Tecnologia que combina elementos de jogos de Role Playing Game (RPG), *hack and slash* (tipo de jogo cujo foco é o combate corpo a corpo), ficção interativa e bate-papo on-line, criando um tipo de realidade virtual baseada em texto, na qual os jogadores interagem de forma síncrona. Os MUDs são também considerados os precursores dos *Massive Multiplayer Online Role Play Games* (MMORPG).

3 Uma linguagem para especificação de simulações multiusuário interativas – mundos virtuais interligados por meio da Internet e linkados dentro da World Wide Web.

4 Possibilitava entrar no Inferno de Dante e experimentá-lo, interagindo com os objetos.

lançamento do Active Worlds[5], primeiro metaverso para a construção pública de MDV3D, no qual iniciei a pesquisa sobre Educação em Metaversos com a criação do AWSinos.

Posteriormente, com a evolução da capacidade computacional e a popularização da Internet, um mundo de jogos, aplicativos e metaversos, com tecnologias gráficas em 3D, começaram a surgir. Entre os mais conhecidos está o *Second Life* - SL[6], criado em 2003, pela empresa Linden Labs, e o *OpenSimulator – OpenSim*[7] (software livre), nos quais criamos em 2006 a Ilha UNISINOS, em 2007 a Ilha RICESU (ambas no SL) e, em 2008, o Mundo GPe-dU, no OpenSim. Acompanhando a criação, em 2005, do Roblox e, em 2009, do Minecraft, ambos destinados ao público infantil, desenvolvemos nessas plataformas diferentes pesquisas. Em 2017, a Linden Labs lança o metaverso Sansar[8], com uma *engine* que torna possível produzir conteúdos, jogos e experiências para óculos de Realidade Virtual (RV).

Nessa primeira geração a tecnologia de metaverso foi definida como sistemas dinâmicos, multiusuários e persistentes, criados em 2D ou 3D, e que se modificam em tempo real à medida que os avatares interagem com eles (SCHLEMMER, 2008; SCHLEMMER & BACKES, 2015). Alguns desses metaversos apresentam a funcionalidade de *sandbox* (que possibilita a cocriação, em rede), são persistentes (mantêm as construções anteriores, permitindo dar continuidade à criação) e disponibilizam uma variedade de opções que permitem ao humano, corporificado pelo avatar, interagir, criar e cocriar diferentes MDV2D ou MDV3D que podem

5 Disponível em: www.activeworlds.com. Acesso em: 22 jan. 2022.

6 Disponível em: www.secondlife.com. Acesso em: 22 jan. 2022.

7 Disponível em: opensimulator.org. Acesso em: 22 jan. 2022.

8 Disponível em: https://www.sansar.com/. Acesso em: 22 jan. 2022.

ser uma representação, simulação, interpretação ou invenção online, e potencializar experiências de realidade virtual (ERV) e experiências de virtualidade real (EVR), num universo navegável e habitável, o que pode potencializar o sentimento de imersão com dispositivos de RV. Os metaversos passaram então a ser habitadas por pesquisadores de diferentes áreas de conhecimento e lugares do mundo, com objetivos diversos.

No campo da Educação, embora a tecnologia de metaverso, compreendida como plataformas de mundo aberto (SCHLEMMER & DI FELICE, 2020), não tenha sido efetivamente apropriada, o Grupo Internacional de Pesquisa Educação Digital - GPe-dU, desde 1999, vem desenvolvendo pesquisas e criando diferentes MDV3D com o objetivo de melhor compreender-se o conhecimento nesses novos mundos e como eles podem potencializar o ensino e a aprendizagem.

Passadas mais de três décadas desde o surgimento das primeiras plataformas de metaversos, a pandemia do Covid-19 e o anúncio realizado pela empresa Meta, sobre um investimento milionário na criação de um novo metaverso, colocaram essa tecnologia em evidência. Organizações como a Microsoft, a Niantic e todo um ecossistema empresarial focado na tecnologia passaram a divulgar seus planos de desenvolvimento de metaversos. Esse movimento, agora num outro contexto de desenvolvimento tecnológico e de conectividade, com os *wearables*, *Extended Reality* – XR (Realidade Virtual, Realidade Misturada e Realidade Aumentada), sensores, geolocalização e conexão 4G e 5G, dão origem a uma segunda geração de metaversos.

Nessa segunda geração, para além da definição elaborada anteriormente, emerge uma segunda abordagem – os Metaversos da Vida "Real" – que consiste num sistema que imputa elementos digitais, por meio da Realidade Aumentada e Realidade Misturada, em espaços físicos, geográficos, que o humano habita, potencializando e ampliando a experiência com/no próprio mundo.

O desenvolvimento de diferentes pesquisas envolvendo essa segunda abordagem na interação com a primeira abordagem possibilitou a construção de uma conceituação mais ampla envolvendo ambas, a qual é assim expressa por Di Felice e Schlemmer (2022, p. 13-14):

> Metaversos são ecologias que possuem uma arquitetura vinculante, mas dependente das interações entre tecnologias XR, dispositivos vestíveis, softwares, pessoas, e que transformam as experiências humanas, alterando o nível de percepção, formas do sentir, condição habitativa, modificando-se em tempo real à medida que as diversas entidades interagem entre si[9].

O conjunto de universos e metaversos possíveis que o humano habita e coabita com outras entidades humanas e não humanas, o que compreende tudo o que existe, seja constituído por átomo, bit ou ainda pelo imbricamento destes, é denominado de multiverso. Esses multiversos são enriquecidos por inteligências diversas, onde a inteligência humana hibridiza-se e potencializa-se com a inteligência de máquina, a partir da Inteligência Artificial (IA) e das Redes Neurais (RN), numa simbiose e mestiçagem (SERRES, 1993).

Conceitos como IA, RN, *ChatBot*, agentes comunicativos, agentes inteligentes, não são novos. Em 2003, o GPe-dU, em parceria com o Programa de Pós-Graduação em Computação Aplicada da UNISINOS, desenvolveu o ET, *um Embodied Conversational Agent* (ECA), que mudava o humor conforme o

9 Essa definição inspirou a criação da metodologia inventiva VersOnLIFE, a ser explicitada em item específico.

diálogo com o humano se desenvolvia e, na sequência, a Mariá, um ECA com aspecto humano. O objetivo foi investigar a interação de humanos com ambos os ECAs a fim de potencializar a aprendizagem (SCHLEMMER, 2004; SCHLEMMER et al., 2005). Posteriormente, a Mariá passou a fazer parte do ECODI UNISINOS (SCHLEMMER et al., 2006), uma tecnologia-conceito, criada em 2006, que hibridiza a tecnologia de ambiente virtual de aprendizagem, ECA e Metaverso, o que nos instigou a aprofundar a pesquisa no âmbito do hibridismo a partir da apropriação de tecnologias pervasivas e ubíquas, o que deu origem, em 2013, à tecnologia-conceito ECHiM (SCHLEMMER, 2014, 2016) e, em 2017, ao conceito de Educação Híbrida e Multimodal (SCHLEMMER, 2016, 2020a).

Recentemente, devido aos avanços em IA, RN, aprendizagem profunda e do processamento de linguagem natural, novos desenvolvimentos têm surgido, entre eles o Dall.E[10] e o ChatGPT, ambos criados pela empresa norte-americana OpenAI e lançados, respectivamente, em fevereiro de 2021 e junho de 2020, sendo que esse último se popularizou em novembro de 2022, com uma versão melhorada, o GPT-3. Somente em janeiro de 2023, o ChatGPT-3 foi habitado por 100 milhões de usuários[11]. Ao entrar no prompt do ChatGPT com a seguinte pergunta: "O que é o ChatGPT?", obtém-se:

> ChatGPT-3 é uma rede neural de linguagem desenvolvida pela OpenAI. É a terceira versão de um modelo de linguagem baseado na arquitetura transformer, conhecido como GPT (Generative Pretrained Transformer). O ChatGPT-3 é considerado um dos modelos de linguagem mais

---

10 Sistema baseado na IA capaz de criar imagens e arte realistas a partir de uma descrição em linguagem natural.

11 Dados do relatório do banco suíço UBS, recorde da plataforma com crescimento mais rápido da história.

> avançados do mundo, treinado com milhões de exemplos de texto na internet. Ele é capaz de gerar texto coerente e responder perguntas com uma variedade impressionante de assuntos. Além disso, ele pode ser usado para tarefas de processamento de linguagem natural, como tradução, sumarização e geração de texto. (ChatGPT, 2023)

O fato é que temos hoje uma tecnologia capaz de dar respostas a uma infinidade de perguntas de forma surpreendente, o que nos força a superar, ou pelo menos problematizar, o paradigma que ainda vigora na Educação, nos instigando, mais do que nunca, no sentido de buscar do aluno não a resposta, mas a pergunta, a problematização, e a invenção.

Entretanto, algumas instituições educacionais já se manifestaram proibindo o seu "uso". Novamente, o que poderia se constituir numa oportunidade para superarmos o paradigma da educação tradicional é banido das escolas. E quanto aos próximos que surgirem, a escola e a universidade continuarão a ignorá-los?

E se no lugar de ignorar, proibir, banir, pudéssemos habitar, de uma forma conectiva, experiencial, operando com essa inteligência diversa, a partir de potências próprias da inteligência humana? Poderíamos experimentar diferentes formas de fazer a pergunta, em línguas distintas, comparar, analisar e problematizar os *output* e, dessa forma, ir se apropriando, se agenciando com essa inteligência de máquina, num processo enativo-conectivo de co-emersão, que poderia levar à invenção de novas metodologias e práticas, ao proporcionar novos habitares pedagógicos (KASTRUP, 1999, 2015; SERRES, 1993, 2013). É essa forma de aprender no coengendramento de inteligências distintas que se pode instigar a invenção.

Estamos diante de mais uma provocação à visão antropocêntrica que temos do mundo, a partir da qual desenvolvemos uma relação de uso e muitas vezes até de exploração, com tudo o que não é humano. Ora, não se trata simplesmente de um uso, uma vez que a curiosidade e a desconfiança instigam a apropriação, e a necessidade acabará por provocar a invenção, pois todos precisam sobreviver, profissionais, instituições, etc. Para isso, mais do que adaptação, estamos falando em transformação (SCHLEMMER, MORGADO & MOREIRA, 2020), o que aponta para a emergência de novas epistemologias que nos ajudem a compreender a origem do conhecimento nesses novos mundos habitados por inteligências diversas, bem como novas teorias de aprendizagem que possam subsidiar a Educação no século ecológico. Essas questões estão sendo investigadas pelo GPe-dU/UNISINOS e pelo Centro Internacional de Pesquisa ATOPOS/USP.

Metodologias Inventivas e a emergência do conceito de Educação OnLIFE e das Plataformas de Interação Ecológica

No âmbito educacional, em diferentes níveis e modalidades, presenciamos o uso/transposição de metodologias que se fundamentam em epistemologias e teorias de aprendizagem de uma cultura pré-digital, onde o ensinar e o aprender ocorriam, predominantemente, num tempo síncrono, com presenças físicas no espaço da sala de aula, geograficamente localizada nas instituições educacionais. Assim, vimos a Escola Nova de James, Dewey e Chalaparède, cuja proposta envolve metodologias de ensino centrada na aprendizagem pela experiência e no desenvolvimento da autonomia do sujeito, dar origem às metodologias ativas (SCHLEMMER, 2022).

Enquanto as metodologias ativas se fundamentam na epistemologia interacionista e nas teorias da ação, com foco na aprendizagem ativa do sujeito (visão antropocêntrica), como forma de (re)solução de problemas, o que propicia um nível de atenção à vida pragmática, as metodologias inventivas (cf. Schlemmer, 2018, 2020a, 2020b, 2021a, 2022) emergem no contexto da Educação Híbrida e Multimodal (SCHLEMMER, 2016, 2020a) e se desenvolvem fundamentadas nas epistemologias reticulares e conectivas num habitar atópico (DI FELICE, 2009, 2012, 2013, 2017), sendo a aprendizagem compreendida enquanto invenção em ato conectivo transorgânico (visão ecológica), bem como em elementos presentes no método cartográfico de pesquisa-intervenção (PASSOS, KASTRUP & ESCÓSSIA, 2012; PASSOS, KASTRUP & TEDESCO, 2014), como forma de problematização, de invenção de problemas, instigando, portanto, um nível de atenção suplementar à duração, ao percurso.

Ressalta-se a contribuição do método cartográfico de pesquisa-intervenção enquanto potência para inspirar novas metodologias articuladas à necessidade de compreender a complexidade do fenômeno das aprendizagens num contexto de inteligência diversas, justamente devido à sua característica intervencionista, bem como de acompanhamento de percurso. Nesse sentido, o método nos ajuda a identificar pistas produzidas em atos conectivos transorgânicos que emergem do/no percurso da aprendizagem inventiva, as quais orientam (vão dando forma) à construção de metodologias inventivas, permitindo a sua sistematização e validação encarnada, ou seja, no habitar pedagógico conectivo.

Assim, as metodologias inventivas representam uma ruptura com a visão antropocêntrica do mundo, com as concepções epistemológicas pré-digitais e com as teorias de aprendizagem focadas na teoria da ação, sendo esta exclusivamente humana. Essa ruptura, por sua vez, implica na superação dos binarismos sujeito-objeto (S-O), indivíduo-meio ambiente (I-MA), organismo-meio (O-M) e das centralidades (ora no conteúdo, ora no professor, ora no estudante), dando lugar à conexão em redes digitais, entre inteligências diversas, numa lógica ecossistêmica.

Nessas metodologias a aprendizagem inventiva em ato conectivo transorgânico se dá num hibridismo de tecnologias, espaços, tempos (*Khrónos* – síncronos e assíncronos, *Kairós, Aión, Shole*), linguagens, presenças, culturas, objetos, biodiversidade, instigando um habitar atópico, relacional, simpoiético (HARAWAY, 2016), engajado, que vai deixando rastros e produzindo pistas num processo de *invenire* que emerge numa ecologia de inteligências.

Dessa forma, as metodologias inventivas diferenciam-se significativamente das anteriores, conforme pode ser observado na tabela 1, que apresenta uma tipologia das metodologias e seus elementos principais.

Tabela 1: Tipologia de Metodologias

Elementos	Metodologias Ativas	Metodologias Ativas Problematizadoras	Metodologias Inventivas
MÉTODO	maneira de ensinar/caminho	modo de perguntar, ato de ir atrás	modo de perguntar, caminhar que traça no percursos as metas, por meio de pistas que orientam o percurso - método não para ser aplicado, mas experimentado e tomado como atitude (reversão metodológica - Passos, Kastrup e Escóssia, 2012)
ABORDAGEM EPISTEMOLÓGICA	interacionista	interacionista-construtivista-sistêmica	reticular e conectiva (Di Felice, 2012)
FUNDAMENTOS	Escola Nova/Ativa - final séc XIX, início séc XX: James e Dewey (EUA); Ferrière e Claparède (Europa); Rui Barbosa (1920) Manifesto dos Pioneiros da Educação Nova (1932)	Pedagogia de Projetos	Pedagogia Ecológica- Conectiva, Gamificação (Schlemmer); Cognição Inventiva, Método Cartográfico de Pesquisa-intervenção (Passo, Kastrup e Escóssia, 2012); Ato Conectivo Transorgânico, Transubstanciação, Habitar Atópico (Di Felice, 2009,2017)
TEORIA	Da ação	Da interação	Ato Conectivo enquanto emersão conectiva de si e do mundo, portanto, transorgânico (Di Felice, 2017)
APRENDIZAGEM	Ativa (centrada no sujeito = aluno)	Atividade Cooperativa	Inventiva e Transubstanciada - simpoética, em rede
CONHECIMENTO	Representação	Interpretação	Ato Conectivo Transorgânico (EH e ENH) em rede
INTERAÇÃO	Preexistência dos termos (S-O; I-MA; Organismo-Meio)	Sujeito e mundo emergem juntos	Rede, Conexão: Superação dos Binômios/dualismos (S-O, I-MA, O-M, offline-online) e das Centralidades (P, A, C)
MODELO EDUCACIONAL	Ensino Híbrido	ECODI e ECHIM	Educação Híbrida/ Educação OnLIFE (Schlemmer, 2020...)
FOCO	Resolução de Problemas	Problematização	Invenção de Problemas
NÍVEL DE ATENÇÃO	A vida pragmática (utilitária)	A vida pragmática (utilitária)	Suplementar (duração) - opera com pistas e rastros
TECNOLOGIAS DIGITAIS	Perspectiva do "uso" enquanto ferramenta, recurso, meio, apoio	Perspectiva da "apropriação", enquanto tecnologias da inteligência	Perspectiva da Invenção enquanto forças ambientais
VISÃO DE MUNDO	Antropocêntrica	Antropocêntrica	Ecológica - Reticular e Conectiva

Tabela elaborada pela autora

Entre as Metodologias Inventivas, citamos: Projetos de Aprendizagem Gamificados - PAG (SCHLEMMER, 2018, 2020a, 2020b, 2021a, 2022), Biblioteca Viva Ecológica Reticular - BVER (SCHLEMMER, 2020a; LEHNEMANN, 2022) e VersOnLIFE (SCHLEMMER, 2022), onde Verso vem de Metaverso e OnLIFE de Educação OnLIFE (SCHLEMMER, 2020a, 2020b, 2021a; MOREIRA & SCHLEMMER, 2020; SCHLEMMER & MOREIRA, 2020, 2022a, 2022b; SCHLEMMER, DI FELICE & SERRA, 2020; SCHLEMMER & DI FELICE (2020). A metodologia hibridiza diferentes espaços (geográficos e digitais), tecnologias (analógicas e digitais), presenças (física e digital), linguagens, coengendrando as duas principais abordagens de metaversos, citadas anteriormente, na perspectiva da gamificação enquanto empoderamento (SCHLEMMER, 2021b).

O conceito de Educação OnLIFE é a expressão de um movimento que vem se constituindo ao longo dos anos, na tríade Pesquisa-Desenvolvimento-Formação, no GPe-dU UNISINOS/CNPq. Ele emerge do processo de cocriação e experimentação de metodologias inventivas, desenvolvida no âmbito da Educação Híbrida e Multimodal. A sistematização e validação dessas metodologias em diferentes níveis e modalidades educacionais, o que envolveu também o período da pandemia e agora no "pós" pandemia, provocou novos desafios e problematizações, contribuindo para que pudéssemos melhor compreender os novos habitares do ensinar e do aprender em diferentes mundos numa ecologia de inteligência, potenciando assim a sua contínua atualização.

A Educação OnLIFE, onde "On" significa ligada, conectada, e "LIFE" vida, caracteriza-se enquanto uma educação conectada na vida, cujos processos de ensino e de aprendizagem têm origem nas/das problematizações do tempo/mundo presente, e se desenvolvem num percurso de invenção, em atos conectivos transorgânicos que agenciam humanos e não humanos em permanente cocriação. Esses atos, potencializados por metodologias e práticas pedagógicas inventivas, em plataformas de interação ecológica, propiciam um habitar atópico, transubstanciando assim a própria educação.

As diferentes tecnologias, ambientes, arquiteturas e plataformas digitais em rede, na Educação OnLIFE, são compreendidas, para além de tecnologias da inteligência, como forças ambientais, as quais problematizam quem somos, como nos relacionamos, como percebemos o mundo e como interagimos com ele. Portanto, não se trata de um processo de adaptação às diferentes tecnologias, ambientes, arquiteturas e plataformas digitais em rede, as quais são usadas como ferramenta, recurso, meio, apoio. Também não se resume a um processo de apropriação destas enquanto tecnologias da inteligência. Mas de acoplamento, enquanto agenciamento, num processo inventivo que se desenvolve num contexto de ecologias inteligentes.

A partir dessa compreensão, não somente a estrutura física, espaço-temporal, mas a própria arquitetura educacional, o currículo, as metodologias, as práticas, os conteúdos e as pedagogias são alterados qualitativamente. A educação passaria por um processo de transubstanciação, de invenção, e não de transposição (transferir, mudar de lugar), como observamos durante a pandemia.

Dessa forma, uma Educação OnLIFE, para além de ser híbrida e multimodal, é transubstanciada e inventiva e cibricidadã, ligada, conectada (On) na vida (LIFE), a partir de problematizações que emergem do tempo/mundo presente. Estas problematizações são entendidas enquanto forças da atualidade, portanto de um mundo movente e em acelerado processo de transformação numa realidade hiperconectada. Nesta realidade o conhecimento se constitui por atos conectivos transorgânicos, portanto, entre entidades humanas e não humanas, o que pressupõe a superação dos binômios S-O, I-MA e O-M e, com isso, a compreensão de conhecimento enquanto representação de um mundo externo ao sujeito ou ainda, enquanto representação interna ao sujeito, próprio de uma teoria da ação, centrada no humano. Enquanto reticular, pressupõe a não centralidade, seja ela no conteúdo, no professor ou no estudante, o que aponta para a necessidade de pedagogias conectivas, em rede. Uma Educação OnLIFE pressupõe ainda a superação do dualismo online e offline, propiciando a constituição de ecossistemas conectivos de inovação na educação, instigando um habitar atópico que se desenvolve numa econectografia[12], conectando inteligências diversas. Na perspectiva de uma Educação OnLIFE, o princípio é a conexão.

O processo de cocriação, sistematização e validação de metodologias inventivas, o qual contribuiu para a emergência do conceito de Educação OnLIFE, tem se constituído enquanto um laboratório vivo, nos permitindo experienciar novas ecologias na educação, novos habitares do ensinar e do aprender, no desenvolvimento de práticas pedagógica que potencializam desenhos ecossistêmicos de inovação na educação, formas de popularização da ciência e de desenvolvimento da ciência cidadã. A complexidade presente nessas metodologias indica não só a

12 Econectografia é um conceito em desenvolvimento no GPe-dU, que compreende o estudo do movimento conectivo entre diferentes superfícies, sejam elas físicas-geográficas ou digitais, constituindo distintas espacialidades, as quais formam uma ecologia de conexões transorgânicas, portanto, entre entidades humanas e não humanas, constituindo outros/novos espaços, informacionais, interacionais, conectivos, em rede, em fluxo.

necessidade de criação de um novo tipo de arquitetura e plataforma digital, como fornecer subsídios para criá-las. É nesse contexto que Schlemmer e Di Felice (2020) propõem um novo tipo de plataforma digital, o qual denominam Plataforma de Interação Ecológica.

Diferentemente de ambientes e plataformas anteriores – focadas numa perspectiva de ensino frontal, onde o professor disponibiliza o conteúdo para ser acessado pelo estudante (AVAs, VLEs, Plataformas de *streaming*, etc.), ou ainda expõe de forma síncrona (*Teams*, Meet, Zoom...) e depois avalia o ensino fornecido por meio de exercícios e provas, utilizando tecnologias de correção automática –, nas Plataformas de Interação Ecológica, os processos de ensino e de aprendizagem são produzidos em rede, de forma pervasiva e ubíqua, em atos conectivos transorgânicos que instigam a invenção numa ecologia de inteligências, sendo o percurso de aprendizagem acompanhado por tecnologias de mineração de dados e *learning analytics*, que seguem os rastros que vamos deixando, juntamente com outras entidades, o que permite fornecer recomendações.

Nesse contexto, está em desenvolvimento a Arquitetura e Plataforma Instalação Inventiva Reticular Atópica - Inven!RA (GRILO et. al, 2022; MORGADO et. al, 2023), uma plataforma para cocriação de metodologias inventivas e para o desenvolvimento de práticas pedagógicas também inventivas que favorecem um habitar conectivo e atópico do ensinar e do aprender. A apropriação desse tipo de plataforma na educação poderá provocar a passagem da escola e da universidade de um formato de sala de aula, presencial física ou online, cuja tradição é o ensino frontal, para uma ecologia de plataformas, as quais passam a ser habitadas em rede.

Assim, as metodologias inventivas, o conceito de Educação OnLIFE, bem como as Plataformas de Interação Ecológica, implicam invenção, inovação, disrupção e, portanto, pressupõem uma nova política cognitiva na Educação.

O Habitar da Cidadania digital na Educação OnLIFE e a emergência de uma nova política cognitiva na Educação

O conceito de cidadania digital, apresentado inicialmente no Manifesto pela Cidadania Digital (DI FELICE et. al, 2018) e aprofundado por Di Felice (2020), parte da compreensão de que não podemos mais continuar a pensar a nossa condição, como espécie e como cidadãos, a partir de uma compreensão antropocêntrica do mundo. O autor apresenta três motivos que justificam essa afirmação: o primeiro, relacionado à pandemia do Covid-19, de onde emergiu um novo e potente ator social, o vírus; o segundo, relacionado às mudanças climáticas; e o terceiro, o crescimento exponencial das inovações digitais que, a partir das últimas gerações de redes, têm a potência de conectar a biosfera inteira (*the internet of everything*). A pandemia, as mudanças climáticas e as inovações digitais tornam evidente o protagonismo dos não humanos, os quais impactam, interferem, modificam e influenciam nossas interações, nossas vidas e, sobretudo, nossas arquiteturas deliberativas.

Di Felice (2020) descreve brevemente a cidadania digital como a passagem dos governos exclusivamente formados por humanos aos processos decisórios em redes complexas, ou seja, a transição dos parlamentos para as plataformas digitais, ou ainda como uma translação da nossa condição habitativa, que se movimenta das ecologias urbanas, políticas e nacionais da esfera pública para a ecologia de redes de redes, de interações biosféricas. Segundo o autor, não somos mais somente cidadãos de cidades, países ou nações, mas habitantes de galáxias de bits. A cidadania digital pode ser resumida como a transição das formas de ação política e antropocêntrica (baseadas na identidade ideológica, nas opiniões subjetivas e coletivas e orientadas, a priori, por visões de mundo) para as formas ecológicas e complexas, construídas em colaboração com inteligências não humanas (pela troca de dados e todos os tipos de interações entre humanos e não humanos).

A ideia digital de cidadania emerge da constatação que nas ecologias hipercomplexas, como aquelas das redes digitais que compõem a biosfera conectada de Gaia, os processos decisórios só poderão ser conduzidos em colaboração com algoritmos, robôs e inteligências não-humanas. Assim, na cidadania digital, em última análise, a participação não será mais política e ideológica, mas conectiva e complexa.

Dessa forma, o habitar da cidadania digital na Educação OnLIFE (SCHLEMMER, OLIVEIRA & SANTOS, 2022) implica uma transformação profunda na forma de operar a Educação, a qual é transubstanciada no que se refere à concepção de curso, organização, estrutura, currículo, pedagogias, metodologias, práticas pedagógicas, formas de acompanhamento e avaliação das aprendizagens. Abre-se mão da forma de operar atual, focada numa visão antropocêntrica do mundo, para cocriar uma nova forma de operar na perspectiva de ecologias inteligentes, o que implica uma nova política cognitiva (KASTRUP, 2015) em Educação, ou seja, um certo modo de relação com o mundo, consigo mesmo e com o conhecimento, que se desenvolve de forma conectiva num contexto de inteligências diversas. Kastrup

(2015) refere que é preciso compreender que os modelos que temos não estão nos livros, mas em nós, corporificados na forma como nos colocamos no mundo, como pesquisamos, como conhecemos, como trabalhamos, como "damos e assistimos aulas".

Assim, falamos de uma nova política cognitiva em educação que se distancia da política da representação, da interpretação e até mesmo da invenção, compreendida a partir de uma teoria da ação, sendo essa exclusivamente humana, para falar de uma política da invenção em ato conectivo transorgânico. Política essa que resulta de uma prática que temos construído no GPe-dU e que tem implicado, para além da pesquisa e da formação, no desenvolvimento tecnológico digital e cognitivo num contexto de inteligências diversas. Essa prática tem possibilitado a cocriação de metodologias e práticas pedagógicas inventivas na perspectiva de ecologia de inteligências em rede, o desenvolvimento de tecnologias, ambientes e plataformas de interação ecológica e na teorização. Portanto, não é a adesão teórica que vai possibilitar que você desenvolva uma outra forma de pensar, de estar no mundo, mas a experiência de problematização com a prática efetiva e a reflexão sobre ela.

Considerações Finais

A partir da problematização sobre como habitar a Educação em tempos de metaversos, realidades expandidas, inteligência artificial, redes neurais, entre outras possibilidades tecnológicas que passam a compor novas arquiteturas de conhecimento, o artigo teve como objetivo discutir o habitar da educação na cidadania digital num contexto de ecologias inteligentes.

Para tanto, foram apresentadas duas abordagens de metaversos, na composição de novos mundos hibridizados com inteligências diversas, entre elas o ChatGPT. Na sequência foram abordadas as Metodologias Inventivas, fundamentadas nas epistemologias reticulares e conectivas, na compreensão da aprendizagem enquanto invenção em ato conectivo transorgânico e em elementos presentes no método cartográfico de pesquisa-intervenção. O processo de cocriação, experimentação, sistematização e validação dessas metodologias em diferentes níveis e modalidades educacionais, tem contribuído na compreensão dos novos habitares do ensinar e do aprender em diferentes mundos numa ecologia de inteligência. Desse percurso emergiu o conceito de Educação OnLIFE e a criação de uma nova tipologia de plataformas digitais, as Plataformas de Interação Ecológica.

Dessa forma, as Metodologias Inventivas, o conceito de Educação OnLIFE, bem como as Plataformas de Interação Ecológica, têm contribuído para uma maior compreensão do habitar da Educação na cidadania digital. Essa compreensão aponta para a emergência de uma nova política cognitiva na Educação, capaz de superar a visão antropocêntrica que temos do mundo, o que se configura como um desafio significativo considerando o atual paradigma e cultura da Educação.

Na perspectiva dessa nova política cognitiva em Educação, diferentes dispositivos, tecnologias, ambientes e plataformas, como os metaversos e *chatbot*, especialmente hibridizados, têm a potência de se constituírem como espaços para experienciar, vivenciar, criar, cocriar e inventar diferentes modos de ensinar e de aprender, além de serem novas maneiras de organização e funcionamento das instituições educacionais e da sociedade. Pode-se explorar outros tipos de democracia e de governança, experienciando novos conceitos e formas que possam contribuir para melhorar as instituições e as cidades existentes no espaço geográfico, bem como a sociedade a qual habitamos, juntamente com outras entidades não humanas, com nossos corpos físicos. A educação, as instituições educacionais, as cidades, cada vez mais tornar-se-ão híbridas, o que temos denominado nas pesquisas do GPe-dU, respectivamente, como educação híbrida, *hybridschools* e cibricidade.

Assim, enquanto possibilidades de ampliação e adensamento estão a apropriação da teoria de hiperobjetos, proposta por Timothy Morton (2013), bem como a teoria do Novaceno, trazida por James Lovelock (2019), na qual desenvolve o conceito de hiperinteligência, a fim de contribuir nas construções teórico-metodológica-tecnológicas que temos desenvolvido no GPe-dU. Configuram-se ainda como possibilidades de ampliação e adensamento a cocriação de novas metodologias inventivas, bem como a continuidade do desenvolvimento da Arquitetura e Plataforma Instalação Inventiva Reticular Atópica - Inven!RA, a fim de que possamos acompanhar e avaliar o seu potencial para a Educação OnLIFE.

Estamos vivendo um momento desafiador e emocionante e que nos dá, mais uma vez, a oportunidade de refletir sobre o que nos torna humanos, sobre o que é específico da inteligência humana em conexão com outras inteligências, na constituição dessa ecologia de inteligências que formam um contexto de hiperinteligências.

Por fim, desafio você à experiência de problematização, a praticar uma outra política cognitiva em educação, a partir de uma visão não antropocêntrica do mundo e do conhecimento, a qual propicia uma outra forma de conhecer, viver, conviver e de estar em diferentes multiversos.

Referências

ACCOTO, C. *O mundo dado*: cinco breves lições de filosofia digital. São Paulo. Paulus Editora, 2020.

DI FELICE, M. *Paisagens pós-urbanas*: o fim da experiência urbana e as formas comunicativas do habitar. 1. ed. São Paulo: Annablume, 2009.

________. Redes sociais digitais, epistemologias reticulares e a crise do antropomorfismo social. *Revista USP*, vol. 22, p. 6-19, 2012.

________. Net-ativismo e ecologia da ação em contextos reticulares. *Contemporanea*: Comunicação e Cultura, vol. 11, n. 2, p. 267-283, 2013.

________. *Net-ativismo*: da ação social para o ato conectivo. São Paulo: Paulus, 2017.

________. *A cidadania digital*: a crise da ideia ocidental de democracia e a participação nas redes digitais. São Paulo: Paulus, 2020.

DI FELICE, M.; PIREDDU, M.; DE KERCKHOVE, D.; MIRANDA, J. B.; MARTINEZ, J. A. S.; & ACCOTO, C. Manifesto pela Cidadania Digital. *Lumina*, vol. 12, n. 3, p. 3-7, 2018.

DI FELICE, M.; SCHLEMMER, E. Ecologias dos Metaversos e Formas Comunicativas do Habitar, uma Oportunidade para Repensar a Educação. *Revista e-Curriculum* (PUCSP), vol. 20, p. 1799-1825, 2022.

FLORIDI, L. *The onlife manifesto*: being human in a hyperconnected era. London: Springer, 2014.

GRILO, R.; BAPTISTA, R.; SCHLEMMER, E.; GUTL, C.; BECK, D.; COELHO, A.; MORGADO, LEONEL. Assessment and Tracking of Learning Activities on a Remote Computer Networking Laboratory using the Inven!RA Architecture. In *ACM International Conference on Interactive Media Experiences*, 2022, Aveiro. Adjunct Proceedings of the ACM International Conference on Interactive Media Experiences: IMX 2022. Aveiro: Universidade de Aveiro, 2022. v. 1. p. 233-241.

HARAWAY, D. J. *Staying with the trouble* - making kin in the Chthulucene. Durham/Londres: Duke University Press, 2016.

KASTRUP, V. *A invenção de si e do mundo* - uma introdução do tempo e do coletivo no estudo da cognição. Campinas, SP: PAPIRUS, 1999.

________. A cognição contemporânea e a aprendizagem inventiva. In: KASTRUP, V.; PASSOS, E.; TEDESCO, S. *Políticas da Cognição*. Porto Alegre: Sulina, 2015. p. 91-110.

LEHNEMANN, R. M. *Biblioteca Viva:* uma Metodologia Inventiva no âmbito da Plataforma de Interação Ecológica Inven!RA. 2022. 224f. Dissertação (Mestrado em Educação) - Universidade do Vale do Rio dos Sinos, São Leopoldo, 2022.

LOVELOCK, J. *NOVACENE*: The Coming Age of Hyperintelligence. London: The MIT Press, 2019.

MORGADO, L.; COELHO, A.; BECK, D.; GÜTL, C.; CASSOLA, F.; BAPTISTA, R.; VAN ZELLER, M.; PEDROSA, D.; CRUZEIRO, T.; COTA, D.; GRILO, R.; SCHLEMMER, E. Inven!RA Architecture for Sustainable Deployment of Immersive Learning Environments. *Sustainability*, vol. 15, p. 857, 2023.

MOREIRA, J. A.; SCHLEMMER, E. Por um novo conceito e paradigma de educação digital OnLIFE. *Revista UFG*, vol. 20, p. 2-34, 2020. Disponível em: https://www.revistas.ufg.br/revistaufg/article/view/63438/36079. Acesso em: 11 fev. 2023.

MORTON. T *Hyperobjects*: Philosophy and Ecology after the End of the World. London. University of Minnesota Press, 2013.

PASSOS, E.; KASTRUP, V.; ESCÓSSIA, L. (org.). *Pistas do método da cartografia*: pesquisa-intervenção e produção de subjetividade. Porto Alegre: Sulina, 2012.

PASSOS, E.; KASTRUP, V.; TEDESCO, S. (org.). *Pistas do método da cartografia*: a experiência da pesquisa e o plano comum. Porto alegre: Sulina, 2014.

SCHLEMMER, E. Mariá, um agente comunicativo. In VIII Congresso Íbero-Americano de Gráfica Digital: Sigradi, 2004, São Leopoldo. *Anais do VIII Congresso da Sociedade* Íbero-Americana *de Gráfica Digital*. São Leopoldo, vol. 1, 2004, p. 149-150.

________. ECODI - A criação de espaços de convivência digital virtual no contexto dos processos de ensino e aprendizagem em metaverso. *Cadernos IHU Idéias* (UNISINOS), São Leopoldo, vol. 6, 2008, p. 1-32, 2008.

________. Laboratórios digitais virtuais em 3D: anatomia humana em metaverso, uma proposta em immersive learning. *Revista e-Curriculum* (PUCSP), São Paulo, vol. 12, p. 2119-2157, 2014.

________. Hibridismo, Multimodalidade e Nomadismo: codeterminação e coexistência para uma Educação em contexto de ubiquidade. In MILL, D.; REALI, A. (Orgs.). *Educação a distância, qualidade e convergências*: sujeitos, conhecimentos, práticas e tecnologias. 1ed. São Carlos: EdUFSCar, 2016, p. 1-24.

________. Projetos de aprendizagem gamificados: uma metodologia inventiva para a educação na cultura híbrida e multimodal. *MOMENTO - Diálogos em Educação*, vol. 27, p. 41-69, 2018.

________. Ecossistemas de Inovação na Educação na cultura híbrida e multimodal (2019). *Relatório de pesquisa*. 2020a.

________. The pandemic has provided several learning opportunities. *Revista PoloUm*, São Luís, ano VIII, n. 14, p. 5-11, dez. 2020b.

________. A pandemia proporcionou vários aprendizados. *Revista TICs & EaD em Foco*, vol. 7, p. 5-25-25, 2021a.

________. Jogos e gamificação: inventividade e inovação na educação? In Cleverson V. Andreoli; Patrícia Lupion Torres. (Org.). *Ciência, inovação e ética*: tecendo redes e conexões para a sustentabilidade. 1ed. Curitiba: SENAR AR-PR, 2021b, p. 241-267.

________. Metodologias inventivas na Educação Híbrida e OnLIFE. In DIAS, P.; FREITAS, J. C. (Org.). *Educação Digital, a Distância e em Rede Digital, Distance and Network Education*. 1ed. Lisboa / Coimbra: Universidade Aberta - Imprensa da Universidade de Coimbra, 2022, p. 124-150.

SCHLEMMER, E.; BACKES, L. *Learning in Metaverses*: Co-Existing in Real Virtuality. 1. ed. Hershey, PA: IGI Global, 2015.

SCHLEMMER, E.; BACKES, L.; FRANK, P. S. S.; SILVA, F. A.; SENT, D. T. D. ECoDI: A criação de um Espaço de Convivências Digital Virtual. In XVII Simpósio Brasileiro de Informática na Educação - XVII SBIE, 2006, Brasília. *XVII Simpósio Brasileiro de Informática na Educação - XVII SBIE*, 2006.

SCHLEMMER, E.; DI FELICE, M. A qualidade ecológica das interações em plataformas digitais na educação. *Revista LatinoAmericana de Tecnologia Educativa*, vol. 19, p. 207-222, 2020.

SCHLEMMER, E.; DI FELICE, M.; SERRA, I. M. R. de S. Educação OnLIFE: a dimensão ecológica das arquiteturas digitais de aprendizagem. *Educar em Revista*, Curitiba, vol. 36, p. 1-22, 2020. Disponível em: https://www.scielo.br/pdf/er/v36/1984-0411-er-36-e76120.pdf. Acesso em: 11 fev. 2023.

SCHLEMMER, E.; MUSSE, S. R.; GARRIDO, S. M. L.; BORBA, M. H.; BICA, F. M. . Mariá and ET: Evaluating Conversational Agents. In *World Conference on Educational Multimedia, Hypermedia and Telecommunications* (EDMEDIA) 2005, Montreal - Canada. Proceedings of World Conference on Educational Multimedia, Hypermedia and Telecommunications 2005. Chesapeake, VA: P. Kommers & G. Richards, 2005, p. 792-799.

SCHLEMMER, E.; MOREIRA, J. A. Ampliando conceitos para o Paradigma de Educação Digital OnLIFE. *Interacções*, Santarém, vol. 16, p. 103-122, 2020.

________. Do ensino remoto emergencial ao HyFlex. *Revista da*

FAEEBA - Educação e Contemporaneidade, Salvador, vol. 31, p. 138-155, 2022a.

________. Acompanhamento e Avaliação da Aprendizagem na Educação Híbrida e Educação OnLIFE: Perspectiva Cartográfica e Gamificada. *Revista de Educação Pública*, vol. 31, p. 1-20, 2022b.

SCHLEMMER, E.; MORGADO, L.; MOREIRA, J. A. Educação e transformação digital: o habitar do ensinar e do aprender, epistemologias reticulares e ecossistemas de inovação. *Interfaces da Educação*, vol. 11, p. 764-790, 2020.

SCHLEMMER, E.; OLIVEIRA, L. C.; SANTOS, A. W. Digital citizenship and invention: the ecosystem inhabiting of education for social transformation. *Journal of E-Learning And Knowledge Society*, vol. 18, p. 140-150, 2022.

SERRES, M. *Filosofia mestiça*. Rio de Janeiro: Nova Fronteira, 1993.

________. *Polegarzinha*. Rio de Janeiro: Bertrand Brasil, 2013.

Futuro da educação: seleção de indicadores do PNE 2014-2024 e sugestões de aportes da perspectiva reticular para a próxima década

André Dalla Pozza[1]

Gustavo Vieira Costa[2]

Introdução

O aporte teórico deste estudo fixa-se na condição habitativa atópica e a origem de uma nova ecologia, na confluência de redes neurais e reticulares, *actantes* orgânicos e inorgânicos (DI FELICE, 2012; LATOUR, 2012). O foco do estudo justifica-se pelo ápice contemporâneo no qual a humanidade experimenta os crescentes impactos da convergência de três poderosas tecnologias: *Big Data*, Inteligência Artificial (IA) e Internet das Coisas

1 Professor na área de EAD e Tecnologias Educacionais do Instituto Federal de Educação, Ciência e Tecnologia de Santa Catarina (IFSC). Doutor em Ciências da Comunicação pela Escola de Comunicação e Artes da Universidade de São Paulo (ECA/USP). E-mail: andre.possa@ifsc.edu.br.

2 Graduando do Curso de Comunicação - Redes Sociais da Universidade Metodista de São Paulo. E-mail: vieracostagustavo2004@gmail.com.

(em inglês, IoT). Operando em sinergia, *Big Data* e Inteligência Artificial criam condições favoráveis para uma Superinteligência. Tal construto impele a cultura na direção de uma revolução que exige comutação mundial no universo do trabalho, reordenamento do capitalismo e mitigação da extração de energia fóssil em favor da inovação. Enfim, a humanidade superconectada passa a viver mudanças habitativas em toda a cena quotidiana, com novas realidades. Os múltiplos contextos de existência passam a exigir modelos ainda pouco conhecidos e explorados de operação de tudo o que nos cerca.

Desde o período pós-Segunda Guerra Mundial, o desenvolvimento e a apropriação de tecnologias digitais tensionam a cultura ocidental num complexo processo de criação, adaptação e readaptação dos habitantes do planeta. Nesse contexto, seres são expostos a novas experiências existenciais – algumas mais disruptivas que outras para dada comunidade e tempo. Essa tensão contumaz tem alterado também a biosfera, mudando paisagens e abrindo caminhos inéditos às formas de vida na Terra. A comutação do processo continuado de mudanças advindas das duas primeiras revoluções (agrária e industrial) com a Internet e as possibilidades das tecnologias digitais é responsável por instaurar a constituição de uma terceira revolução (RIFKIN, 2021). Tais fenômenos vêm configurando uma nova cultura: a cultura digital. A dinâmica de racionalidade vigente, que estabelece hábitos e comportamentos, é responsável pela constituição da cultura *ipsis literis*. Há pelo menos duas décadas, estamos numa fase de transição cultural sem precedentes. Conhecer hábitos e comportamentos atópicos gera subsídios potentes para a ciência colaborar no desenvolvimento sustentável do planeta – diminuindo, interrompendo e cessando práticas que evoluem na contramão do pensamento reticular.

O conhecimento científico acerca da terceira grande revolução da humanidade ainda carece de aprofundamentos. Sabe-se que existem mudanças em curso e ciclicamente é possível perceber (novos) fenômenos nesse sentido. Mas, como se trata de uma revolução, por si complexa, ainda há muito trabalho para que as ciências (tradicionais e recentes) consigam interpretar esse universo e criar estratégias para a segurança da vida e o desenvolvimento sustentável das espécies que compõem Gaia.

Como ocorreu na transição da sociedade extrativista para a agrária e desta para a industrial, a instituição escolar permaneceu resistente às mudanças nos sistemas de conhecimento. A metáfora de que a escola mantém rotinas muito parecidas às dos Jesuítas à Escola Nova ilustra bem essa crítica e ainda é verificável (às vésperas ou imbuída) na cultura digital. Por mais que existam *cases* de inovação com adoção de práticas mais alinhadas aos novos comportamentos comunicacionais, tais iniciativas ainda não são suficientes para a virada que se verifica na terceira revolução industrial. Não apenas porque os indicadores educacionais estão distantes de uma ideia de êxito, mas principalmente porque tudo que nos cerca está se alterando e o arcabouço científico da literatura especializada persiste na busca e implementação de soluções que até alcançam resultados no micro, mas têm dificuldade para conquistar escala suficiente para a virada necessária (POSSA, 2018).

Profissões marcadas por rotinas repetitivas entram em extinção pelo uso de máquinas robotizadas; processos executados e geridos por humanos recebem novos modelos de negócios e passam a contar com a *expertise* de algoritmos de IA; as ideias de tempo e do valor mercadoria são revisadas à luz de um universo no qual consumidores também são produtores (*prosumers*); e os grandes conglomerados que centralizavam até aqui produtos e serviços cedem espaço a economias compartilhadas. Esse embate pede da política pública uma postura educacional que forme a consciência humana para a cultura da escassez, a tal ponto que altere a ideia instrumental da técnica e tire o homem do centro de tudo, fazendo-nos alterar comportamentos com a promessa de benefícios coletivos, para além de nossa espécie. Em relação à gestão de dados educacionais, o presente estudo verificou que a centralização dos dados em órgãos sediados e geridos em Brasília sem uma plataforma de integração para o acompanhamento do Plano Nacional de Educação (PNE) prejudica tanto as possibilidades de participação dos actantes quanto a confiabilidade dos dados – que em alguns casos estão ultrapassados, ou não são abrangentes, ou tão somente não existem[3].

Di Felice (2012) enuncia uma comunicação pós-antropocêntrica, que foca na natureza datificada, resultado de interações complexas de redes de redes. Tal realidade impõe uma reinvenção também para a educação e seus estabelecimentos formais. Avançamos, finalmente, da ideia de comunicar para a de habitar.

Neste capítulo analisamos dados oficiais sobre a educação brasileira nos seus diferentes níveis e modalidades com sugestões de recomendações à redação do novo PNE – 2024-2034, potencialmente atentando-se aos aspectos epistemológicos da cultura digital. Explorar a cultura digital em favor de um modelo mais reticular de educação pressupõe infraestrutura e técnicas adequadas. Prescinde, é claro, de uma perspectiva mais ecosófica do habitar – ainda mais em países em desenvolvimento. A maioria

3 O INEP reconhece a escassez de alguns dados e registra a dificuldade de planificar indicadores sem, por exemplo, um cadastro integrado de estudantes com necessidades específicas.

das instituições educacionais brasileiras – tanto públicas quanto privadas – está mergulhada em micro crises de desempenho que colocam em xeque sua sobrevivência e prestígio. Hoje, o país é o terceiro com maior taxa de evasão escolar no *ranking* mundial – na casa dos 24,3%[4]. Famílias, gestores e educadores enfrentam diariamente dificuldades para repensar a prática formativa tanto nos anos finais da educação básica quanto na educação superior.

A taxa de evasão escolar no Brasil é um potente indicador oficial para o início do debate sobre a realidade da educação. Isso porque a não frequência e o abandono denotam explicitamente um fracasso do sistema educativo como um todo. Sabe-se, todavia, que a avaliação da educação envolve diversos outros microdados, como a porcentagem de êxito escolar, formação dos professores, infraestrutura das escolas, condição financeira e contexto socioeconômico dos estudantes. Mas a evasão discente pode ser interpretada como um sintoma radical de que a escola não acompanhou as mudanças da sociedade a contento e não satisfaz ou não se adequa às expectativas e realidades culturais de dado brasileiro criança, jovem ou adulto.

Importante mencionar que a evasão escolar varia dependendo da região e do nível de ensino, mas ao consultar relatórios oficiais, independente do recorte histórico, pode-se considerá-la alta. De acordo com dados do Instituto Nacional de Estudos e Pesquisas Educacionais Anísio Teixeira (INEP), a taxa de evasão escolar no ensino fundamental no Brasil foi de cerca de 10,4% em 2018. Já a taxa de evasão no ensino médio foi de cerca de 17,2% no mesmo ano. Para a educação superior existem dados

---

4 Um em cada quatro alunos que iniciam o ensino fundamental no Brasil abandona a escola antes de completar a última série.

oficiais de 2019, que denotam alarmantes 40,5% de evasão. Já a Associação Brasileira de Educação a Distância (ABED) tem uma metodologia própria para mensurar a evasão no ensino superior, por isso os dados podem variar em relação aos dados do INEP. De acordo com a ABED, a taxa de evasão no ensino superior brasileiro em 2019 foi de 25,5%. Isso significa que, em média, um quarto dos estudantes que ingressam no ensino superior a distância não conclui seus estudos.

Esse abandono das classes formais é apenas a ponta do *iceberg* dos problemas que envolvem a educação na era reticular. A evasão escolar é definida como a interrupção ou abandono da escola pelos Estudantes. Ela pode ser dividida em duas categorias: evasão formal e evasão não-formal. A evasão formal é quando um estudante deixa de frequentar a escola sem justificativa, enquanto a evasão não-formal é quando um estudante está matriculado, mas não frequenta as aulas de maneira regular ou não faz os trabalhos e exames. Essa segunda categoria – não-formal – inclui, por exemplo, cidadãos que precisam manter uma ocupação trabalhista durante a idade certa para os estudos.

> A evasão escolar é um problema complexo e se relaciona com outros importantes temas da pedagogia, como formas de avaliação, reprovação escolar, currículos e disciplinas escolares. Para combater a evasão escolar, portanto, é preciso atacar em duas frentes: uma de ação imediata que busca resgatar o aluno "evadido", e outra de reestruturação interna que implica na discussão e avaliação das diversas questões que se apresentam no cotidiano escolar. (CALDAS, 2006, p. 9)

A bibliografia moderna especializada denota que pesam no ato de não priorizar os estudos fatores socioeconômicos, culturais, psicológicos e pedagógicos. Freitag (2003) e outros intelectuais expressivos da educação e das ciências sociais abordam com profundidade a questão da evasão com o objetivo de compreender as causas e encontrar soluções para melhorar os indicadores de permanência e êxito.

Quadro 1 - Argumentos ligados à evasão escolar segundo os agentes envolvidos

Evasão	Argumento central da causa
Para a escola	Desestruturação da família
Para os professores	Problemas afetivos e financeiros
Para pais e responsáveis	Más companhias, violência nas escolas
Para os estudantes	Trabalho, problemas familiares, desinteresse pelos estudos

Freitag (2003), adaptado pelos autores

Destaca-se inicialmente que o estudo do Quadro 1 tem cerca de 20 anos desde a publicação, e como ficará patente a seguir, ainda é válido. Cabe também constatar que as fontes oficiais não trazem dados claros, tampouco séries históricas gerais, sobre esse importante indicador às políticas públicas e à ciência. Essa fragilidade de fontes limita, por óbvio, o aprofundamento do tema. A seguir são apresentados mais dados sobre a evasão e depois um olhar para o problema da educação pela perspectiva da virada cultural em curso no contemporâneo.

Num recorte da população de 15 a 17 anos, considerando registros oficiais de evasão entre 2004 e 2006, 40,3% dos evadidos que participaram de uma pesquisa da FGV em parceria com o IBGE alegam ter desistido por falta de interesse nos conteúdos ministrados, enquanto 27,1% afirmam abandonar os estudos por necessidade financeira, desistiram para trabalhar. Outro motivo mencionado de grande relevância no estudo está ligado à falta de vagas em escolas próximas à residência ou falta de transporte que atenda sua localidade (10,9%). As demais respostas (que somam cerca de 21,7%) estão relacionadas a múltiplos fatores, tais como: *bullying*, gravidez na adolescência, problemas de saúde do estudante ou de familiar, custos para frequentar, falta de documentação para matrícula, expulsão, dentre outros[5].

Optou-se por explorar mais a evasão escolar, apesar da defasagem temporal, como um sintoma macro da realidade preocupante da instituição escolar. Por certo, outros indicadores protagonizam a crise educacional. O analfabetismo total no Brasil é um desses problemas históricos e persistentes, que afeta principalmente as camadas mais pobres da população e os grupos mais vulneráveis, como as mulheres, os idosos e os habitantes das regiões Norte e Nordeste. De acordo com o IBGE, o analfabetismo total no Brasil tem diminuído gradualmente ao longo dos anos, mas ainda é um desafio significativo.

5 CPS/FGV a partir dos microdados dos suplementos da PNAD/IBGE.

Quadro 2 - Analfabetismo total no Brasil

Ano	% de brasileiros analfabetos total acima de 15 anos
2000	11,4
2003	9,6
2006	8,6
2009	7,6
2012	6,9
2015	6,4
2018	5,4
2020	4,8

IBGE

Como mencionado, os dados mostram que o analfabetismo no Brasil tem diminuído ao longo dos anos, mas ainda é um desafio significativo. Em 2020, aproximadamente 15,2 milhões de pessoas acima de 15 anos não sabiam ler nem escrever (isso representa 4,8% da população – uma em cada 20 pessoas). Outra variação relacionada ao analfabetismo preocupa: os chamados analfabetos funcionais. Em 2020, a taxa foi de 8,6%, o que equivale a cerca de 13,6 milhões de pessoas que, apesar de terem frequentado a escola e sido alfabetizadas, têm limitações severas para executar tarefas simples ligadas à linguagem e comunicação. Um analfabeto funcional possui habilidades de leitura e escrita insuficientes para lidar com as demandas do mundo contemporâneo. Eles podem ter dificuldade para compreender textos complexos, interpretar informações escritas e realizar tarefas que exigem habilidades de leitura e escrita, como preencher formulários, ler instruções e interpretar gráficos e tabelas.

O analfabetismo funcional é diferente do analfabetismo total, que se refere a homens e mulheres que não têm habilidades de leitura e escrita. O analfabetismo funcional é considerado um problema crescente em muitos países, pois as habilidades de leitura e escrita são cada vez mais importantes para acessar informações em prol da cidadania.

Sejam analfabetos totais ou funcionais, ainda pesa na conta dos desafios da educação a expressiva desigualdade socioeconômica do Brasil. De acordo com o IBGE, em 2020 a taxa de analfabetismo foi de 7,1% entre as pessoas com renda *per capita* de até meio salário mínimo, enquanto foi de apenas 1,2% entre as pessoas com renda *per capita* acima de cinco salários mínimos. Além disso, há uma disparidade entre os estados, com as taxas de analfabetismo sendo significativamente maiores nas regiões Norte e Nordeste do país.

Em síntese, o analfabetismo total no Brasil tem diminuído ao longo dos anos, mas ainda é um desafio significativo, especialmente para as camadas mais pobres da população e os grupos mais vulneráveis, como as mulheres, os idosos e os habitantes das regiões Norte e Nordeste. Em tempos de cidadania digital, o analfabetismo funcional soma-se ao total, uma vez que sem as habilidades mínimas para alcançar as literacias (letramentos) de mídia e informação, populações inteiras adentram em espirais de informações questionáveis, criando terreno fértil às *fake news*. Esse complexo problema da educação contemporânea, que tem sido pauta nas políticas públicas principalmente pela lógica antropocêntrica da racionalidade ocidental carece de um olhar pela perspectiva do pensamento conectivo.

Ainda na argumentação de que a educação nacional carece de um realinhamento, pode-se suscitar o desempenho brasileiro no PISA (Programa Internacional de Avaliação de Estudantes). Essa avaliação internacional mede o desempenho acadêmico de estudantes de 15 anos em matemática, leitura e ciências. O Brasil participa do PISA desde 2000, e os resultados são relacionais, comparados com os de outros países participantes.

Quadro 3 - Síntese do Desempenho do Brasil no PISA (2015 e 2018)

Exame	Área	Desempenho do Brasil	Média dos países participantes
2015	Matemática	394	490
	Leitura	397	496
	Ciências	402	493
2018	Matemática	385	489
	Leitura	394	486
	Ciências	397	493

Organização para a Cooperação e Desenvolvimento Econômico (2022, *online*)

Mais uma vez, a disparidade socioeconômica é um dos principais fatores associados ao baixo desempenho brasileiro. Cruzando os dados de desempenho com indicadores regionais de desenvolvimento humano, observa-se significativa associação entre baixa renda e baixo desempenho. Importante destacar que apenas cerca de 5% dos estudantes brasileiros elegíveis participaram da avaliação. Isso limita bastante o potencial de exploração dos dados globais da prova. Porém, em geral, o Brasil tem um desempenho aquém da média em matemática, leitura e ciências.

Tem-se então que a educação brasileira carece de qualificação, principalmente com o objetivo de aumentar os indicadores de permanência e êxito escolar, erradicar o analfabetismo total e diminuir o analfabetismo funcional, bem como para que o país avance no desenvolvimento com a promoção de cidadania mais qualificada, com um dos reflexos nos melhores desempenhos em exames internacionais como o PISA.

O PNE e sua importância na política nacional

O Brasil prevê em sua Carta Magna e na Lei de Diretrizes e Bases da Educação – LDB (BRASIL, 1996) que fixará a cada dez anos as áreas prioritárias e metas para a educação. Desde a Constituição de 1988, o Brasil discutiu e aprovou três Planos Nacionais de Educação (PNE): o primeiro, de 1990-1992, o segundo, de 2001-2010, e o terceiro, de 2014-2024. Este ano, de 2023, é o penúltimo da vigência do atual documento e também o período estratégico para que a sociedade civil organizada e o congresso nacional definam o texto base para guiar a educação de 2024 a 2034. Para esse exercício lograr êxito, é crucial qualificar estudos em torno do passado para não reproduzir erros e para inovar no futuro.

O PNE 2014-2024 tem dez diretrizes, vinte metas e 254 estratégias. Operando em conjunto, no espírito da lei que aprovou o documento, o Plano orienta os entes federados no sentido do desenvolvimento educacional. Quer dizer que a esplanada dos ministérios, governos estaduais e municipais, gestores escolares e demais agentes envolvidos com todas as áreas da educação encontram no PNE uma orientação sobre as áreas prioritárias e também uma segurança para as fontes de recursos necessários à implementação do que foi planejado.

O monitoramento das metas e estratégias tornou-se tarefa de rotina para o processo de governança pública e oportunidade de pesquisas para a comunidade científica. Contudo, até recentemente, na pré-pandemia da Covid-19 no Brasil, nenhuma meta havia sido alcançada integralmente (POSSA, 2019). Com a hecatombe trazida pelo Coronavírus, a atualização dos dados e a condição de alcance das metas foram significativamente prejudicadas. Mesmo assim, é possível elencar em quais áreas houve avanços e em quais o país estagnou ou até mesmo retrocedeu.

Antes do detalhamento dessa fotografia do desenvolvimento do PNE 2014-2024 é central destacar que atualmente não existe uma fonte oficial única para o cidadão acompanhar o comportamento de cada meta. Em 2021, o INEP lançou UM documento com linhas basilares para tentar suprir essa carência de transparência e gestão de dados. Tal esforço bianual é papel do órgão e tem fulcro em lei específica. Contudo, já na apresentação o próprio INEP situa o leitor quanto a algumas limitações de dados e explica que a elaboração do relatório cruza fontes diversas, tais como: Censo da Educação Básica, Censo da Educação Superior, SAEB e IDEB, IBGE (PNAD e Censo Demográfico) e CAPES (dados da pós-graduação).

> O que os dados contidos nesse texto explicitam é que, de modo geral, nos últimos anos ocorreu uma evolução nos indicadores educacionais, evidenciando os processos de melhoria em curso. De outro lado, porém, as análises esclarecem que ainda coabitam na sociedade brasileira desigualdades no acesso à educação, sobretudo em função de fatores como raça, nível socioeconômico e localização de residência dos indivíduos. (INEP, 2021, *online*)

Aqui são desprezados dos destaques esses fatores de desigualdade, por não serem estes tão somente os responsáveis pelo alcance ou não alcance das metas. Estudos específicos podem vir a explorar tais contextos. Considerando a densidade dos dados, tentou-se resumir os destaques em três quadros. Conforme se observará adiante, o primeiro recorte trata da educação básica. Em 2019, havia cerca de 42 milhões de estudantes matriculados na educação básica no país, sendo cerca de 8 milhões na Educação Infantil, 26 milhões no Ensino Fundamental e 8 milhões no Ensino Médio. Conforme registros do Ministério da Educação (MEC), existem 191.531 escolas de educação básica no país. Destas, 85% (162.964) são administradas pela rede pública e 15% (28.567) pela rede privada. Em 2019, o IBGE afirma que cerca de 11,8% da população brasileira com idade entre 5 e 17 anos possuía algum tipo de deficiência. Isso representa cerca de 7,8 milhões de pessoas (majoritariamente em idade escolar). Dentre os tipos de deficiência, a mais comum é a deficiência intelectual, seguida por deficiência física e deficiência auditiva. O mesmo estudo revela que cerca de 7,2% dos estudantes matriculados na educação básica no Brasil possuíam algum tipo de necessidade específica ou transtorno de aprendizagem (4,5 milhões de estudantes).

Esse breve desenho da educação básica já sinaliza a complexidade de pensar uma política pública decenal, especialmente pela desigualdade social e diversidade cultural e geográfica do país. Soma-se a esse desafio no contexto do presente estudo a constatação de que a atual geração de crianças e adolescentes foi tocada pela cultura digital desde o nascimento, tendo assim mais familiaridade com os chamados letramentos de mídia e informação (*media and information literacy*) e menos tolerância cognitiva para fazeres pré-*web*. O quadro a seguir sintetiza a conformação das metas do PNE diretamente afetas à educação básica.

Quadro 4 - Destaques das metas do PNE 2014-2024 na educação básica

Área	Meta	Situação a partir de estudos do INEP
EDUCAÇÃO BÁSICA	Educação Infantil	Resta ainda uma distância significativa para a universalização do acesso à escola até o final da vigência do PNE em 2024.
	Ensino Fundamental	Ainda será preciso avançar nas políticas sociais e educacionais para incluir cerca de 450 mil crianças e adolescentes que estão fora da escola. O País ainda está muito distante da meta estabelecida para 2024.
	Ensino Médio	O atingimento da meta de universalização escolar requer esforços mais intensos do que os empenhados. Sugere ações voltadas a grupos específicos com equidade para não reprodução das desigualdades existentes.
	Pessoas com Deficiência e Necessidades Específicas	Atualmente não há disponíveis dados oficiais em âmbito nacional que permitam a criação de um indicador para aferir todos os objetivos propostos na meta.
	Alfabetizar crianças até o 3º ano do Ensino Fundamental	Temos atualmente no Brasil 22,2% desses estudantes com proficiência insuficiente em leitura, 34,4% com proficiência insuficiente em escrita e 57,1% com proficiência insuficiente em matemática.
	Educação em Tempo Integral	Houve aumento do número de matrículas em tempo integral em todo o território nacional. Porém, ainda distante da meta, principalmente por conta de carências relacionadas à falta de recursos compatíveis com a necessidade dos sistemas.
	Melhorar médias do IDEB	Taxas de aprovação nos anos finais do EF e do EM são relativamente altas (80%), o alcance da meta dependerá da melhoria da aprendizagem e do desempenho dos alunos.

INEP (2021)

A universalização do acesso à educação básica avançou timidamente e, como se observa no Quadro 4, ainda está distante de se efetivar. Só nas creches (de 0 a 3 anos) faltam pelo menos 2,5 milhões de vagas. Aqui evidencia-se a relação direta de um gargalo educacional com o desenvolvimento econômico do país: sem creche, muitos pais e responsáveis ficam impedidos de trabalhar (o que lhes furta em muitos casos a possibilidade de cidadania). Em relação às crianças de 4 a 5 anos, o INEP estimou também em 2019 que cerca de 9,8% da população nesta faixa etária não tinham vaga em pré-escolas. No Ensino Fundamental (6 a 14 anos), a porcentagem de não-incluídos é de 10,7%, ou 6,7 milhões de crianças.

Ratifica-se: não é apenas a falta de vagas ou não universalização da educação básica que preocupa e deve ser atacada no próximo PNE. Mais graves que isso são os indicadores de qualidade, permanência e êxito (cotejamento de microdados, não aprofundados aqui). Em relação ao Ensino Médio, última etapa obrigatória no Brasil, o INEP indica que cerca de 37,2% dos jovens formados seguem estudando, enquanto cerca de 53,9% migram para um trabalho. A taxa de desemprego entre esses jovens é de 8,9%.

Quadro 5 - Destaques das metas do PNE 2014-2024 na alfabetização, EJA e educação superior

Área	Meta	Situação a partir de estudos do INEP
EDUCAÇÃO SUPERIOR	Ampliar a escolaridade média dos jovens e adultos entre 18 e 29 anos	A meta 10 ainda não foi alcançada e falta política pública que garanta o acesso e a permanência escolar de jovens e adultos.
	Elevar a taxa de alfabetização da população com 15 anos ou mais; Erradicar o analfabetismo absoluto; E, reduzir a taxa de analfabetismo funcional	Indicadores posicionados abaixo do proposto pela meta.
	Integrar EJA com a Educação Profissional	Distante da meta, em 2019 o Brasil alcançou 1,8% das matrículas de EJA integradas à formação profissional.
	Triplicar as matrículas da Educação Profissional de nível médio	Dados estagnados. Houve ampliação da oferta, porém muito aquém de um terço; quiçá triplicar.

ALFABETIZAÇÃO	Expansão da educação superior em nível de graduação	Pela tendência observada, o Brasil não alcançará a meta. Há crescimento da oferta e da Taxa Bruta de Matrículas (TBM), porém não no setor público conforme prevê a meta.
	Qualificar a educação superior e ampliar a proporção de mestres e doutores no corpo docente	Próxima de ser alcançada quanto à diplomação dos professores, o que pode repercutir diretamente na qualificação das aulas, da pesquisa e da extensão.
	Elevação gradual do número de matrículas na pós-graduação *stricto sensu*	O número de egressos dos mestrados e doutorados está próximo do alcance da meta. Especialistas alertam para a utilidade das pesquisas, com aproximação dos arranjos produtivos locais.

INEP (2021)

Verificou-se até aqui que existem graves problemas de alfabetização também na educação básica, desde o acesso (universalização) até a qualidade dos resultados de permanência e êxito. Discutiu-se também os alarmantes indicadores de evasão escolar, que são mais severos no Ensino Médio e nas graduações. O quadro 5 deixa explícita outra lacuna para o desenvolvimento nacional: os jovens e adultos analfabetos e a dificuldade histórica de encontrar um caminho para incluí-los nos currículos formativos. Já é possível antecipar aqui que existe um distanciamento na relação escola e cidadão. Parcela significativa do público adolescente, jovem e adulto sente-se pouco motivada a depositar esforços na escola para o alcance da cidadania plena.

Nesse contexto, a formação profissional e a educação superior têm seu papel constitucional de formar cidadãos críticos e autônomos capazes de gerar conhecimento técnico científico dificultado. O próprio sistema educacional sobrecarrega-se, uma vez que as condições para a aprendizagem carecem de mais programas de inclusão e assistência, nivelamentos, reforços, etc. A pós-graduação, por sua vez, fica duplamente sobrecarregada, pois tem o dever de formar cérebros para a pesquisa e a inovação, para a pesquisa aplicada e para elevar os índices de diplomação dos educadores para a consequente qualificação dos futuros profissionais cidadãos. A elevação da oferta de vagas em mestrados e doutorados é uma das metas com melhores condições de cumprimento até 2024.

Quadro 6 - Destaques das metas do PNE 2014-2024 no financiamento e profissionais

Área	Meta	Situação a partir de estudos do INEP
PROFISSIONAIS E RECURSOS	Licenciatura na área de conhecimento em que todos os profissionais da educação básica atuam	A situação está ainda distante do estipulado pela Meta.
	Valorização dos profissionais do magistério (aumento salarial e plano de carreira baseado em piso nacional fixado em lei)	A razão entre o salário médio de professores da educação básica da rede pública (não federal) e o salário médio de não professores, com escolaridade equivalente, vem aumentando. Os planos de carreira variam entre as Unidades Federativas.
	Assegurar gestão democrática da educação associada a critérios técnicos para consulta à comunidade	Fragilidade de normativa que defina gestão democrática; a escolha dos diretores escolares ainda é bastante desuniforme.
	Garantir os recursos necessários à consecução das demais metas do PNE	Distante da meta, o Brasil alcançou na vigência do decênio investimento anual direto de 5,2% do PIB em educação e total de 6,2%.

INEP (2021)

Quando da aprovação do PNE vigente, o Brasil estava em meio à euforia das reservas do Pré-Sal. O documento fixou que anualmente seriam investidos 10% do PIB em educação, o que não se efetivou. Sabe-se que na média dos países da OCDE, o investimento entre 5,2 e 6,7% é tido como satisfatório. Contudo, a análise macro do acompanhamento das metas mostra que, sem alcançar investimentos mais vultuosos, muitas diretrizes não sairão do papel. As carreiras dos profissionais da educação e a garantia da "gestão democrática" são metas para as quais existe documentação de avanços, porém não está explícito onde o documento deve conduzir / quais mudanças devem ser implementadas. A obrigatoriedade da licenciatura na área de atuação dos professores é uma das metas que pode ser considerada estagnada. Sugere-se para o próximo decênio que tal meta venha acompanhada de uma estratégia viável para superação da falta de formação especializada de quem ensina. O mercado parece ser o melhor meio de regular. Contudo, muitos concursos de seleção docente não exigem a formação ou aceitam não diplomados pela escassez de profissionais. Mais uma vez, importante frisar que existe um engendramento entre as metas, que precisa de enraizamento para além da esfera jurídica e de suporte técnico e apoio político.

Considerações Finais

Na perspectiva institucional na escola, além dos problemas de acesso, permanência e êxito da fase formativa, é necessário introduzir na estratégia da política educacional critérios de indução e mensuração do êxito extramuros (programas de acompanhamento de egressos, trazendo para dentro dos currículos a percepção de ex-alunos, familiares, empresários e demais envolvidos).

Como conclusão provisória, fazendo uma ponte entre a realidade do PNE vigente e alguns pressupostos da teoria reticular, tributa-se o desinteresse das populações mais jovens pela instituição escola a pelo menos cinco nuances idiossincráticas do processo de formação humana gerido há séculos pelo Estado: a) *desatualização curricular* e resistência em sintonizar o que se ensina ao que se deseja aprender; b) conformação desequilibrada da rotina escolar no "novo" espaço-tempo dos *actantes* de Gaia – sem a devida resiliência às *mudanças de comportamento comunicacional*; c) *escassez ou ausência de uma metodologia ágil e permanente de atualização legal* dentro dos mecanismos burocráticos do Estado que permita o abandono de práticas e discursos ultrapassados e a experimentação e incorporação de fazeres distintos daqueles que ultrapassam gerações com resultados claudicantes; d) *egocentrismo acadêmico* que faz perpetuar a falta de horizontalidade nas relações acadêmicas e extramuros científicos – colocando com frequência em lados opostos vida cotidiana e escola, mundo do trabalho e ciência; e) *falta de plataformas confiáveis na gestão e monitoramento de recursos investidos na educação, na ciência e na tecnologia*, impedindo a transparência e fiscalização e criando lacunas obscuras no transcurso governamental, de modo que facilmente se imprimam na opinião pública narrativas que associam fracasso escolar à falta de orçamento. Adicionalmente, como uma das hipóteses que se persegue na esteira desta pesquisa, abre-se uma dimensão menos pragmática para justificar o evento de "desistência dos estudos" (ou fracasso do sistema educacional): crianças, jovens e adultos estão desorientados pela falta de sentido na relação da rotina escolar com suas vivências e objetivos de vida.

No transcurso do presente artigo pode-se observar que essas nuances são verificáveis, mas não são as únicas que *a priori* justificam o cenário. Temos uma fotografia potencial para orientar novos rumos à política educacional de nações que pretendem virar a página amarelada desse caos de desempenho e encontrar capítulos mais qualificados de êxito humanístico pela escola. Aliás, registra-se uma sexta e complexa consideração fundante da educação brasileira que precisa melhorar na próxima década: as raízes antropocentristas. Sem uma perspectiva mais ecosófica dos currículos e da didática, repetiremos erros de outras revoluções recentes na história da Terra (que se conveniou chamar de história da humanidade – tamanha a confusão entre ser social e ser orgânico). A ausência da perspectiva da cultura da escassez nas escolas distancia as novas gerações da responsabilidade individual e coletiva para o bem-estar no Planeta.

Referências

BRASIL. INEP – Instituto Nacional De Estudos E Pesquisas Educacionais Anísio Teixeira. *Plano Nacional de Educação PNE 2014-2024*: linha de base. 2021.

BRASIL. Lei nº 9.394, de 20 de dezembro de 1996. Estabelece as diretrizes e bases da educação nacional. Diário Oficial da União, Brasília, DF, 23 dez. de 1996. Disponível em: http://www.planalto.gov.br/CCIVIL_03/leis/L9394.htm. Acesso em: 12 fev. 2023.

CALDAS, Eduardo de Lima. Combatendo a evasão escolar. *Fundação Perseu Abramo*, 19/05/2006. Disponível em https://fpabramo.org.br/2006/05/19/combatendo-a-evasao-escolar/. Acesso em 12 fev. 2023.

DI FELICE, Massimo. Redes sociais digitais, epistemologias reticulares e a crise do antropomorfismo social. *Revista USP*, n. 92, p. 6-19, 2012.

FREITAG, B. *Escola, Estado e sociedade*. 4. ed. São Paulo: Moraes, 2003.

LATOUR, Bruno. *Reagregando o social*: uma introdução à teoria do ator-rede. Salvador: Edufba, 2012.

POSSA, André Dala. *Interação comunicacional de estudantes do ensino médio*: netnografia para compreensão da nova ecologia cognitiva. 2018. Tese (Doutorado em Interfaces Sociais da Comunicação) – Escola de Comunicações e Artes, Universidade de São Paulo, São Paulo, 2018. DOI 10.11606/T.27.2019.tde-17042019-152141.

________. A creditação curricular da extensão no IFSC. *Caminho Aberto*: Revista de Extensão do IFSC, Florianópolis, vol. 10, 2019. DOI https://doi.org/10.35700/ca2019010%p2745

RIFKIN, Jeremy. *A terceira revolução industrial*: como o poder lateral está transformando a energia, a economia e o mundo. São Paulo: M. Books, 2021.

PARTE V

PERSPECTIVAS DA COMUNICAÇÃO PARA A CIDADANIA DIGITAL

Pensando o design como prática de conexão com Gaia: uma introdução

Eli Borges Junior[1]
Bruno Madureira Ferreira[2]
Rita Nardy[3]

Problemática

As plataformas digitais e o processo de plataformização que emergiram a partir da virada dos anos 2000, para além de

1 Professor Adjunto da Faculdade de Comunicação Social da Universidade Federal de Juiz de Fora (UFJF). Doutor e mestre em Ciências da Comunicação pela Escola de Comunicações e Artes da Universidade de São Paulo (ECA/USP), bacharel em Comunicação Social pela ECA/USP e em Filosofia pela Faculdade de Filosofia, Letras e Ciências Humanas da USP (FFLCH/USP). E-mail: ridolfi.eli@gmail.com.

2 Mestre em Ciências da Comunicação pela Escola de Comunicações e Artes da Universidade de São Paulo (ECA/USP), bacharel em Design pela Faculdade Esamc de Uberlândia. E-mail: bmferreira.researcher@gmail.com.

3 Doutoranda em Ciências da Comunicação pela Escola de Comunicações e Artes da Universidade de São Paulo (ECA/USP), bacharel em Comunicação Social - Jornalismo pela FIAM-FAAM, graduada em Ciências Biológicas e mestre em Ecologia e Recursos Naturais pela Universidade Federal de São Carlos (UFSCar). Sócia-diretora da Società Consultoria em Sustentabilidade. E-mail: ritanardy@gmail.com.

mudanças qualitativas em nossa sociabilidade, deixou candente para muitos pensadores a sensação de que nossas formas modernas de ser no mundo já não dão conta de oferecer respostas consistentes às demandas contemporâneas, às constantes e concomitantes crises sociais, políticas, econômicas e, especialmente, ao colapso ecológico que enfrentamos.

Na esfera do conhecimento e, particularmente, no campo do design, essa insuficiência também começa a ser percebida. Podemos mencionar, por um lado, a titubeante história de abordagens excessivamente racionalizadas (BONSIEPE, 2011; 2015), como as do *Design Methods Movement* (DMM) e seus desdobramentos, os quais correspondem a uma perspectiva moderna, atrelada ao setor industrial e que, portanto, busca seu lastro acadêmico-científico nas ciências duras, como as engenharias e a física (CROSS, 1993; LANGRISH, 2016). Ou, em outra vertente, vale citar a emergência do design digital, a popularização dos computadores, das tecnologias e das plataformas digitais e, portanto, o contato do design com uma lógica em rede, que demanda outras abordagens e formas de se pensar o próprio campo e suas práticas, como nos enseja o livro *Digital Design Theory*, organizado por H. Armstrong (2016).

Para J. Langrish (2016), por exemplo, um possível caminho para o DMM seria buscar seu lastro acadêmico-científico nas ciências biológicas e não na física. Enquanto essa última trabalharia com forças, a biologia lidaria com interações; enquanto a primeira se ocuparia com problemas simples (de causa e efeito), a última seria mais adequada para a complexidade. H. Dubberly (2008), por sua vez, também apontaria essa transição ao afirmar que, no contexto e nas práticas do design na era da informação, houve uma mudança do *ethos* de objetos-mecânicos para um *ethos* de sistemas-orgânicos.

À medida que surgem teorias com fins de compreender o mundo de modo mais relacional (HARAWAY, 2016; STENGERS, 2018; DI FELICE, 2020; FLORIDI, 2014; 2022), teóricos e especialistas do design passam a refletir sobre seu papel no mundo, buscando compreender os efeitos e as consequências de suas práticas que, até então, mantinham-se alheias àquilo que ocorria fora do âmbito dos estúdios, escritórios e oficinas. É nesse sentido que proposições questionadoras do *status quo* das práticas do design começam a aparecer (MARGOLIN, 1998; OOSTERLING, 2009; ESCOBAR, 2018; FRY, 2020), buscando encontrar novos caminhos e estabelecer uma filosofia do design em maior sintonia com as demandas contemporâneas.

Com a difusão da lógica das redes, ao passo que postulados como a "Teoria de Gaia" de J. Lovelock (1995) ou o "Pilha" (*stack*) de B. Bratton (2016) ganham evidência, flertando com uma concepção de mundo mais inter-relacionado e interconectado, teóricos do design encontram substratos para pensar o design *in se* e *per se*. Especialmente no contexto em que, como aponta B. Latour (2014) na ocasião de sua conferência à Design History Society, o design passa a se expandir e ganhar mais força, não estando mais ligado somente aos objetos do cotidiano, mas passando a atuar na elaboração de cidades, paisagens, nações, culturas, corpos, genes e, até mesmo, da própria natureza.

É nesse sentido que buscamos apresentar uma reflexão inicial sobre o design não enquanto uma atividade projetual, mas como uma prática de conexão em tempos de crise; não apenas do humano com os objetos, as coisas, mas do humano com o próprio mundo natural, com Gaia.

A biosfera como modelo de conexão

Em um artigo publicado pela revista *Nature* no início dos anos 2000, P. J. Crutzen (2002) valeu-se do termo "Antropoceno" para designar o tempo geológico presente, marcado pelos efeitos da ação humana no ambiente e no clima globais. A expansão de nossa presença no mundo, o desenvolvimento técnico e o aumento da população, com a consequente ampliação e complexificação de nossas atividades como humanidade, transformaram-nos em agentes de mudanças em um nível não mais regional ou local, mas planetário (WILSON, 2012).

Na década de 1960, R. Carson (2000) alertava para os riscos ao equilíbrio ambiental associados à poluição causada pelas atividades humanas, sendo considerada precursora do movimento ambientalista norte-americano. Em 1972, outro importante relatório denominado *Limites do Crescimento* (MEADOWS et al., 1972) analisou os impactos do incremento da população mundial e do consumo sobre a capacidade de regeneração e a disponibilidade de recursos naturais globais. Esse documento já apresentava uma análise relacionando as atividades humanas à manutenção do equilíbrio dinâmico da Terra. Mais recentemente, os relatórios do Painel Intergovernamental de Mudanças Climáticas (da sigla em inglês IPCC – Intergovernmental Panel on Climate Change), que versam sobre as alterações ambientais causadas pelas mudanças no clima global, em conjunto com a abordagem *Planetary Boundaries* (STEFFEN et al., 2015), desenvolvida pelo Centro de Resiliência de Estocolmo, viriam corroborar a necessidade de ampliar o entendimento sobre os efeitos da presença humana no ecossistema terrestre.

Idealizador da Teoria de Gaia, J. Lovelock (1995) reforçaria o grupo de pesquisadores que chamam a atenção para a necessidade de se estudar as inter-relações e a interdependência da espécie humana "com" e "na" biosfera. A teoria, inicialmente, sugeria que a Terra se comportaria como um complexo sistema que se autorregula, tal como um organismo vivo. Após atualização, seus postulados passaram a descrever um modelo de rede que reúne toda a biosfera em uma estrutura interligada e interdependente. O ecossistema planetário e a vida em si seriam uma propriedade gerada e mantida por todo o conjunto de seus participantes, em conexão – a vida, a atmosfera, o clima, os oceanos e a biodiversidade –, tirando de foco a autorregulação e destacando a coevolução do ecossistema (biosfera).

Dessa forma, a Teoria propõe que a manutenção de condições que permitem o desenvolvimento da vida na Terra seria uma propriedade da biosfera como um todo e estaria relacionada a processos complexos e integrados de evolução conjunta da vida (composta pelas diferentes espécies que habitam a biosfera[4], incluindo a humana), com os ecossistemas, a atmosfera e os demais elementos que compõem nosso planeta (LOVELOCK, 1995).

Em uma releitura contundente, B. Latour (2020) retomaria a proposição de Lovelock já no contexto do Antropoceno, atualizando a crítica semântica à visão de Gaia como "mãe" ou "deusa-mãe" protetora, a quem buscamos retornar para nossa salvação como espécie, além de também revisar a estrutura geofísica gerada como imagem na figura da Gaia como elemento

---

4 Como ressalva Lovelock, "a biosfera foi definida no século XIX pelo geólogo austríaco Suess como sendo a região geográfica da Terra onde se encontra a vida. Mais tarde, tornou-se uma palavra em voga e, consequentemente, vaga, um catálogo de todas as espécies de organismos. Neste livro, usei o termo no sentido geográfico original" (LOVELOCK, 1995, p. 158).

cosmológico ou científico inovador: Gaia é mais do que ecológica e mais do que política; é uma estrutura nova que representa uma visão de mundo ainda em construção.

O autor apresenta "sua" Gaia como resultado de interações e relações, ressaltando sua condição de interdependência, assim como aquela dos "humanos-terrestres" que nela habitam, ressaltando ainda a necessidade de se diferenciar Gaia de uma visão clássica de "Natureza", complemento ou conceito antagônico da ideia de "Cultura". Sendo esses conceitos autorreferentes e que dependem, para existir, da oposição entre duas visões de mundo, o binômio "Natureza/Cultura" seria um dificultador à compreensão de uma nova visão sobre a própria ideia de Gaia como "organismo-rede", formada pela transformação constante de seus integrantes em conexão.

O filósofo francês retoma, ainda, as proposições da Terra em movimento de Galileu e a estranheza e a resistência que ideias disruptivas do modelo de entendimento do mundo fizeram emergir (LATOUR, 2020). Ao mesmo tempo, discute como são tais ideias que acabam por ampliar – por fim – o próprio entendimento de nossas relações no planeta, com impactos na filosofia, na economia, no direito e também nos modelos de comunicação e/ou conexão.

Latour destaca a característica disruptiva da proposição de Lovelock no sentido de que a biosfera, na compreensão da Teoria, não teria uma intencionalidade ou um fim em suas ações e constituir-se-ia a partir dos movimentos interdependentes dos "microatores" que a compõem, influenciando-se mutuamente. Ou seja: seria o movimento de transformação constante, por meio da conexão e da reconexão, que faria emergir a estrutura, sempre mutante e difícil de definir. Para resumir a ideia, a Terra "não foi fabricada; ninguém a mantém; mesmo que fosse uma 'nave espacial', não teria um piloto" (LATOUR, 2020).

Aludindo também à lógica da descentralização e da interdependência, J. Rifkin, em *A terceira revolução industrial*, aponta que a economia e a infraestrutura social poderiam ser compreendidas como "redes vivas". Segundo o autor, ambas evoluem e transformam-se, ao longo do tempo, em conexão com as transformações nos modelos de base energética e de comunicação. Rifkin (2012) propõe que grandes alterações no modelo socioeconômico, ao longo da história recente, ocorreram nos momentos em que novas tecnologias de comunicação e novos sistemas energéticos emergiram de maneira convergente na sociedade. O autor descreve que as mudanças desses três componentes potencializam uma evolução em inter-relação. O surgimento de sistemas baseados em novas fontes de energia ou em novas tecnologias permitiram o aparecimento de outras modalidades de atividades econômicas e de relações cada vez mais complexas. As novas formas de comunicação representam, nesse quadro de "revoluções" - como se refere o autor a tais mudanças –, o fator que organiza e direciona as relações e processos referentes aos novos sistemas socioeconômicos e energéticos em recombinação e crescimento (aumento de conexões e complexidade).

A infraestrutura, base do desenvolvimento dos sistemas econômicos, comportar-se-ia como um ecossistema (rede ecológica) em constante transformação. Seu desenvolvimento ocorreria a partir de novas conexões estabelecidas por meio das tecnologias e dispositivos, os quais comporiam um novo binômio, "energia-comunicação". Se a primeira Revolução Industrial se deu pela inter-relação entre a tecnologia do cilindro a vapor (carvão) e as mídias impressas, a segunda teria sido proporcionada pelo surgimento do motor à combustão (combustíveis fósseis), aliado à comunicação via eletricidade. Estaríamos, assim, segundo Rifkin, vivendo uma terceira Revolução Industrial, caracterizada pela emergência de uma nova economia, baseada nas tecnologias digitais e na comunicação em rede, mas à espera de um novo modelo energético que a abasteça. A base fóssil, ainda vigente, recurso finito e de alto custo financeiro e impacto ambiental, representaria um motivador das crises recorrentes em um sistema econômico em transição, de um modelo industrial para o pós-industrial (RIFKIN, 2012).

As transformações na economia, na sociedade, na biosfera e na comunicação, em consequência desses novos arranjos, alterariam modelos de negócio, impactando as relações de trabalho e reconfigurando as formas de articulação e de expressão sociopolíticas, comunicativas, culturais, artísticas, em um movimento acelerado. Nesse novo ecossistema, no qual tais dispositivos e tecnologias são centrais, o consumo de energia cresce em escala em relação ao aumento da complexidade tecnológica e das estruturas socioeconômicas que a acompanham. Esse ecossistema inclui os actantes que compõem as diversas cadeias produtivas interconectadas, seus mercados e o sistema financeiro globalizado, as empresas de comunicação organizadas em formato de redes digitais (tais como Facebook, LinkedIn, Twitter, YouTube, TikTok, Instagram etc.), a economia de plataformas, as estratégias de marketing de dados e os consumidores-cidadãos, os governos, a academia... todos em conexão habitando a biosfera.

Por fim, o trabalho do teórico do design B. Bratton (2016) também nos permite pensar as conexões biosféricas a partir de uma perspectiva sociotécnica, assim como seus efeitos geopolíticos, sociais e ecológicos. O autor sustenta a ideia de que as tecnologias digitais contemporâneas não devem ser compreendidas enquanto entidades isoladas, mas como uma "megaestrutura acidental" – a qual chamará de "Pilha" –, resultante da computação em escala planetária. Em uma obra seminal, *The Stack: on Software and Sovereignty*, Bratton estabelece uma estratificação em seis camadas (Terra, Nuvem, Cidade, Endereço, Interface e Usuário), explicitando as diferentes tecnologias que as comporiam e as inter-relações e interdependências no que descreve como uma "plataforma das plataformas" (BRATTON, 2016). Em comentário a essa proposição de Bratton, o filósofo da tecnologia Cosimo Accoto (2020) afirmaria que sua "megaestrutura" consiste em uma arquitetura complexa e abrangente, a qual conectaria a extração de materiais e recursos da Terra com a ativação de infraestruturas e fluxos logísticos, a implementação de serviços e aplicações em nuvem, a regulação algorítmica urbana e o posicionamento de objetos e pessoas na rede e no espaço, bem como a contínua predisposição de interfaces para a interação de atores humanos e não humanos.

O geográfico e o algorítmico: da lógica da mídia à lógica da rede

Se há um campo em que se poderia reconhecer um dos vórtex das transformações anteriormente apontadas, é aquele da comunicação contemporânea. E isso não se explica somente pelo surgimento de novas tecnologias comunicativas – sobretudo as digitais –, mas, principalmente, por aquilo que definimos como a alteração da própria lógica comunicativa advinda de todo o conjunto de transformações técnicas experimentadas, a passos largos, nas últimas décadas.

O advento de uma inovação técnica comunicativa em um determinado contexto insinua, se não uma alteração, o próprio surgimento de um conjunto de relações diversas entre aqueles que dela se valem e o ambiente. Essa modificação é tão abrangente quanto maior for o nível em que a inovação é empregada na prática. Em certa medida, é a essa ideia que nos convida a obra de Massimo Di Felice e sua noção de "forma comunicativa de habitar" (DI FELICE, 2009).

Se M. McLuhan (1994; 2020) já assevera, na década de 1960, que a emergência de um novo meio de comunicação estaria relacionada não apenas a novas possibilidades de se estabelecer contatos ou de se transmitir mensagens, mas sobretudo a uma mudança na própria ecologia da escrita e da leitura, Di Felice parece elevar essa noção à nossa própria condição habitativa. O advento de novos *media* implicaria, assim, não apenas uma "extensão" do corpo humano e de suas capacidades sensórias, mas a reconfiguração de todo o seu modo de ver e perceber a realidade, ou mesmo, da constelação de aspectos que formam sua "visão de mundo".

É justamente esse seu caráter abrangente e decisivo que justificaria, ao observarmos a história, relacionar o surgimento de uma tecnologia comunicativa a uma verdadeira «revolução» na relação entre o humano e seu entorno. Pensemos, por exemplo, no advento do sistema de escrita fonética sintetizado pelo alfabeto grego e o que isso representaria para as formas de registro do conhecimento até então existentes. A filosofia e sua derivação em campos do saber, a política e as formas institucionalizadas de governo, o direito e a complexificação das leis e seus mecanismos de fiscalização e aplicação são diretamente tributários dessa então nova possibilidade material de manifestação dos valores comuns da vida societária. De fato, como nos incitam a pensar J. P. Vernant (1962) e G. Reale e D. Antiseri (2013), a escrita alfabética e a organização do discurso, com a sofisticação no emprego do *logos*, seriam fundamentais à passagem de uma sociedade articulada no mito para um contexto cada vez mais ancorado na razão. A escrita representaria, nessas circunstâncias, chave fundamental para o ingresso em uma época que suplantaria, cada vez mais, a centralidade da tradição oral e das explicações de mundo eminentemente fantásticas e sem vinculação lógica.

Em um sentido similar, Di Felice aponta-nos um outro momento revolucionário a partir do advento da prensa gutenberguiana, em meados do século XV. Essa tecnologia comunicativa propiciaria, por meio do formato livro, uma – à época – inigualável velocidade de cópia, facilidade de transporte e agilidade no acesso a obras até então monopolizadas nos pergaminhos restritos aos monastérios. O advento do objeto livro cria consigo a figura do leitor, daquele que tem acesso aos escritos por si mesmo, podendo posicionar-se diante desses e perante o mundo não a partir do espaço da audiência, mas daquele de sujeito que pensa, calcula, descobre e projeta por meio de sua própria consciência. É nesse sentido que não seria hiperbólico reconhecer as grandes obras do Renascimento, as descobertas científicas de Galileu, a filosofia cartesiana, bem como boa parte da ciência moderna, como importantes legados diretos dessa inovação de J. Gutenberg.

O surgimento dos meios de comunicação de massa, no final do século XIX, como o telégrafo, a fotografia, o cinema e, mais adiante, o rádio e a televisão, catapultariam o afã revolucionário da modernidade, assim como seu esforço de contraposição ao "eterno e imutável" da tradição (BAUDELAIRE, 1995) e suas modalidades de expressão, da política à religião, das artes à ciência. Se, por um lado, como proclama M. Berman (1982), a época moderna é uma "forma de experiência vital", por outro, parece não ser possível conceber essa incursão em uma outra concepção de mundo sem a participação dos *media* de massa. Os grandes conflitos entre as potências, as formas de reconfiguração do Estado a partir de seus mecanismos de controle e vigilância e até mesmo a conquista de direitos sociais, sobretudo após a Segunda Grande Guerra, estão direta ou indiretamente vinculados ao poder de penetração desses meios e ao lugar que ocuparão junto à nova dinâmica de operação dos Estados democráticos de direito.

A lógica dos *media* de massa, a partir da velocidade de suas conexões elétricas, com o telefone e o rádio, bem como sua imagem em movimento, com o cinema e a TV, visaria vencer as distâncias geográficas: de fato, esses meios serão grandes protagonistas nos propósitos de integração territorial de governos, assim como nos interesses (de várias ordens) em se fazer com que as informações da imprensa alcançassem o maior público possível. Daí resultaria não somente o acesso mais amplo aos conteúdos – e a formação do que se chamará por massas (LE BON, 2013; FREUD, 2012) –, mas uma profunda alteração nas noções de espaço e tempo, sendo esse, inclusive, um dos principais aspectos que nos permitiriam vislumbrar a emergência de um novo estado de coisas, ou uma nova "condição" – empregando aqui o termo de D. Harvey (2010).

Isso se torna ainda mais cristalino quando nos propomos a pensar o elemento digital. De fato, aspecto fulcral a ser inaugurado por seus dispositivos seriam os novos formatos e intensidades a partir dos quais se dariam os fluxos comunicativos: as conexões planetárias cada vez mais rápidas e os modos e meios a partir dos quais passariam a operar – com a descentralização dos núcleos de produção e recepção da informação – propiciariam um cenário em que essa lógica tendencialmente horizontalizada verteria a outras áreas que não somente as do campo da comunicação por excelência.

A lógica reticular do digital expressar-se-ia como um modo de operação em áreas e disciplinas as mais diversas: na política e seus movimentos net-ativistas ou nas formas anti-sistema; nos circuitos alternativos das artes e suas temáticas até pouco tempo consideradas "minoritárias", bem como no reforço a práticas curatoriais polarizadas; na economia e nas possibilidades de construção de formas de trabalho colaborativas e horizontalizadas; ou, em uma chave diametralmente oposta, em formas de operação de mercado cada vez mais centralizadas, dissimulando práticas trabalhistas exploratórias e/ou extremamente precárias. De certo modo, é possível aventar que a lógica de rede presente nas comunicações digitais sobreviveria, em distintos formatos e dimensões, como lógica presente nas mais variadas esferas da vida social. É também nesse sentido que talvez possamos falar em um processo de "digitalização" da vida contemporânea.

Se, ao mesmo tempo, é imperioso resguardar de qualquer filiação determinista essa proposta (já que aqui a tecnologia é muito mais um elemento precipitador do que determinante), é também necessário reconhecer o papel de destaque que o elemento tecnológico comunicativo passaria a expressar. Papel esse que poderia nos conduzir mesmo a uma redefinição de sua própria condição: é nesse sentido que Di Felice, buscando superar a filiação etimológica do termo mídia a uma ideia de instrumentalidade ("meio", *medium*, como algo que visa ou serve a outra coisa), sugere o emprego da expressão "arquitetura informativa" (DI FELICE, 2017), pretendendo abranger, com esta, a complexidade de aspectos à qual, de fato, estaria relacionada a atuação desses dispositivos no mundo digital. Se a lógica da rede é aquela que impera nessa nova condição, seus instrumentos de operação parecem ser, por excelência, as chamadas "plataformas digitais".

Expandindo a noção de design

Se pretendemos nos debruçar sobre as formas de conexão da biosfera e as diversas entidades que a compõem - humanos, não humanos, substratos terrestres, atmosfera, microrganismos, assim como as tecnologias digitais, os algoritmos, os *big data* e tantas outras - precisamos falar também das interfaces que possibilitam essas inter-relações e, em especial, de sua elaboração e seus recursos de operação. Em outras palavras, é necessário falar de seu design. Mas não trataremos apenas do design sob seus aspectos metodológicos disciplinares, de novas práticas. Pretendemos abordar, sobretudo, seu caráter transdisciplinar, refletindo sobre seu papel desempenhado no contexto informacional e sua função de responsabilidade de elaboração dos novos espaços e arquiteturas informacionais.

Para Bratton (2016), por exemplo, tanto na arquitetura, como na computação e na política, existe um atravessamento dos significados das palavras "plataforma" e "programa", resultando tanto em uma questão de design quanto em uma técnica de governança. A triangulação entre local projetado, ação projetada e *polis* projetada remete a uma trama (*plot*), um plano: como assevera, "em muitos aspectos, o que a sociedade costumava requisitar da arquitetura - a organização programática da conexão e desconexão social de populações no espaço e no tempo - agora (também) requer do software" (BRATTON, 2016, p. 43, tradução nossa) e, por extensão, do design, responsável pela elaboração dessas novas espacialidades das plataformas digitais.

O autor, ao descrever a "megaestrutura acidental" formada pela computação em escala planetária, define-a não apenas como um modelo descritivo da arquitetura geopolítica e do poder globais – proporcionados sobretudo pelas *big techs* (Meta, Google, Apple, entre outras) –, mas também como um modelo projetivo daquilo que está por vir (compreendendo aqui a computação em escala planetária como "meta-infraestrutura" e a informação como agente histórico de comando econômico e geográfico).

O próprio Latour (2014), em sua conferência para a Design History Society, anteriormente citada, ressaltaria a importância de se pensar uma "filosofia do design". Um aprofundamento e expansão do conceito do design, nos moldes de uma filosofia do design, portanto, permitir-nos-ia pensá-lo sob uma ótica relacional com Gaia e vice-versa. Pensar o design não apenas enquanto constituinte de Gaia, como também pensar Gaia como um bioproduto dos agenciamentos do design.

Tony Fry (2020) parece dar um importante passo nesse sentido. Em sua obra *Defuturing: a New Design Philosophy*, publicada em 1999, o autor apresenta o conceito de "defuturação", que visa circunscrever a história e a produção do mundo material, demonstrando como a história dessa produção foi, até o momento, aquela de sustentar o insustentável, que elimina possibilidades de futuros ou, como ele define, produz a "defuturação". Ao longo do livro, Fry contrapõe a história do design e da tecnologia a uma teoria da insustentabilidade, situando a primeira como a história do erro e da irracionalidade no centro do progresso rumo à insustentabilidade. Para o autor, a questão do design é muito mais complexa e importante do que os próprios designers e acadêmicos do campo reconhecem, uma vez que não se separa do estabelecimento de direções e tomadas de decisões que determinam formas sustentáveis ou insustentáveis de futuro. Desse modo, uma filosofia do design não se daria pela articulação de um novo sistema ou enquadramento teórico, mas por uma viragem ontológica capaz de transformar como o design é visto, ouvido, sentido, pensado, entendido, explicado e praticado.

Em outras palavras, o que Fry defende é que todo design, em seu processo, "futura" (possibilita futuros) ou "defutura" (elimina ou nega possibilidades de futuro), e o ambiente do qual todo elaborar e todo objeto elaborado emergem é uma elaboração que prefigura e antecipa a própria ação do designer e a forma do design. Em outras palavras, elaboramos nosso mundo ao passo que o mundo nos elabora. Assim – estabelecendo um diálogo livre entre o pensamento de Fry e a estética de L. Pareyson –, é possível dizer que o design moderno, enquanto "forma formada", negligencia a "forma formante"[5], ou seja, o processo, que constitui sua própria natureza.

Fortemente influenciado pela fenomenologia hermenêutica de M. Heidegger, Fry busca na "relacionalidade" uma forma de mostrar como os termos design, sustent-abilidade[6]/insustentabilidade e defuturação/futuração estão dinamicamente articulados um com o outro, não apenas como opostos. A relacionalidade possibilita pensar os modos de ser-no-mundo em relação aos modos de ser-do-mundo, enquanto condição de implicação.

> Como conceito, a relacionalidade fala da inseparabilidade da troca material e simbólica. Não apela a um ser supe-

5 Fazendo aqui referência às noções de *forma formata* e *forma formans* apresentadas pelo filósofo italiano Luigi Pareyson (1984; 1993).

6 A grafia separada por hífen é uma escolha do próprio autor, ao que parece como forma de enfatizar a ideia de uma habilidade de sustentar (do inglês *sustain-ability*) e para distinguir a sua proposição do discurso político sobre sustentabilidade.

> rior ou a uma categoria de conhecimento de uma autoridade transcendente. Fluxo substitui chegada, e essências não estão alojadas nas coisas, ou podem ser capturadas e mantidas; ao contrário, elas são entendidas como provenientes de relações conjunturais entre coisas materiais e imateriais. A relacionalidade é tempo e movimento; é dinâmica. Além disso, a relacionalidade é o caminho da linguagem. Igualmente, é uma compreensão da informação, do animado, do inanimado, da troca, da transformação e de um limite finitudinal além do biocentrismo ou extensões metafóricas do pensamento ou modelagem ecológica (FRY, 2020, p. 12).

Com base, majoritariamente, nos trabalhos de T. Winograd e F. Flores (1986) e T. Fry (2020), a pesquisadora Anne-Marie Willis (2006) começa a delinear um campo denominado *Ontological Designing*, caracterizando-o, primeiramente, como uma hermenêutica do design, preocupada com a natureza e o agenciamento do tema (compreendendo esse último como uma prática descentralizada do sujeito, que reconhece que coisas – assim como pessoas – projetam) e, em uma segunda chave, como um argumento para formas particulares de atividade do design, especialmente no atual contexto de insustentabilidade ecológica, o que implica em si em uma política.

Em seu livro *Designs for the Pluriverse*, o antropólogo A. Escobar (2018) aprofunda a temática trazendo, em um primeiro momento, uma contextualização na qual, por um lado, abarca textos da literatura do design que delineiam uma abordagem de estudos culturais do tema, apresentando novos papéis sociais e modos de operação do mesmo sem, contudo, questionar o enquadramento cultural-filosófico do qual a prática do design emerge – contexto esse que, segundo o autor, em geral, é moderno, eurocêntrico, capitalista e patriarcal. Por outro lado, contrasta a esses textos tendências teóricas e debates sobre design promovidos por outros campos do conhecimento, como a antropologia, a ecologia, a arquitetura e o urbanismo, os estudos sobre o digital, os estudos sobre desenvolvimento, a ecologia política e a teoria feminista. Essa contraposição oferece uma base contundente para se compreender o nexo entre design, cultura e a construção da realidade em nossa conjuntura histórica específica.

Em um segundo momento, o autor também propõe uma chave de leitura ontológica para analisar não apenas o pano de fundo cultural do qual o design emerge (uma tradição racionalista associada à epistemologia objetificante cartesiana) como também delineia uma abordagem ontológica do design – essa, por sua vez, situada na esteira de um emergente campo de estudos ontológico-político, que propõe perspectivas alternativas conceitualizadas nos termos da noção de relacionalidade. Aqui, Escobar (2018) vai ao encontro da proposição do design ontológico apresentado por Willis (2006), com a distinção de que, para o antropólogo, o design ontológico, assim proposto, funcionaria como um meio de se pensar o design e de contribuir para a transição da hegemônica ontologia moderna de um mundo único para um pluriverso de configurações socionaturais. O design ontológico seria uma ferramenta para reimaginar e reconstruir mundos locais.

Por fim, Escobar (2018) apresenta o contexto político cultural no qual emergem práticas de design pluriversais, analisando as narrativas sobre transição ecológica e cultural nos discursos tanto no Norte quanto no Sul Globais. Trabalhos sobre decrescimento, "fazer comum", convivialidade e uma variedade de iniciativas pragmáticas de transição (no Norte Global), bem como debates sobre *Buen Vivir*, os direitos da natureza, lógicas comunais e transições civilizacionais (no Sul Global, em especial na América Latina) que pregam mudanças radicais nos modelos de vida e de economia vigentes, ofereceriam o arcabouço mais adequado para se pensar um reenquadramento ontológico do design. Ao norte, o antropólogo cita como exemplo duas iniciativas: o programa de pesquisa da Carnegie Mellon University denominado *Transition Design*, e a conceitualização de design para inovação social proposta por Ezio Manzini. Ao sul, Escobar (2018) propõe o Design Autônomo, entendido como uma prática de design para realização do comunal, com comunidades, com o intuito de contribuir para as realizações dessas enquanto tais.

Considerações Finais

Estar no mundo causa impacto. A perspectiva hegemônica que desconsidera os recursos finitos do planeta Terra começou a encontrar seus limites ainda em meados do século passado. Visões de mundo alternativas, como a proposição de Gaia, ainda em construção, oferecem uma contraposição e caminhos para repensarmos as nossas relações como membros constitutivos da biosfera e não como seus meros ocupantes. Pensar o design como prática de conexão com Gaia e dessas visões de mundo ainda em construção é justamente atentar-se para esse processo, inserir o design nos debates e reflexões sobre aquilo que está sendo construído e, como afirma Fry, tomar parte no estabelecimento de direções e tomadas de decisões que determinam formas sustentáveis de futuro.

Se, como sugere Lovelock e, mais incisivamente, Latour, a biosfera é fruto de um movimento de transformações constantes, por meio da conexão e reconexão de seus microatores, talvez um caminho para se pensar uma prática do design nesse contexto seja estender a compreensão da megaestrutura de computação em escala planetária, proposta por Bratton, para uma organização programática desses microatores (humanos e não humanos), no espaço e no tempo.

Di Felice oferece-nos uma ponte: se Bratton propõe que arquitetura e software (as plataformas digitais) são responsáveis pela organização social, no espaço e no tempo, de populações, a partir do conceito de "cidadania digital", Di Felice nos torna possível pensar esse social como algo estendido aos não humanos (não apenas aqueles tecnológicos, mas também a própria biodiversidade). Bratton, de certa forma, engloba os não humanos, mas Di Felice permite um reforço mais explícito desse entendimento e um diálogo direto com a proposição de Gaia. A elaboração, portanto, de novas espacialidades por parte do design deve pressupor a organização de um social constituído por humanos, pelas tecnologias e pela biodiversidade na formação de Gaia.

A expansão do conceito de design, portanto, torna-se não somente necessária como também abre caminhos possíveis para uma prática de conexão, conforme mostrado por noções como as de Design Ontológico, Design de Transição, Design Autônomo, entre outras. As possibilidades efetivas e os limites dessas proposições, bem como a emergência de novos caminhos nesse sentido, ainda precisam ser aprofundados e deverão ser temas de estudos futuros.

Referências

ACCOTO, C. *O mundo dado:* cinco breves lições de filosofia digital. São Paulo: Paulus Editora, 2020.

ARMSTRONG, H. (org.). *Digital design theory:* readings from the field. Nova York: Princeton Architectural Press, 2016.

BAUDELAIRE, C. The painter of modern life [1863]. In: BAUDELAIRE, C. *The painter of modern life and other essays.* 2. ed. New York: Phaidon Press, 1995.

BERMAN, M. *All that is solid melts in the air:* the experience of Modernity. New York: Verso, 1982.

BONSIEPE, Gui. *Design, cultura e sociedade.* São Paulo: Blucher, 2011.

________. *Do imaterial ao digital.* São Paulo: Blucher, 2015.

BRATTON, B. H. *The stack:* on software and sovereignty. Cambridge: MIT Press, 2016.

CARSON, R. *Silent Spring.* London: Penguin Classics, 2000.

CROSS, N. Science and design methodology: A review. *Research in Engineering Design,* v. 5, pp. 63-69, 1993. DOI: https://doi.org/10.1007/BF02032575

CRUTZEN, P. J. Geology of mankind. *Nature,* vol. 415, n. 6867, p. 23, 3 jan. 2002. DOI: https://doi.org/10.1038/415023a

DI FELICE, M. *Paisagens pós-urbanas: o* fim da experiência urbana e as formas comunicativas do habitar. São Paulo: Annablume, 2009.

________. *Net-Ativismo:* da ação social para o ato conectivo. São Paulo: Paulus, 2017.

________. *A cidadania digital:* a crise da ideia ocidental de democracia e a participação nas redes digitais. São Paulo: Paulus, 2020.

DUBBERLY, H. Design in the age of biology: shifting from a mechanical-object ethos to an organic-system ethos. *Interactions,* v. 15, n. 5, pp. 35-41, 2008. Disponível em: http://www.dubberly.com/articles/design-in-the-age-of-biology.html. Acesso em: 24 jan. 2023.

ESCOBAR, A. *Designs for the pluriverse:* radical interdependence, autonomy and the making of worlds. Durham: Duke University Press, 2018.

FLORIDI, L. *The fourth revolution:* how the infosphere is reshaping human reality. Oxford: Oxford University Press, 2014.

________; NOLLER, J. *The green and the blue:* digital politics in philosophical discussion. Baden-Baden: Nomos, 2022.

FREUD, S. *Psychologie des foules et analyse du moi* [1921]. Paris: Payot, 2012.

FRY, T. *Defuturing:* a new design philosophy. Londres: Bloomsbury Publishing, 2020.

HARAWAY, D. J. *Staying with the trouble:* Making kin in the Chthulucene. Durham: Duke University Press, 2016.

HARVEY, D. *A condição pós-moderna*. Trad. Adail U. Sobral e Maria Stela Gonçalves. São Paulo: Loyola, 2010.

LANGRISH, J. Z. The Design Methods Movement: From Optimism to Darwinism. *Proceedings of DRS 2016*, Design Research Society 50th Anniversary Conference. Brighton, UK, June 2016. Disponível em: https://www.drs2016.org/222/. Acesso em: 24 jan. 2023.

LATOUR, B. Um Prometeu cauteloso?: alguns passos rumo a uma filosofia do design (com especial atenção a Peter Sloterdijk). Trad. Daniel B. Portugal e Isabela Fraga. *Agitprop: Revista Brasileira de Design*, São Paulo, v. 6, n. 58, jul/ago. 2014.

________. *Diante de Gaia:* oito conferências sobre a natureza do Antropoceno. Trad. Maryalua Meyer. São Paulo: Ubu, 2020, versão Kindle.

LE BON, G. *Psychologie des foules* [1895]. Paris: PUF, 2013.

LOVELOCK, J. *Gaia:* um novo olhar sobre a vida na Terra [1972]. Trad. Pedro Bernardo. Lisboa: Edições 70, 1995.

MARGOLIN, V. Design for a sustainable world. *Design Issues*, v. 14, n. 2, pp. 83-92, 1998.

MCLUHAN, M. *Understanding media:* the extensions of man [1964]. New York, 1994.

MCLUHAN, M. *Marshall McLuhan:* aforismos e profecias. Organização de Derrick de Kerckhove e tradução de Julliana Cutolo. Coleção Clássicos para a Comunicação. São Paulo: Paulus, 2020.

MEADOWS, D. et al. *The Limits to Growth:* A report for the Club of Rome's Project of Mankind. London: Universe Books, 1972.

OOSTERLING, H. Dasein as Design Or: Must Design Save the World? *Melintas*, v. 25, n. 1, pp. 1-22, 2009.

PAREYSON, L. *Os problemas da estética*. Trad. Maria Helena Nery Garcez. São Paulo: Martins Fontes, 1984.

________. *Estética:* teoria da formatividade. Trad. Ephraim Ferreira Alves. Petrópolis: Vozes, 1993.

REALE, G.; ANTISERI, D. *Il pensiero occidentale:* 1. Antichità e Medioevo. Brescia: Morcelliana, 2013.

RIFKIN, J. *A terceira revolução industrial:* como o poder lateral está transformando a energia, a economia e o mundo. Trad. Maria Lúcia Rosa. São Paulo: M.Books, 2012.

STEFFEN, W. et al. Planetary boundaries: guiding human development on a changing planet. *Science*, vol. 347, n. 6223, 15 jan. 2015. DOI: https://doi.org/10.1126/science.1259855

STENGERS, I. A proposição cosmopolítica. *Revista do Instituto de Estudos Brasileiros*, Brasil, n. 69, pp. 442-464, abr. 2018. DOI: http://dx.doi.org/10.11606/issn.2316-901X.v0i69p442-464

VERNANT, J.-P. *Les origines de la pensée grecque*. Paris: PUF, 1962.

WILLIS, A.-M. Ontological designing. *Design philosophy papers*, v. 4, n. 2, pp. 69-92, 2006. DOI: https://doi.org/10.2752/144871306X13966268131514

WILSON, E. O. *Diversidade da vida*. Trad. Carlos Afonso Malferrari. São Paulo: Companhia das Letras, 2012.

WINOGRAD, T.; FLORES, F. *Understanding computers and cognition: a new foundation for design*. Boston: Addison-Wesley Publishing Company, 1986.

Jornalismos possíveis: comunicação pelo equívoco e traduções de mundo

Evandro J. M. Laia[1]
Lara L. Guimarães[2]
Adriana Bravin[3]

Introdução

A experiência de um jornalismo no plural, entendido de forma ampla, como tradução de mundos, é o motor da imaginação de outras comunicações possíveis, na abordagem e nas pesquisas apresentadas neste artigo. Desde o Junho de 2013, no Brasil, estamos atentos às reconfigurações das redes sociotécnicas comunicacionais impulsionadas pela emergência de sociabilidades mediadas por telefones celulares, mídias sociais e interações digi-

1 Professor do Programa de Pós-graduação em Comunicação da Universidade Federal de Ouro Preto (UFOP). Doutor em Comunicação pela Universidade Federal do Rio de Janeiro (UFRJ). E-mail: evandro.medeiros@ufop.edu.br.

2 Professora do curso de Jornalismo da Universidade Federal de Ouro Preto (UFOP). Doutora em Comunicação pela Universidade Federal do Rio de Janeiro (UFRJ). E-mail: lara.guimaraes@ufop.edu.br.

3 Professora do curso de Jornalismo da Universidade Federal de Ouro Preto (UFOP). Doutora em Comunicação pela Universidade Federal de Minas Gerais (UFMG). E-mail: adriana.bravin@ufop.edu.br.

tais. Tal cenário tornou possível trazer para o debate vozes pouco presentes, historicamente, nas discussões de interesse público e nos discursos midiáticos. A pandemia de Covid-19 acelerou esse processo e desvelou, a partir da experiência do isolamento social, a consciência de uma conexão entre todas as coisas.

O antropólogo Renzo Taddei, no prefácio do livro *O jornalismo em equívoco* (MEDEIROS, 2022, p. 9), explica que estamos vivendo um transe frente às alterações no modo de existência humana e a consciência da condição da conexão de todas as coisas frente aos desafios trazidos pela iminência das mudanças climáticas e da computação quântica. De acordo com ele, essa seria a mais radical recomposição conhecida entre humanos e não humanos.

> Neste contexto, seres humanos, comunicação e jornalismo serão coisas distintas do que nos habituamos a pensar, uma vez que as condições fenomenológicas sobre as quais o Iluminismo foi constituído como modelo já não mais estarão vigentes. Nas novas redes sociotécnicas em que se constituirão os processos de produção de imaginação coletiva e das convenções sociais, e de onde emergirão novas formas de experiência do mundo e da vida no futuro, as relações entre humanos e máquinas ocuparão lugar central.

Essa abordagem ecológica, ancestral para os povos originários, é uma alternativa viável para pensar um novo tipo de materialidade conectada, ou seja, uma substância que é algo no meio do caminho entre matéria e informação, já que a digitalização tornou "impossível pensar as coisas e os objetos como nos apresentou a filosofia ocidental, isto é, como matéria externa e incomunicante", nas palavras de Massimo Di Felice e Thiago Franco (2017, p. 83). É nesta perspectiva que apostamos na abordagem das emergências comunicacionais, ou seja, de outras mediações possíveis, a partir de uma expertise acumulada em trabalhos empíricos e teóricos que compõe uma certa ideia de uma comunicação pelo equívoco, a partir da experiência dos xamãs yanomamis, mas também de outras cosmologias originárias, em experiências de pesquisa, no campo da Comunicação, apresentadas na segunda parte deste escrito.

Comunicação pelo equívoco

Estendendo a noção de relação entre humanos e máquinas para a relação entre humanos e não humanos, apostamos na construção de uma abordagem não antropocêntrica para pensar os fenômenos comunicacionais, especialmente a partir dos análogos de jornalismo produzidos a partir da digitalização e do uso de smartphones e outros *gadgets*, acionando, inicialmente, a Teoria Ator-Rede (TAR) a partir de Bruno Latour (2005) e André Lemos (2013). Um conceito, como o de meio de comunicação, por exemplo, seria, nesta perspectiva, uma rede sociotécnica, formada por uma conjunção entre humanos e não humanos, incluindo aí toda relação com a parafernália técnica que agencia a produção de discursos sobre o mundo. Assim, o mundo traduzido a partir da relação entre os atores dos meios de comunicação de massa é bem diferente do que é produzido por um grupo de midiativistas conectados em rede por meio do telefone celular, por exemplo. "Na comunicação, a mediação, longe de ser neutra, está inserida na materialidade dos dispositivos, na constituição do seu *design*, no desdobramento das redes que dão apoio" (LEMOS, 2013, p. 22).

Propomos entender o conjunto de meios de comunicação, digitais ou não, especializados ou de massa, gratuitos ou pagos, como um sistema em rede. É um universo de hiperconexão, onde cada pequena alteração impacta todo o sistema. A partir deste modelo sociotécnico, pensamos a rede midiática como um ecossistema em constante movimento, no qual os atores se impactam mutuamente a partir de suas ações, como na lógica de existência dos povos originários do Brasil, especialmente os yanomamis, "cibernéticos por natureza", dada a caraterística de hiperconexão de um modo de existir em que todos os existentes importam, na perspectiva defendida por Monique Figueira (2022, p. 181):

> Observamos, assim, o aspecto plural e relacional da cosmogonia yanomami, de acordo com os sistemas cibernéticos por natureza, em oposição ao pensamento binário. A perspectiva informacional dos ecossistemas biológicos e sociais abre um complexo conjunto de mensagens analógicas, frequentemente nunca traduzido em palavras, em um fluxo de vínculos que constitui o regime de informação da vida.

Um dos aspectos dessa proposta está na observação da relação dos povos ameríndios com objetos, animais e artefatos: assim como humanos conectam-se a não humanos; os não humanos, objetos ou não, também o fazem. Tudo está conectado e ocupa um lugar de importância na teia da vida. É esta certa humanidade compartilhada entre humanos e não humanos, pressuposto de uma cosmopolítica da floresta, que aparece traduzida em *A queda do céu* (KOPENAWA e ALBERT, 2015), obra na qual estão registradas, pela escrita do antropólogo Bruce Albert, as palavras do xamã yanomami Davi Kopenawa. É ele que medeia os acontecimentos, conversa com as gentes de outras espécies, aprende a falar a língua destes outros e comunica pela diferença, traduzindo os mundos de um modo não reducionista, neste ecossistema no qual todas as coisas se comunicam incessantemente.

Da comunicação transespecífica, ou seja, da troca a partir da alteridade radical das diferentes espécies de existentes, fruto de um modo hiperconectado de existência de povos originários amazônicos, Eduardo Viveiros de Castro (2004) faz emergir a teoria do Perspectivismo Ameríndio.

> Penso no tipo de mito em que, por exemplo, o protagonista humano se perde no meio da floresta e chega a uma aldeia estranha. Lá os habitantes convidam-no a beber e se refrescar com uma cabaça de "cerveja de mandioca", que ele aceita com entusiasmo e, para sua surpresa horrorizada, o anfitrião colocou ele na frente de uma cabaça cheia de sangue humano. (VIVEIROS DE CASTRO, 2004, p. 9)

Nesta passagem, o humano vê os animais como pares, como humanos também. É no momento de tomar a bebida que ele percebe: o que o interlocutor chama de cerveja de mandioca, na verdade, para ele, é sangue. O que o humano vê como sangue, o seu interlocutor onça vê como cerveja de mandioca, ou seja, alimento, na perspectiva humana. A maneira como o outro vê a coisa não é um erro em si, mas um "equívoco", no sentido proposto aqui: em cosmos diferentes, a mesma bebida pode ser sangue ou cerveja. O mesmo nome, em realidades distintas, serve para designar coisas diferentes. Para Viveiros de Castro (2004) isso apresenta-se, ao cabo, como condição-limite para toda relação, na floresta ou em qualquer lugar.

É a partir dessas premissas que pensamos a mediação a partir de uma certa ideia de tradução na comunicação hiperconectada dos xamãs, na experiência de acessar os possíveis outros que voltam para contar o que viram, negociar entre as partes e fazer o(s) mundo(s) funcionar(em). A tradução de mundos na perspectiva yanomami é um modelo para uma *comunicação pelo equívoco,* uma mediação que permite a passagem da diferença de um lado para o outro de forma menos redutora.

Propomos, assim, pensar emergências comunicacionais a partir da perspectiva hiperconectada das redes sociotécnicas ancestrais de um modo multirreferencial. Por isso, os modos de existência ameríndios podem nos oferecer pistas importantes: levando-se em conta uma série de atores, além dos humanos, a comunicação da floresta é hiperconectada, a partir da ideia de cuidado mútuo, do modelo xamânico do multirreferencial. Isso é o que chamamos de comunicação pelo equívoco, que, mesmo sob o risco inerente à sistematização, sumarizamos nos seguintes pontos:

> 1) o processo comunicacional é uma rede sociotécnica, fruto dos agenciamentos entre os entes que compõem essa rede, sem verticalidade ontológica, tanto entre humanos, quanto entre humanos e não humanos;
>
> 2) sendo assim, a noção de pessoa é expandida a outros existentes; a ideia de humanidade é includente e relacional; o animismo é revisitado, considerando a comunicação das coisas;
>
> 3) conhecer é subjetivar e não objetificar; portanto deve haver a disposição (e disponibilidade) para o deslocamento entre pontos de vista, a identificação com humanidades outras;
>
> 4) portanto, a tradução emerge como operação comunicacional por excelência, especialmente a partir do trânsito entre mundos promovido pelos xamãs, sem redução da diferença, a partir da equivocação controlada;

> 5) logo, considerando o perigo desta transação, este deslocamento requer um cuidado constante, mais que o conhecimento a todo custo;
>
> 6) considerando assim o risco inerente ao trabalho, a tradução é operada por "apalpadelas", num exercício constante de improvisação criativa.
> (LAIA & GUIMARÃES, 2022, p. 15-16)

Esta é uma proposta que vem sendo construída a partir de análogos de conceitos, de operadores de pensamento de outros modos de existência que não assumimos como metáforas, ou seja, sem um entendimento folclorizante. A que tipo de emergências entendemos que serve esta abordagem? É o que apresentamos, a partir de um relato das pesquisas desenvolvidas. As experiências relatadas estão unidas, de modos diversos, pelo mapeamento e pela produção de equívocos comunicacionais e pela possibilidade de produção de traduções menos redutoras de mundo. Os trabalhos têm sido desenvolvidos pelos autores no âmbito do Coletivo Emergências, grupo de pesquisa, extensão e ativismo ligado à Universidade Federal de Ouro Preto.

Jornalismo de perspectivas e ética do zelo

A imagem de um jogo de espelhos, analogia proposta por Villaça (2000) para apresentar o movimento xamânico de "tornar-se outro", comunicando pela diferença (ou pelo equívoco), parece-nos potente para pensar o modo como o jornalismo acessa e faz conversar mundos tão diferentes. Leva-nos a pensar que tipos de narrativas são mais potentes para que a "aldeia" do ou da jornalista – ou seja, seu público – possa adotar um outro ponto de vista, de modo que essas narrativas atuem impelindo a diferença, ao invés de se assentarem na busca por um sentido único, consensual, sobre as coisas do mundo.

A partir dessas compreensões, Guimarães propõe uma nova visada sobre a rede sociotécnica do jornalismo, reunida na expressão *jornalismo de perspectivas* (GUIMARÃES, 2019): uma provocação apadrinhada pela habilidade dos xamãs na cosmologia ameríndia.

> Fazer parte do jogo de espelhos, que é o movimento de tornar-se outro (VILLAÇA, 2000), significa, para o jornalista, estar disposto e proporcionar a tantos leitores, espectadores, audiências, públicos, consumidores, colaboradores e afins, a experiência, indireta e permeada de si, de um outro ponto de vista que, considerando a analogia que estamos construindo, é na verdade um outro mundo. Sob essa égide, não há fatos a serem narrados, externos à experiência, tampouco há lugar aqui para representações. Os jornalistas seriam os mestres do esquematismo cotidiano, inventando a existência ordinária desses mundos. A performance envolvida nessa tradução/invenção, mais que teatralização do eu, se aproximaria do modo como os ameríndios alteram seus corpos. (GUIMARÃES, 2019, p. 10)

O xamanismo ameríndio, segundo Viveiros de Castro (2015, p. 49), é compreendido como "a habilidade manifesta por certos indivíduos de cruzar deliberadamente as barreiras corporais entre as espécies e adotar a perspectiva de subjetividades 'estrangeiras', de modo a administrar as relações entre estas e os humanos". Então, o xamã é um existente que se empenha em traduzir mundos ocupando um lugar-limite, uma margem a partir da qual ele olha para esses mundos.

Existe uma passagem do livro *Paletó e eu* (VILLAÇA, 2018) que é bastante elucidativa desse movimento de tornar-se outro: Villaça conta sobre uma indígena Wari' que atuava como uma xamã e que um certo dia foi ao encontro do marido na floresta, porque ele havia matado muitos macacos-prego. Quando essa indígena viu as presas, mordeu o pescoço de uma delas e bebeu seu sangue. Ela cuspiu depois, e o que saiu da sua boca não foi sangue, foi chicha de milho. Ela explica que, para os wari', o que a gente vê como sangue, a onça vê como chicha de milho. A mulher xamã, ali, então, tendo se identificado como onça, passou a ter dois corpos simultâneos (humano e animal), "e fazia um tipo muito particular de tradução. Em vez de substituir uma palavra por outra, como o fazem os nossos tradutores, transformava, em seu corpo, uma coisa em outra" (VILLAÇA. 2018, p. 93).

Nesse sentido, como esse "tipo muito particular de tradução" pode atuar como inspiração para uma tradução engendrada por um jornalismo possível? Acessando a ideia de invenção de Roy Wagner (2010), só é possível olhar para algum eu quando há o olhar que captura algum outro e nos coloca diante desse estranho, como em um espelho. Em Wagner, essa equação aparece da seguinte forma: a cultura é o que precipita do choque cultural, do encontro entre alguns outros. Antes disso, não há cultura, há comportamentos naturalizados, os nossos territórios existenciais familiares. Parece-nos que um mundo possível, e um jornalismo possível, necessitam fortemente abandonar os hábitos de ser e começar a explorar o estranho em si. Parece-nos, em suma, que inventar esse jornalismo tem como um dos passos, necessariamente, imaginar uma outra ética, no sentido de uma nova maneira de lidar com os outros que envolvem o fazer jornalístico. O que necessariamente implica revisitar a quais outros ofertamos o estatuto de pessoa e refletir sobre a relevância desses "outros" outros para a própria constituição do eu, do mesmo.

Um jornalismo de perspectivas precipitaria a partir de uma tradução quando, especialmente, há atenção à jurisprudência, ao que brota para além da convenção, e quando esse deslocamento é baseado em muito numa espécie de ética do zelo – em tese, um tipo de ética fundante das traduções de mundos postas em movimento por povos animistas, no geral, como os ameríndios. O que chamamos aqui de ética do zelo é órgão vital (talvez projeto) de um personagem conceitual (DELEUZE e GUATTARI, 1992) que temos gestado há algum tempo: o repórter-xamã, aquele que atua (mesmo que provisoriamente, mesmo que em um gesto) mirando, desejando um jornalismo de perspectivas. Deleuze e Guattari (1992, p. 78) são enfáticos ao dizerem que "o personagem conceitual nada tem a ver com uma personificação abstrata, um símbolo ou uma alegoria, pois ele vive, ele insiste".

Lançamo-nos então a cartografar processos de comunicação e tradução postos em movimento por povos originários, tanto a partir de tecnologias ancestrais de comunicação, como o xamanismo, quanto a partir de iniciativas de comunicação que se autorreferenciam como mídia indígena, especialmente aquelas que buscam inventar (no sentido de Wagner) um jornalismo. A fim de cartografar algumas dessas experiências com a diferença, realizamos a primeira temporada do Podcast Parabolicamará[4], um espaço de produção de conhecimento sobre os processos comunicativos a partir da cosmovisão de povos originários do Brasil. Esta proposta de pesquisa[5], com este recorte, se insere dentro de um campo maior de investigação, sobre tecnologias

4 Perfil no Instagram: @podcamara.

5 Pesquisa de Iniciação Científica "Povos indígenas e tradução de mundos: reflexões sobre éticas (im)possíveis a partir da atuação da Mídia Índia", desenvolvida pelos estudantes Jonathan Robert Viana da Silva, Ana Garcia de Miranda, Gabriela Lopes Gomes e Leiriane Santana da Silva, coordenada pela professora Lara Linhalis Guimarães (Dejor-UFOP) e apoiada pela FAPEMIG.

ancestrais de comunicação, como o xamanismo, e iniciativas em comunicação midiática desenvolvidas por indígenas, especialmente aquelas que buscam "inventar" (WAGNER, 2010) um outro jornalismo possível.

A hipótese central dessa pesquisa é que comunicadores indígenas estariam mais *dispostos* que nós, comunicadores brancos e brancas, a investirem em deslocamentos de perspectivas. Isso em razão da própria cosmovisão a partir da qual são geridas suas naturezas "em variabilidade" (VIVEIROS DE CASTRO, 2002). Em tese, esses deslocamentos, assim como a dimensão da ética (preocupação com o outro), não se restringem ao que convencionalmente chamamos de humanidade, baseados numa concepção moderna ocidental da coisa. Por fim, parece-nos que comunicadores indígenas estariam mais aptos a comunicar pelo equívoco e exercitar um jornalismo de perspectivas.

Indícios dessa disposição foram encontrados a partir de conversas com comunicadores indígenas reunidas na primeira temporada do Parabolicamará, quando tratamos da temática geral "ética e comunicação". Ailton Krenak, Edgard Kanaykõ Xakriabá, Kelly Guajajara (Mídia Índia) e Lídia Guajajara (Mídia Índia) trouxeram à vida o que aventamos ser uma ética do zelo, hipótese criada por nós com base em pesquisa teórica e exploratória anterior. Esses comunicadores indígenas, a partir de suas experiências bastante específicas na tradução de mundos, consideraram pontos importantes acerca do modo como entendem a comunicação e o trabalho que realizam.

É possível resumir em alguns pontos mais gerais as considerações elencadas pelos entrevistados, e que dizem respeito mais propriamente à dimensão da ética nos processos comunicativos: 1) o cuidado com as traduções de mundos entre indígenas e não indígenas, de modo a fazer evidenciar os equívocos (VIVEIROS DE CASTRO, 2015) e construir um campo de entendimento comum, baseado em afetações mútuas; 2) o cuidado na lida com os existentes envolvidos nos acontecimentos, os quais são libertados das noções redutoras de "fontes" ou "entrevistados"; 3) a ampliação da noção de humanidade para além do "clube seleto da humanidade" (KRENAK, 2019), o que potencializa a descentralização do homem branco como o centro do mundo; 4) a inclusão, no rol das preocupações éticas relacionadas aos processos comunicativos, de outros existentes enquanto pessoas, ou seja, sujeitos portadores de afetos e intencionalidades, como animais, plantas e o que entendemos como natureza e/ou Terra; 5) o respeito à ancestralidade, história e memória de cada povo.

É possível considerar que é necessário descentralizar o pensamento sobre os processos comunicativos para que a voz desses povos seja de fato levada a sério. Nesse sentido, é de suma importância a atuação desses comunicadores, para que novos processos de tradução possam ser visualizados, imaginados, tensionados com nosso mundo e postos em prática.

Jornalismo em equívoco e narrativas autônomas

A abordagem que chamamos de jornalismo em equívoco (MEDEIROS, 2022) tem o ponto inicial na observação das transformações agenciadas pelo telefone celular nas rotinas jornalísticas, especialmente, a partir das rotinas em redações de telejornal e na produção de vídeo como prova de violação de direitos, em manifestações, na cidade do Rio de Janeiro, durante a realização da Copa do Mundo em 2014, em incursões etnográficas. Posteriormente, em 2015, o mesmo trabalho de observação foi levado a cabo durante as primeiras manifestações do movimento Black Lives Matter, nas ruas e redações de telejornais de Nova Iorque. As controvérsias mapeadas no campo precipitaram a abertura de caixas pretas, com a entrada de novos elementos que desestabilizaram o fluxo de agências. Na vivência etnográfica, durante a Copa do Mundo do Brasil, no Rio de Janeiro, o olhar para o fenômeno foi ampliado a partir da constatação de que existiam uma série de atores inesperados: midiativistas, *black blocs*, policiais, jornalistas, *streamers*, *freelancers*, colaboradores e outras denominações provisórias. Estes humanos, ao lado dos não humanos, como o telefone celular (mas também as câmeras, os carros de reportagem, os coletes de proteção), criaram associações bem mais complexas que a dicotomia que nos levou inicialmente a campo (humanos x não humanos). A experiência posterior em Nova Iorque não foi diferente.

Identificamos uma série de equívocos produzidos na relação entre os atores, humanos e não humanos, em torno do conceito de jornalismo e desta prática de tradução de mundos. As maiores controvérsias observadas, nesse sentido, giravam em torno de uma certa ideia purificadora do jornalismo produzido em redações como uma tradução do mundo mais legítima que outras. Esta construção teórica, a partir de certa ideia de equívoco, propõe ver o jornalismo a partir de cinco marcadores:

> 1) o jornalismo é uma rede sociotécnica, fruto dos agenciamentos entre os atores que compõem essa trama, sem verticalidade ontológica, tanto entre humanos, quanto entre humanos e não humanos; 2) portanto, é preciso estar atento não só às atividades dentro das redações, mas a toda a rede de produção dos relatos, ampliando o escopo das pesquisas da área, coisa que, na prática, já acontece,

> mas de modo ainda timidamente reconhecido; 3) como rede sociotécnica, o jornalismo, logo, não é uma essência, mas fruto das associações entre os entes, o jornalismo é o fluxo de agenciamentos e não as coisas em si; portanto, o conceito de jornalismo é temporário e mutável; 4) o jornalismo em equívoco não opera por dicotomias, mas sim por aproximações, ou seja, não há uma prática totalmente em equívoco, nem uma prática sem nenhuma tradução; o que existe é uma zona gradiente entre a purificação e a tradução, é possível apontar se uma narrativa jornalística é mais ou menos equivocada; 5) são audíveis ecos e acordes de outros modelos e teorias aqui, porém, o que se apresenta é uma abordagem relacional, ou seja, que inventa conceitos e decanta conclusões a partir do desenho das relações entre os entes, e não a partir das suas nomeações no ponto inicial da pesquisa. (MEDEIROS, 2022, p. 176)

Uma série de outras aplicações do conceito foram guiadas pela Cartografia das Controvérsias (LEMOS, 2013), método marcado, especialmente, pela observação dos rastros dos atores, humanos e não humanos, numa rede de relações. Também é importante notar que o jornalismo em equívoco não se qualifica como uma prática binária, mas gradiente, conclusão que é fruto da observação dos noticiários da mídia e da produção autônoma em plataformas digitais. Há traduções mais e menos equivocadas, isto é, apontam mais ou menos para a manutenção da diferença como tal.

Desde a incursão em campo que gerou o jornalismo em equívoco, a maior controvérsia instalada no ecossistema midiático foi a emergência da crise sanitária mundial precipitada pela pandemia do novo coronavírus, a partir de março de 2020. A produção de "narrativas autônomas", com uso de smartphones e também de outros dispositivos, ganhou complexidade, especialmente impulsionada pelo período de isolamento social, configurando uma ecologia das narrativas produzidas e distribuídas em plataformas digitais, em um percurso traçado a partir das desestabilizações e reorganizações do ecossistema midiático impulsionadas pela produção de narrativas autônomas, uma infinidade de relatos diversos, unidos pela ideia de que foram produzidos para visibilizar situações e temas que não passam, ou não passavam, até então, pelo agendamento midiático. Que tipo de ambiência emerge desta nova ecologia das mídias?

A hipótese é que produção e disseminação de narrativas que destoam do senso comum, de modo autônomo, fomentam a emergência de equívocos, traduções menos redutoras da diferença que têm a potencialidade de romper com o monopólio da fala[6], ou seja, podem instalar controvérsias que desestabilizam o equilíbrio do ecossistema midiático. Neste horizonte, algumas pistas orientam o desenho de uma ecologia das narrativas autônomas em audiovisual streaming, a partir de um apanhado de exemplos pinçados de uma constelação de práticas observadas.

O nome "vídeo como prova" tornou-se comum para definir uma série de produções, não somente aquelas que, de fato, funcionam como provas judiciais, mas também as que funcionam como evidências, ou seja, movimentam as redes levantando a opinião

---

6 Retomamos aqui o conceito de monopólio da fala, desenvolvido por Muniz Sodré (2008) no livro paradigmático para os estudos em Comunicação brasileiros, lançado em 1974. Para ele, esse monopólio seria fruto de um regime comunicacional marcado pela unilateralidade, um monólogo da classe dominante, definido a partir da exclusão das diferenças individuais impulsionada pelo consumo, que encontra na TV um lugar de reverberação.

pública a partir da exposição de violências e violações de direitos. Quando essas narrativas entram no ecossistema midiático, concretizam a potencialidade de narrar de modo autônomo situações, histórias e crimes. Há um caso de repercussão internacional que é exemplar neste sentido: em junho de 2020, uma câmera de telefone celular registrou, em Minneapolis, nos Estados Unidos, o momento em que um policial branco asfixiou um homem negro, George Floyd, detido e sem chances de defesa, por mais de oito minutos, esmagando o pescoço dele com o joelho até a morte. O vídeo circulou nas redes sociais e se tornou central em reportagens jornalísticas de todo o mundo. A morte de George Floyd fez eclodir, em plena pandemia, manifestações contra o racismo em todo o mundo (MEDEIROS e LINHALIS, 2021).

As transmissões audiovisuais ao vivo pela internet, conhecidas popularmente como as "*lives* da pandemia", já figuravam como formato da produção audiovisual em perfis de redes sociais e canais desde antes disso. Mas foi durante o isolamento social, a partir de março de 2020, que ganharam relevância e cresceram exponencialmente. A tecnologia de transmissão ganhou formas mais amigáveis e de fácil manejo em computadores pessoais, mesmo em contexto de instabilidade de sinal, via softwares que simulam uma estrutura profissional de transmissão de televisão, como no caso do portal Voz das Comunidades[7], do Rio de Janeiro, que produz e reúne notícias de colaboradores de uma rede de comunidades cariocas, sob coordenação do jornalista e ativista Renê Silva.

O perfil de quem se apropria da tecnologia streaming para produção de narrativas autônomas ficou mais diverso, entre ju-

---

7 Disponível em: https://www.vozdascomunidades.com.br.

nho de 2013 e o contexto da pandemia, para Paulo Victor Melo (2021). Para ele, as mulheres e homens envolvidos na produção autônoma de streaming a partir da experiência da pandemia são mais velhos que os jovens midiativistas do Junho de 2013, então jovens com menos de 30 anos, majoritariamente de classe média, brancos, pautando questões relativas aos grandes centros urbanos (MEDEIROS, 2022, p. 185). Ou seja, a controvérsia da pandemia parece ter movimentado, mais uma vez, a rede audiovisual, fazendo emergir, de modo mais recorrente, vozes que só fazem sentido quando ligadas aos seus territórios, ou, nas palavras de Aílton Krenak (2019, p. 21), "aqueles que ficam meio esquecidos pelas bordas do planeta, nas margens dos rios, nas beiras dos oceanos, na África, na Ásia ou na América Latina. São caiçaras, índios, quilombolas, aborígenes – a sub-humanidade." Embora já conhecido pelo seu ativismo e produção intelectual, o próprio Aílton Krenak é uma das vozes que ganhou potência neste período, em *lives*.

Experiências que rompem com o monopólio da fala e rearticulam a ecologia midiática, a partir de narrativas autônomas em audiovisual streaming, com alguma frequência acontecem a partir de soluções criativas, arranjos temporários, gambiarras – termo cujo sentido é fruto da observação das soluções encontradas por midiativistas para transmissão de protestos:

> Podemos entender aqui a gambiarra como uma solução, nem sempre provisória, que é fruto de uma criação coletiva, em uma situação de emergência. E é uma solução muito particular, inventada a partir das possibilidades materiais disponíveis. Também está aqui implícita a ideia de apropriação e ressignificação. (MEDEIROS, 2022, p. 172)

A TV Quilombo, em específico, é exemplo deste tipo de solução. A iniciativa acontece no Quilombo Rampa, território que abriga quatro comunidades nas quais vivem cerca de 500 pessoas, no estado do Maranhão. Os jovens do quilombo inventaram equipamentos como câmera de papelão, microfone de graveto, bambú drone e tripé de bambú, produzidos com materiais encontrados na própria comunidade. Destacamos a ideia de criar uma câmera de papelão, algo que, no início do projeto, funcionava para que os participantes imaginassem como fariam os registros, se tivessem acesso aos meios para isso, já que o grupo não tinha nenhum *smartphone* disponível para tal. Quando foi possível, de fato, produzir audiovisual, o grupo já sabia exatamente como fazer. "Para cada material, ia surgindo a necessidade de um novo material, e aí a gente ia só inovando a partir do que a gente chama de tecnologia ancestral, que é a tecnologia que existe desde sempre na comunidade." (LEITE, 2022). Vislumbramos aqui um "modo de fazer" narrativas autônomas que dialoga com a ideia de gambiarra, uma solução emergencial, que ganha contornos de arranjo permanente, a partir da qual entendemos todos os processos comunicacionais, sejam eles baseados em tecnologias ancestrais, contemporâneas, como as redes sociais e plataformas digitais no geral, ou mesmo em processos combinados.

Apesar desta diversidade de práticas, todas elas orientam a reflexão a partir de três elementos em comum: 1) o uso da tecnologia streaming e plataformas de acesso gratuito; 2) a produção de narrativas autônomas em audiovisual, furando o "bloqueio da mídia"; 3) a potencialidade de produzir traduções menos redutoras da diferença, o que chamamos de equívocos. A produção de narrativas em audiovisual streaming remonta aos desdobramentos dos registros de violação de direitos nos protestos da Primavera Árabe, a partir de 2010, que ecoaram no Brasil no Junho de 2013, impulsionando um modo ativista de produzir e distribuir audiovisual em rede a partir de uma reconfiguração da ecologia das mídias, especialmente com a chegada dos telefones celulares conectados.

Narrativas autônomas em territórios atingidos pela mineração

As narrativas autônomas produzidas por cidadãs e cidadãos no enfrentamento à implantação de grandes projetos de mineração de ferro ou aos impactos e danos permanentes causados por esta atividade extrativista têm muitos começos. São histórias de luta e de dor sobre perdas – vidas, territórios, memórias, acesso à água, direito de ir e vir, moradia... –, mas também de superação, combate, reinvenção, ressignificação e de tradução de mundos, entre os mesmos e (para) os outros, como no sentido empregado anteriormente por Guimarães (2019). Falar em narrativas implica invocá-las como formas de agir no mundo, sempre enredadas em algum tipo de disputa de sentido sobre acontecimentos. O agir pela narrativa põe em linguagem e constrói outros sentidos possíveis, ou não imaginados, ou seja, a própria compreensão do mundo que os sujeitos articulam com base na sua capacidade de narrar.

Tais gestos narrativos dizem de iniciativas de interpretação de sua própria experiência no tempo, a longo prazo, uma vez que, "como políticas, essas experiências (narrativas) são de pequena escala, mas como práticas culturais parecem abrir mais portas" (SENNET, 2008, p. 169-173). Nesse sentido, como portas que abrem partes de uma dada realidade, as narrativas invocam relações metonímicas, ou pequenos recortes dessa realidade ao estabelecer limites conectivos no acesso ao "todo" que representam. Nessa relação metonímica podemos enxergar, como num sobrevoo, o campo maior no qual estão inseridas as narrativas autônomas produzidas por cidadãos e cidadãs afetados em territórios atingidos pela mineração e que, ao se disseminarem pelas redes sociotécnicas, fomentam a emergência de equívocos.

Uma dessas histórias, ou um dos fios narrativos a conduzir à comunicação pelo equívoco (LAIA & MEDEIROS, 2022), leva ao gesto narrativo de transfiguração/transvaloração de uma montanha, ameaçada pela atividade de extração de minério de ferro, em uma caixa d´água. Uma estratégia narrativa de luta utilizada por ambientalistas de Minas Gerais, para provar que "onde tem minério, tem água", advinda da tradução da ciência (a tradução de mundos) por meio do uso de imagens de satélites a revelarem a rede de nascentes ocultas naquela montanha que seria pulverizada em toneladas de minério de ferro[8]. A imagem das 1,5 mil microrredes de drenagem, sobreposta ao perfil geográfico da Serra da Gandarela, circulou via redes sociais, artigos científicos, reportagens em jornais e revistas, vídeos no YouTube, em uma longa campanha de mobilização contra a mineração naquele território.

Esse gesto rompeu com o "monopólio da fala" – a despeito dos milhões de toneladas de minério estocados na montanha – e implicou na possibilidade de nós, os outros não afetados pela ameaça iminente àquele território, acessarmos uma outra compreensão de mundo, uma presentificação de novos campos problemáticos, de redefinição dos contornos de objetos e seu sentido econômico, social, político, ambiental e simbólico. E,

8 A imagem da rede de drenagem e nascentes da Serra do Gandarela encontra-se no perfil do movimento em sua defesa. Disponível em: https://aguasdogandarela.org.br/a-serra-do-gandarela/.

ainda, uma ética da responsabilidade invocada na luta em defesa da água e do acesso a esse bem como um direito humano distinto para o presente e as futuras gerações (BRAVIN, 2018). Nesse sentido, o gesto de agir/produzir narrativa implicou em dar forma, disposição e ordenação aos elementos aí dispersos: supõem-se passados, projetam-se futuros. Tal gesto é ainda um modo de compreensão do externo a nós e de nós mesmos, um modo pelo qual eu me torno um *outro* ao narrar: sou aquele que narra (RICOEUR, 1994).

Assim, tornar-se o *agente* ou o *quem narra* a própria luta, a partir do seu próprio território, configura-se em uma poderosa ferramenta de emancipação dos sujeitos e de prática da cidadania, principalmente, no sentido empregado por Milton Santos (2000), para quem a realização da cidadania reclama a revalorização dos lugares e a adequação do seu estatuto político. Foi com esse intuito que se realizou o projeto de extensão Territórios Atingidos e Produção de Vídeo como Prova[9], junto a comunidades atingidas pela mineração em Mariana, MG, em 2020, e em outras regiões do país em 2021, por meio de rodas de conversa sobre comunicação, cidadania, liberdade de expressão, conflitos socioambientais e a realização de oficinas de produção de audiovisual com o uso de smartphones.

Uma das narrativas produzidas por uma das mulheres atingidas versava sobre seu modo de vida e existência antes do desastre com a barragem de Fundão, em Mariana, em 2015. Ela escolheu contar sua história nos conduzindo (a nós, espectadores) ao que restou de sua casa, na vila de Paracatu de Baixo, uma das 11 localidades impactadas pelo mar de lama. E ali, à sombra

---

9 O projeto de extensão foi realizado, remotamente, nos anos de 2020 e 2021, com apoio da Pró-Reitoria de Extensão e Cultura (Proex) da Universidade Federal de Ouro Preto.

de sua antiga varanda, hoje tomada pelo mato e ainda tingida pelo tom marrom da lama que a encobriu, nos transportou para a vida e para os sonhos construídos naquela casa. Em suas mãos, uma foto de como era a casa, "antes do desastre". Dois tempos, o ontem e o hoje, e uma ausência – o futuro. O viver *com* e *na* mineração é intraduzível. Somente ela poderia alcançar essa experiência e, de dentro para fora, no próprio corpo-território onde viveu, nos levar a acessar esse outro mundo.

Nessa chave interpretativa do "modo narrativo" de existência estão envolvidos os sentidos, que são a condição de percepção e interpretação do mundo – narro aquilo que percebo, narro aquilo que me afeta; me reconheço naquilo que percebo e narro porque me afeta. Desse modo, os sujeitos narram histórias a respeito deles mesmos para se compreenderem melhor, narram lutas e enfrentamentos diários contra as grandes corporações mineradoras, tecendo narrativas autônomas nos territórios atingidos pela mineração, que se ampliam pelo uso de redes sociotécnicas, e que são formas de agir no mundo, de afetar e ser afetado, de fazer emergir e traduzir pontos de vista diferenciados –, os conflitos, as diferenças – tanto sobre injustiças e violações de direitos dos sujeitos afetados quanto sobre outras camadas encobertas pela "monocultura da mente" (SHIVA, 2003).

Essas narrativas de sujeitos afetados pela mineração de inúmeras formas, invisibilizadas nas mídias comerciais, entretanto, habitam e reativam circuitos desconectados territorialmente pela ação das mineradoras em um lugar atópico – um lugar fora do lugar. A partir de um mapeamento de protestos e ações ativistas nas redes digitais, iniciado em 2020, encontramos essa forma habitativa atópica na paisagem que se "reconstrói", rompendo a lama no contexto informacional[10], em que território, coisas e pessoas se (info)materializam na rede (DI FELICE & PEREIRA, 2017) em uma "ecologia comunicativa digital". Dentre as ações ativistas em prol da transformação da realidade encontramos campanhas a produzir equívocos, a exemplo da recente *#tiraopédaminhaserra*[11], em defesa da Serra do Curral, cartão-postal de Belo Horizonte (MG), e a, ainda em curso, @ janeiro marrom (endereço do instagram).

Di Felice denomina essa forma de habitar a informação em ambientes hiperconectados, como o que vivemos com a Internet contemporânea - que conecta tudo o que existe - como um novo tipo de ecologia. A correlação deriva do pensamento de James Lovelock, que compreende a forma conectiva de organização da natureza, Gaia, como uma cultura de redes onde tudo está conectado a tudo. Desse modo, pudemos perceber que as conexões territoriais de comunidades, cidadãs e cidadãos, coletivos e movimentos sociais, e outros atores sociais ampliam-se por meio das redes digitais e se interconectam também pelas redes digitais, formando novos circuitos e arranjos coletivos (a campanha @janeiromarrom é um exemplo dessa interconexão). Nesse movimento cíclico há, também, o surgimento de redes de solidariedade, de compartilhamento de saberes e apoio mútuo, de promoção de direitos, interconectando localidades, cidadãos,

10 O projeto de iniciação científica "Rompendo a lama no contexto informacional: mapeamento das práticas de comunic(a)ação e cidadania no infoterritório dos desastres da mineração em MG" foi desenvolvido pela estudante Luisa Silva Baraldo Paiva, com coordenação da professora Adriana Bravin (Dejor-UFOP), com apoio da Pró-Reitoria de Pesquisa e Inovação (Proppi).

11 Página da campanha disponível em https://www.tiraopedaminhaserra.org/.

coletivos igualmente vivendo o cotidiano impactante da mineração e criando resistências e atuações para sobrevivência.

Considerações Finais

A possibilidade de uma tradução menos redutora da diferença traduz-se, nos trabalhos desenvolvidos pelos autores, na ideia de uma comunicação pelo equívoco, a partir do modo de existência em conexão dos povos originários, especialmente na experiência do xamanismo yanomami. Tomar operadores de pensamento não ocidentais como conceitos (ou análogos) é uma operação perigosa, mas importante e urgente frente aos desafios da humanidade, o clube seleto, nas palavras de Aílton Krenak, mas também dos outros, humanos ou não, conectados a partir de uma rede sociotécnica planetária na qual vivemos. Assim, o desafio da proposta é que permaneçamos atentos e fortes no sentido de levar a sério as vozes indígenas, mas também de comunicadores forjados em experiências fora do agendamento midiático, como os que emergem das pesquisas relatadas, a despeito da tendência contrária de pesquisadores, como nós, forjados no pensamento epistemológico objetivista.

Referências

BRAVIN, Adriana. "*Gandarela, a serra e o movimento*: ação coletiva e comunicativa na antecipação aos danos da mineração". 2018, 166 f. Tese (Doutorado em Comunicação Social) - Faculdade de Filosofia e Ciências Humanas, Universidade Federal de Minas Gerais, Belo Horizonte, Minas Gerais. Disponível em: https://repositorio.ufmg.br/handle/1843/48528

DELEUZE, Gilles; GUATTARI, Félix. *Conversações*: 1972 - 1990. Rio de Janeiro: Editora 34, 1992.

DI FELICE, M.; PEREIRA, E (orgs). *Redes e Ecologias Comunicati-*

vas Indígenas: As contribuições dos povos originários à Teoria da Comunicação. São Paulo: Paulus Editora, 2017.

DI FELICE, Massimo; FRANCO, Thiago. Ecologias conectivas: o animismo digital, a ecologia informatizada e a matéria em rede. In: DI FELICE, Massimo; PEREIRA, Eliete S. (orgs.) *Redes e ecologias comunicativas indígenas*: as contribuições dos povos originários à Teoria da Comunicação. São Paulo: Paulus, 2017, p.63-88.

FIGUEIRA, Monique. Os yanomami, cibernéticos por natureza: notas a partir do materialismo dialético de Álvaro Vieira Pinto. *Revista Eptic*, vol. 24, n. 1, p.169-186, 2022. Disponível em: https://seer.ufs.br/index.php/eptic/article/view/17325/12747. Acesso em: 25 jun. 2022.

GUIMARÃES, Lara Linhalis. Jornalistas e Xamãs: a performance na cosmologia ameríndia e a invenção de um jornalismo diferenciante. In: ENCONTRO ANUAL DA COMPÓS, 28, Porto Alegre. *Anais* [...]. Disponível em: https://proceedings.science/compos/compos-2019/trabalhos/jornalistas-e-xamas-a-performance-na-cosmologia-amerindia-e-a-invencao-de-um-jor?lang=pt-br. Acesso em: 18 dez. 2022.

KOPENAWA, Davi; ALBERT, Bruce. *A queda do céu*: palavras de um xamã yanomami. São Paulo: Companhia das Letras, 2015.

KRENAK, Ailton. *Ideias para adiar o fim do mundo*. São Paulo: Companhia das Letras, 2019.

LAIA, Evandro José Medeiros; GUIMARÃES, Lara Linhalis. Coisas, mundos, traduções: dobras para uma comunicação pelo equívoco. *Contracampo*, vol. 41, n. 3, set./dez. 2022. Disponível em: https://periodicos.uff.br/contracampo/article/view/52775/33567. Acesso em: 25 dez. 2022.

LATOUR, Bruno. *Reassembling the Social*: an introduction to Actor-Network-Theory. New York: Oxford University Press, 2005.

LEITE, Raimundo José da Silva. Audiovisual e povos quilombolas. [palestra]. *II Seminário Audiovisuais Emergentes*, Youtube, junho 2022. Disponível em: https://www.youtube.com/watch?v=-8TOKWKQY_I8. Acesso em: 04 jul. 2022.

LEMOS, André. *A comunicação das coisas*: Teoria ator-rede e cibercultura. São Paulo: Annablume, 2013.

MEDEIROS, Evandro. *O jornalismo em equívoco: sobre o telefone celular e a invenção diferenciante*. Juiz de Fora: Editora UFJF, 2022. Disponível em: https://www2.ufjf.br/editora/wp-content/uploads/sites/113/2022/08/O-JORNALISMO-VERSAO-FINAL.pdf. Acesso em: 26 ago. 2022.

MEDEIROS, Evandro; LINHALIS, Lara. O intempestivo na televisão: miudezas e torções na cobertura de protestos entre junhos. In: ROCHA, Adriano Medeiros da; LAIA, Evandro José Medeiros (Org.). *Audiovisual revolucionário*. São Paulo: Editora dos Frades, 2021, p. 341-366.

MELO, Paulo Victor. Comunicação como Direito, vídeo como prova. [Entrevista concedida a] Evandro Medeiros Laia e Lara Linhalis Guimarães. *Série audiovisual Traduções - Gambiarras*, Youtube, episódio 3, abril 2021. Disponível em: https://www.youtube.com/watch?v=Z2FMbxR7XYo. Acesso em: 20 dez. 2022.

RICOEUR, Paul. *Tempo e Narrativa*. Tomo I. São Paulo: Ed. Papirus, 1994

SANTOS, Milton. *Por uma outra globalização*. Do pensamento único à consciência universal. São Paulo: Record, 2000.

SENNET, Richard. *A cultura do novo capitalismo*. Rio de Janeiro: Record, 2008

SHIVA, Vandana. *Monoculturas da Mente:* perspectivas da biodiversidade e da biotecnologia. São Paulo: Gaia, 2003.

SODRÉ, Muniz. *O monopólio da fala*: Função e linguagem da televisão no Brasil. Petrópolis: Vozes, 2008.

VILLAÇA, Aparecida. O que significa tornar-se Outro? Xamanismo e contato interétnico na Amazônia. *Revista Brasileira de Ciências Sociais*, vol. 15, n. 44, out. 2000.

________. *Paletó e eu*: memórias de meu pai indígena. São Paulo: Todavia, 2018.

VIVEIROS DE CASTRO, Eduardo. *A inconstância da alma selvagem*. São Paulo: Cosac & Naify, 2002.

________. Perspectival Anthropology and the Method of Controlled Equivocation. In: *Tipití, Journal of the Society for the Anthropology of Lowland South America*, vol. 2, n. 1, 2004, p. 1-20. Disponível em: http://digitalcommons.trinity.edu/tipiti/vol2/iss1/1. Acesso em: 20 maio 2021.

________. *Metafísicas canibais:* elementos para uma antropologia pós-estrutural. São Paulo, Cosac e Naify, 2015.

WAGNER, Roy. *A invenção da Cultura*. São Paulo, Cosac Naify, 2010.

Jornalismo de soluções como estratégia para conquistar a audiência

Antonio Simões[1]

Caso ainda estivesse na redação, acredito que não seria a estressante corrida para produzir e publicar mais e mais notícias que estaria tirando o meu sono. Todo o esforço de milhares de jornalistas espalhados pelo país é solenemente ignorado por 52% dos brasileiros, que foram ouvidos por pesquisadores e dizem não confiar nas notícias. Em 2015, "apenas" 38% da população entrevistada tinha perdido a confiança nesse tipo de relato. Dessa forma, com relação à credibilidade do noticiário, o país caiu da sétima para a 14ª posição entre os 46 mercados mundiais pesquisados pelo *Reuters Institute*[2].

O cenário é ainda mais grave quando as pessoas são questionadas sobre seus hábitos de consumo de notícias. De acordo com os dados do estudo, que foi publicado em junho de 2022, mais da metade (54%) dos brasileiros afirmaram que com fre-

1 Professor efetivo do curso de Jornalismo da Universidade Estadual da Paraíba (UEPB). Doutor em Ciências Sociais pela Universidade Federal de Campina Grande (UFCG). E-mail: simoesmenezes@gmail.com.

2 Disponível em: https://reutersinstitute.politics.ox.ac.uk/digital-news-report/2022/brazil. Acesso em: 18 jan. 2023.

quência ou às vezes deixam de consumir conteúdos noticiosos. Em 2019, essa fuga das notícias era adotada por 34% da população, enquanto em 2017 o índice era de 27%. Ou seja, em cinco anos, dobrou o percentual da audiência que afirmou evitar acessar notícias. Uma das principais explicações para o comportamento da audiência, conforme o próprio estudo, é a "fadiga das más notícias".

Este não é o único estudo recente a constatar que as notícias negativas[3] são uma das causas principais do chamado "*avoindance news*":

> Embora os estudiosos da comunicação política tenham frequentemente tratado o consumo de notícias como a pedra angular da boa cidadania, descobrimos que os evitadores mantêm normas desiguais e fracamente internalizadas sobre o dever percebido de se manter informado, em parte porque antecipam que as notícias os deixarão ansiosos sem serem relevantes para suas vidas, resultando em envolvimento limitado com notícias e, por extensão, assuntos cívicos e políticos[4]. (TOFF; NIELSEN, 2022, p. 697)

Os dados atuais reforçam descobertas ocorridas há anos. Em 2017, por exemplo, os norte-americanos se esquivavam das notícias principalmente porque elas afetariam negativamente

3 Notícias negativas são aquelas com possibilidade de desencadear emoções como medo, tristeza, ódio, entre outras potencialmente nocivas à saúde.

4 Trecho original: "While political communication scholarship has often treated news consumption as the cornerstone of good citizenship, we find avoiders hold uneven, weakly internalized norms about a perceived duty to stay informed, in part because they antici-pate news will make them anxious without being relevant to their lives, resulting in limited engagement with news, and by extension, civic and political affairs."

o seu humor, conforme dados do *Reuters Institute*. O objetivo deste trabalho é demonstrar como o jornalismo de soluções, uma abordagem inovadora para a construção de narrativas jornalísticas no Brasil, pode contribuir para recuperar o interesse da população pelos relatos jornalísticos, além de fomentar e dar visibilidade às práticas cidadãs.

Introdução ao jornalismo de soluções

Apesar de ser uma novidade na maioria das redações e universidades brasileiras, o jornalismo de soluções, conforme Benesch (1998), já apresentava tendência de crescimento no final dos anos 1990 nos Estados Unidos. Na América Latina, por meio da *Fundación para un Nuevo Periodismo Iberoamericano* (FNPI), também chamada de Fundação Gabo, vem sendo apresentado como uma consistente inovação desde meados dos anos 2000. Na Europa, como um pilar do jornalismo construtivo[5], vem sendo fortalecido por instituições de fomento específicas e faz parte do currículo de cursos de jornalismo desde a primeira metade da década de 2010 (SIMÕES, 2022).

O jornalismo de soluções, que sofreu influências do jornalismo para a paz, do jornalismo cívico ou público (WENZEL; GERSON; MORENO, 2016), do jornalismo ambiental e do jornalismo preventivo (LOOSE, 2019), vem sendo praticado pela

5 "[...] uma forma emergente de jornalismo que envolve aplicação de técnicas de psicologia positiva para processos e produção de notícias em um esforço para criar uma cobertura produtiva e envolvente, ao mesmo tempo que se mantém fiel às funções centrais do jornalismo" (MCINTYRE; GYLDENSTED, 2017, p. 23). Trecho original: "[...] as an emerging form of journalism that involves applying positive psy-chology techniques to news processes and production in an effort to create productive and engaging coverage, while holding true to journalism's core functions".

mídia de referência brasileira, sob a forma de um produto jornalístico, pelo menos desde 2006. O programa pioneiro provavelmente foi o Cidades e Soluções, idealizado e comandado pelo jornalista André Trigueiro, da Globo News. O primeiro episódio foi ao ar em 15 de outubro daquele ano e abordou o desenvolvimento inovador de coletores solares.

Eis a grande mudança proposta por essa nova forma de construir conteúdo jornalístico: focar em soluções. No caso específico do coletor solar, ele ajuda a reduzir gastos com energia elétrica de forma sustentável. Ou seja, em vez de fazer um conteúdo mostrando, por exemplo, que o preço da energia elétrica está cada vez mais alto para o consumidor final e ressaltar a já conhecida importância de economizar esse bem, o objetivo principal é explicar como uma tecnologia relativamente simples, barata e desconhecida por uma parte significativa das pessoas pode diminuir os custos mensais com eletricidade.

> As possibilidades de histórias orientadas para soluções são infinitas. Histórias sobre a economia, por exemplo, poderiam se beneficiar de discussões voltadas para soluções. O mercado de ações é altamente responsivo a quedas na confiança do público, e histórias focadas nos problemas tendem a contribuir para essa falta de confiança. Um foco diferente – em soluções – poderia mudar o ambiente para um mais positivo, o que gera confiança na capacidade da sociedade de lidar com circunstâncias voláteis. Da mesma forma, muitas histórias, que falam sobre o problema das drogas, intolerância religiosa e outras questões sociais, poderiam ser reformuladas para focar no que algumas pessoas estão fazendo para resolver os problemas[6]. (LOWES; FERGUSON, 2021, p. 77)

6 Trecho original: "The possibilities for stories that are solution-oriented are endless. Stories on the economy, for example, could benefit from solutions-oriented discussions. The stock market is highly responsive to down-

Agora, a atenção do repórter deve ir além da narração de problemas e da cobrança às autoridades para que sejam resolvidos. O olhar arguto do jornalista precisa ser treinado para encontrar as respostas que os mais diversos agentes sociais, desde a sociedade civil organizada até empresas, estão oferecendo para a superação de desafios em áreas como saúde, meio ambiente, segurança pública, educação, mobilidade, entre outras. O desafio para essa nova forma de fazer jornalismo é dar visibilidade às respostas às diversas problemáticas sociais. Algo mais instigante e difícil do que prioritariamente relatar as mazelas da contemporaneidade.

A partir de uma perspectiva diferenciada para observar a realidade, a forma de escrever as narrativas também é modificada. A notícia passa a ser estruturada com ênfase na descrição detalhada da solução apresentada. Assim, entre as seis perguntas do lide clássico (o quê, quem, quando, como, onde, por quê), o "como" passa a ter destaque considerável. Em contrapartida, a importância de quem desenvolve a ação apresentada é minimizada. O mais importante é explicar didaticamente como a resposta foi implementada, consolidada e quais os resultados positivos já alcançados. Sempre que possível com a inserção de dados que comprovem a eficácia da atividade realizada.

Contudo, é necessário lembrar que até mesmo uma solução fracassada pode vir a ser considerada como pauta. Afinal, uma reportagem dessa natureza poderá ajudar a evitar que erros semelhantes voltem a ser cometidos por agentes sociais que querem solucionar a mesma questão. Isso ajuda a afastar a per-

turns in public confidence, and stories focused on problems tend to contribute to this lack of confidence. A different focus —on solutions— could change the environment to a more positive one, which breeds confidence in society's ability to cope in volatile circumstances. In the same way, many stories that talk about the drug problem, religious intolerance, and other societal issues could be reframed to focus on what some people are doing to address the problems".

cepção, que alguns jornalistas possam vir a ter, do jornalismo de soluções como uma espécie de assessoria de imprensa, assessoria de comunicação ou mera propaganda disfarçada, seja de governos, entidades da sociedade civil ou de empresas privadas.

Nesse sentido, outra característica basilar dessa abordagem jornalística é o cuidado de apresentar as limitações da solução enfocada. Para isso, sempre que possível é essencial averiguar as inconsistências da própria solução, que podem emergir até mesmo ao ouvir os beneficiados pela ação ou os especialistas daquela área, por exemplo. Outra estratégia é contextualizar a solução diante da problemática a ser resolvida. Na maioria das vezes, ela não é tão ampla quanto o desafio apresentado.

Ainda assim, o jornalismo de soluções tem o potencial de contribuir com o aumento do impacto da ação, pois pode ajudá-la a ganhar escala. Isso ocorre porque sua última característica distintiva é a possibilidade de "arregimentar" novos agentes sociais para agir em prol da resolução da problemática.

> A principal contribuição deste estudo sustenta o argumento de que sucesso para jornalismo de soluções não é se tornar uma organização de mídia principal e convencional. Em vez disso, com base em entrevistas com atores sociais que apoiam o jornalismo de soluções na prática em todo o mundo, jornalismo de soluções é adequado para estimular movimentos baseados na comunidade que envolvam e equipem leitores para serem informados e criarem mudanças positivas nas comunidades em todo o mundo.[7] (STEINKE, 2022, p. 208).

---

7 Trecho original: "This study's main contribution supports the argument that success for solutions journalism is not to become a flagship, mainstream media organization. Rather, based on interviews with social actors that support solutions journalism in practice worldwide, solutions journalism is suited to spur community-based movements that engage and equip

Explicadas as suas características distintivas, chega o momento de apresentar alguns conceitos construídos para compreender o jornalismo de soluções. Poucos trabalhos foram desenvolvidos sobre essa nova abordagem, mas existem estudos com um olhar mais próximo do mercado e outros construídos por pesquisadores nas universidades. Um dos principais daquela ala é o proposto pela *Solutions Journalism Network* (SJN): "Definimos o jornalismo de soluções como uma cobertura rigorosa e convincente de respostas a problemas sociais" (KIT [...] [2021], s/p).

Na academia, gradativamente mais pesquisadores se dedicam ao jornalismo de soluções. Já é possível encontrar artigos publicados sobre essa questão em anais de eventos de referência do campo como SBPJor e Intercom. Há também estudos publicados em revistas científicas, como o trabalho de Johnson e Freitas (2022) que consegue refinar a compreensão apresentada pela SJN.

> O Jornalismo de Soluções, do termo original inglês *Solutions Journalism* (Sojo), é uma abordagem que privilegia respostas – enquanto ações coletivas – a problemas sociais sistêmicos, a partir de fontes de informação plurais e representativas em contextos histórico-sociais. É uma alternativa, não excludente, ao jornalismo factual, declaratório e pontual, que não explora tentativas de reverter questões perenes. (JOHNSON; FREITAS, 2022, p. 415).

Teses e dissertações começam a ser elaboradas sobre a temática e oferecem contribuições consistentes para entender o que é jornalismo de soluções. É o caso, por exemplo, da dissertação defendida na Universidade Federal de Sergipe sobre como

readers to be informed and create positive change in communities worldwide".

a cobertura da seca em Sergipe pode ser melhorada por meio do jornalismo de soluções. O trabalho ajuda na construção de um referencial teórico sobre a nova abordagem jornalística.

> Com isso, é possível compreender que o jornalismo de soluções, além de se envolver de forma mais ativa com o público, tem a missão de investigar histórias e formas de respostas aos problemas, sem privilegiar uma pessoa ou entidade especificamente. A ideia é apontar trabalhos realizados, que deram certo ou não, agregar contexto às situações, por meio de um trabalho investigativo. (FARIAS, 2022: p. 60).

O primeiro livro brasileiro sobre a temática foi lançado em setembro de 2022. Além de fazer uma contextualização sobre os primórdios do jornalismo de soluções, propor um guia de produção para quem quiser enveredar por essa abordagem inovadora e apresentar a análise de reportagens nacionais e internacionais focadas em soluções, a obra objetiva contribuir para o avanço consistente dos marcos teóricos.

> [...] o jornalismo de soluções é a modalidade jornalística materializada na produção de narrativas, a partir de um olhar focado em amplificar a visibilidade de soluções para problemas sociais, capazes de gerar emoções positivas na audiência e motivar o público a se engajar e a participar do processo de consolidação dessas respostas aos desafios sociais. (SIMÕES, 2022, p. 99)

Elaborada uma breve introdução sobre o jornalismo de soluções, é possível ir adiante e explicar como ele tem o potencial de gerar "insights" na audiência e aumentar seu interesse no consumo de produtos jornalísticos. No próximo tópico, portanto, busca-se apresentar como o jornalismo de soluções pode auxiliar na superação da crise enfrentada pelo jornalismo.

Construção do engajamento da audiência

Em uma sociedade com superabundância de informação, evidenciar a utilidade do conteúdo oferecido é uma alternativa para conquistar a atenção do público. Nesse sentido, dar visibilidade às soluções de problemas sociais é uma estratégia viável para demonstrar à audiência a importância das notícias para o seu dia a dia. Quem acessa esse tipo de narrativa inovadora tem à disposição uma espécie de guia para contribuir na superação de desafios em áreas variadas, desde cultura até meio ambiente, por exemplo.

Além disso, ela gera sentimentos positivos, como alegria, afeto, confiança, esperança, entre outros, no público e consegue despertar, com mais êxito, o interesse das pessoas pela temática abordada. Principalmente quando todas as características distintivas dessa abordagem jornalística estão presentes no conteúdo.

> Nós fizemos uma importante descoberta: as pessoas que leram o artigo mais longo com todos os cinco componentes [do jornalismo de soluções] foram significativamente mais propensas a dizer que o artigo aumentou seu interesse no assunto do que aquelas que apenas leram sobre um problema e solução. Isso sugere que há um benefício em incluir todos os cinco componentes do jornalismo de soluções em um artigo, mas somente quando também inclui dados abrangentes sobre a solução e o problema[8]. (MURRAY; STROUD, 2019, p. 7).

---

8 Trecho original: "We discovered one significant finding: people who read the longer article with all five components were significantly more likely to say that the article increased their interest in the issue than those who only read about a problem and solution. This suggests that there is a benefit to including all five components of solutions journalism in an article, but only when it also includes comprehensive reporting about the solution and the problem."

O estudo, baseado em descobertas anteriores de que o jornalismo de soluções consegue fazer a audiência se sentir mais informada, otimista e com vontade de se envolver com a temática, tinha como um de seus objetivos compreender se as notícias com os cinco[9] componentes do jornalismo de soluções conseguiam obter uma melhor resposta do público. Enquanto isso, parece que no Brasil ainda há a tentativa de compreender se essa nova forma de fazer jornalismo consegue ou não impactar positivamente a audiência.

Bem, é compreensível que, onde as pesquisas estão mais avançadas e a produção jornalística focada em solução consolidada, ocorram estudos com o objetivo de descobrir como o jornalismo de soluções pode ser ainda mais eficiente para engajar a audiência. De acordo com Murray e Stroud (2019), vale investir em um relato estruturado por todos esses cinco componentes principais. Nesse tipo de narrativa, segundo as autoras, há uma melhor percepção da notícia pela audiência, aumenta o interesse e o conhecimento do público sobre o tema, cresce a intenção dessas pessoas consumirem mais conteúdos sobre a questão, aumenta sua positividade, o leitor crê na existência de caminhos para enfrentar o problema.

Trabalhos internacionais também demonstram que o jornalismo de soluções é um aliado importante para recuperar a credibilidade dos relatos jornalísticos.

> A análise atual fornece evidências empíricas de que o jornalismo de soluções gera confiança na mídia, enquanto muitos dos estudos anteriores (Curry et al., 2016; Curry e Hammonds, 2014) sugeriram associações positivas entre

9 As pesquisadoras elencaram a apresentação do problema, a solução enfocada, a implementação, os resultados e os *insights* (lições que podem ser aprendidas com base naquela solução) como componentes centrais do jornalismo de soluções.

> essas variáveis, mas não mediram a confiança especificamente. Os participantes, que leram histórias de soluções, tiveram maior fé de que esses artigos eram justos, verdadeiros, precisos e abrangentes. Esta descoberta acrescenta à pesquisa anterior, associando histórias de soluções com atitudes favoráveis do público para uma agência de notícias, incluindo uma maior probabilidade de ler mais pelo mesmo autor ou publicação. As descobertas sugerem que essa conexão pode decorrer do fato de que os leitores acham que as histórias de soluções são mais confiáveis e, portanto, ficam mais propensas a retornar a essa fonte para mais consumo de notícias[10]. (THIER et al., 2021, p. 2523)

Sem dúvidas, uma excelente informação para a indústria da notícia. Resta observar se as empresas de comunicação acreditarão nas descobertas efetuadas por esses estudos e apostarão na produção de notícias focadas em soluções. O Grupo RBS, por exemplo, já vem investindo nesse tipo de noticiário. Marta Gleich, diretora de Jornalismo, Jornais e Rádio e coordenadora do projeto de jornalismo de soluções no Grupo RBS, em entrevista a pesquisadores da Universidade Federal do Rio Grande do Sul, foi precisa ao ressaltar que optar pelo jornalismo de soluções não significa deixar de apresentar problemas, mas buscar um equilíbrio diante de um noticiário com notícias negativas excessivas.

10 Trecho original: "The current analysis provides empirical evidence that solutions journalism engenders media trust, whereas many of the previous studies (Curry et al., 2016; Curry and Hammonds, 2014) suggested positive associations between these variables but did not measure trust specifically. Participants reading solutions stories had greater faith that these articles were fair, truthful, accurate, and comprehensive. This finding adds to prior research associating solutions stories with favorable audience attitudes toward a news outlet, including an increased likelihood to read more by the same author or publication. The findings suggest that this connection might stem from the fact that readers think solutions stories are more trustworthy, and therefore are more likely to return to that source for further news consumption."

> "Senão, a gente está realmente estimulando que as pessoas não se informem. Por que eu vou ligar o rádio às seis horas da manhã e ficar ouvindo até meio-dia se só vai ter notícia ruim?" (GLEICH, 2021). Ela concorda com o público quando manifesta que há um excesso de notícias negativas. Como consequências corriqueiras deste fenômeno, Gleich (2021) cita o *news avoidance* (evitação de notícias) e o *news fatigue* (fadiga de notícias). (OLIVEIRA; PASTEL; GARCIA, 2021, p. 9).

Independente do porte do veículo ou da tipologia de mídia e de plataforma, o jornalismo de soluções vem despertando o interesse de jornalistas pelo Brasil. Agência Envolverde e Eco Nordeste, ambas nativas digitais e voltadas para a cobertura ambiental, são exemplos de que o jornalismo de soluções vem sendo praticado pelos mais diferentes "*players*" do ecossistema midiático. Em comum, eles têm a crença na capacidade dessa abordagem jornalística ser mais efetiva para informar seu público-alvo.

Contudo, a questão não é "só" informar melhor, mas gerar mobilização em prol de uma causa, algo que para o jornalismo ambiental, por exemplo, parece ser crucial. Talvez essa seja uma explicação para esses produtos compreenderem a importância do jornalismo de soluções. Na Eco Nordeste, que tem como missão "produzir conteúdo propositivo que dê visibilidade e estimule atitudes para o Desenvolvimento Sustentável no Nordeste do Brasil"[11], o jornalismo de soluções aparece textualmente em seus valores: "Fazer Jornalismo de Soluções independente, colaborativo, que apresente desafios e aponte caminhos para a Sustentabilidade no Nordeste, considerando os eixos ambiental,

11 Disponível em: https://agenciaeconordeste.com.br/quem-somos/. Acesso em: 23 jan. 2023.

social e econômico, com base na ciência, inclusão e equidade"[12].

As pessoas, que consomem notícias focadas em soluções, também têm uma visão melhor sobre o local em que vivem. Gielan, Furl e Jackson (2017) descobriram que as pessoas se sentiam mais confiantes de que sua cidade natal (Detroit) estava melhorando. Os pesquisados, que consumiam jornalismo de soluções, se sentiam menos ansiosos, mais conectados com a comunidade, mais otimistas e mais confiantes na possibilidade de encontrar soluções quando problemas aparecerem.

Porém, como era de se esperar, o jornalismo de soluções não pode ser visto como uma espécie de salvador da pátria. Ele ainda busca por legitimação no próprio campo acadêmico do jornalismo e no chamado mercado de notícias precisa conquistar a confiança de um número bem maior de empresas e jornalistas. "É uma abordagem jornalística que busca legitimidade cognitiva, mas está presa em um ciclo entre a teorização e a difusão." (STEINKE, 2022, p. 219)

Conforme Urlbauer (2019), as pesquisas sobre jornalismo de soluções iniciaram por volta de 2014 e, gradativamente, começam a evidenciar que o jornalismo de soluções impacta positivamente as emoções da audiência, mas os estudos ainda não são conclusivos sobre os benefícios, por exemplo, no nível racional das pessoas. Ela cita uma das pesquisas que dialoga com essa compreensão.

McIntyre (2015) pesquisou os efeitos da informação de soluções nas notícias em sua tese de doutorado, que posteriormente publicou em uma versão revisada (2019), onde concluiu que,

12 Disponível em: https://agenciaeconordeste.com.br/quem-somos/. Acesso em: 23 jan. 2023.

embora a informação de notícias focadas em soluções tivesse impacto na atitude e sentimentos da audiência, não afetou intenções de engajamento de mídia social ou outros comportamentos que contribuiriam para a implementação de uma solução[13] (URLBAUER, 2019, p. 4).

As análises mais críticas sobre o jornalismo de soluções ajudam também a inibir um olhar romantizado ou idealista sobre a nova abordagem. Como qualquer outra, ela apresenta limitações. Esses estudos são pertinentes inclusive como forma de apontá-las e, por isso mesmo, tornarem-se as primeiras contribuições significativas para a superação das questões registradas. Eles também evitam que jornalistas e estudantes de jornalismo venham a adentrar nessa área como se estivessem ingressando em um paraíso, onde as intenções de promoção de justiça social conseguissem se sobrepor aos constrangimentos inerentes às rotinas produtivas de qualquer veículo jornalístico.

Esses trabalhos também sinalizam para os executivos de conglomerados de comunicação e aos *publishers* ou coletivos de produtos jornalísticos nativos digitais, como startups de jornalismo, por exemplo, que vale a pena apostar no jornalismo de soluções. Mas, embora ele prometa ganhos de credibilidade e fidelização da audiência em níveis elevados, é um investimento de risco. Principalmente por ainda ser bastante incipiente, pelo menos aqui no Brasil para a maioria da audiência e dos próprios

13 Trecho original: "McIntyre (2015) researched the effects of solutions information in the news in her doctoral thesis, which she later published in a revised version (2019), where she concluded that while solutions information in news stories had impact on the audience's attitude and feelings, it did not affect intentions of social media engagement or other behaviors that would contribute to the implementation of a solution."

jornalistas, pode causar estranhamentos que venham a comprometer a saúde financeira da organização jornalística nesse período marcado pelas primeiras iniciativas desbravadoras de um novo jeito de contar histórias.

De todo modo, mesmo as análises mais críticas voltadas ao jornalismo de soluções não conseguem questionar alguns de seus avanços frente à produção de notícias tradicionalmente voltadas especificamente para a cobertura de problemas. É o caso, por exemplo, das emoções positivas despertadas na audiência. Sem dúvidas, um diferencial competitivo que não pode ser descartado por quem vive de vender notícias, ainda mais em um mundo assombrado pela pandemia da Covid-19, que abalou a saúde mental de milhões de pessoas[14].

Considerações Finais

No Brasil, o jornalismo de soluções ainda é muito jovem. Desde a exibição da primeira reportagem do Cidades e Soluções, em 2006, não houve uma adoção significativa dessa forma inovadora de fazer jornalismo pelos grandes conglomerados jornalísticos, que acabam sendo referência para a mídia tradicional regional e local, tampouco pela chamada mídia independente, como os produtos jornalísticos nativos digitais.

Talvez, faltasse esclarecimento sobre o que é jornalismo de soluções e qual o seu potencial. Nesse sentido, a SJN, desde 2013, vem desenvolvendo um trabalho primoroso. Ela consegue

14 De acordo com notícia publicada no site do Conselho Federal de Enfermagem, a Organização Mundial da Saúde (OMS) estimou que, em 2020, a prevalência global de transtornos depressivos e ansiosos aumentou aproximadamente 25% em todo o mundo. Disponível em: http://www.cofen.gov.br/brasil-enfrenta-uma-segunda-pandemia-agora-na-saude-mental_103538.html. Acesso em: 24 jan. 2023.

sensibilizar o mercado jornalístico, a comunidade universitária e a própria sociedade em geral sobre a importância dessa abordagem para a construção de uma sociedade mais bem informada e, por consequência, provavelmente com mais capacidade de fazer escolhas acertadas diuturnamente.

Em 2023, a SJN completa dez anos de existência. Não por acaso, durante esse período, o número de produções jornalísticas com foco em soluções aumentou significativamente, pesquisas científicas sobre a temática também cresceram e a organização, que firmou parcerias com entidades como a Fundação Gabo, já conseguiu capacitar milhares de jornalistas (brasileiros estão entre os beneficiados) para praticar jornalismo de soluções, além de financiar projetos, inclusive no Brasil, de reportagens baseados nessa forma de contar histórias.

Estudos pioneiros voltados para investigar os efeitos dessas narrativas na audiência são animadores. Eles demonstram, de forma quase consensual, que as pessoas têm as emoções impactadas positivamente ao consumir esse tipo de conteúdo. Um dado importante em um momento no qual a saúde mental de milhões de pessoas no mundo inteiro está abalada como consequência da pandemia de Covid-19.

O jornalismo de soluções, conforme algumas pesquisas, também consegue aumentar o engajamento da audiência e tem mais credibilidade ao noticiar um fato. Porém, são estudos iniciais. Já começam a ser, pelo menos em parte, questionados. Mas, mesmo os trabalhos mais críticos reconhecem que é uma abordagem detentora do mérito de impactar positivamente as emoções do público.

Sem dúvidas, é uma área bastante promissora para os mais diversos *players* do mercado jornalístico e, obviamente, para a sociedade em geral. No âmbito da pesquisa científica, há um campo de estudo desafiante para a construção de conhecimento sobre o jornalismo de soluções. São necessárias pesquisas de recepção de seus enunciados, rotinas produtivas de quem diz praticá-lo, resistências para sua adoção nas redações, sistematização de sua memória, entre tantas outras.

Referências

BENESCH, Susan. The rise of solutions journalism. *Columbia Journalism Review*, [*s.l.*], v. 36, n. 6, mar./abr., 1998.

FARIAS, Camila Gabrielle Oliveira de. *A pauta da seca na Tv Sergipe*: uma análise da cobertura jornalística à luz do jornalismo de soluções. 2022. 201 f. Dissertação (Mestrado em Comunicação). Universidade Federal de Sergipe, São Cristovão, 2022. Disponível em: https://ri.ufs.br/jspui/handle/riufs/15866. Acesso em: 9 set. 2022.

GIELAN, Michelle; FURL, Brent; JACKSON, Jodie. *Solution-focused News Increases Optimism, Empowerment and Connectedness to Community*. Institute for Applied Positive Research, The Solutions Journalism Network. [*s.l.*]: The Detroit Free Press, 2017.

JOHNSON, Telma Sueli Pinto; FREITAS, Franciane Maria Silva de. Jornalismo de Soluções como estratégia de política editorial na multiplataforma do bicentenário The Guardian. *Revista Eco-Pós*, [*s.l.*], v.25, n. 1, 2022.

KIT de ferramentas básicas. *Solutions Journalism Network*. [2021]. Disponível em: https://learninglab.solutionssjournalism.org/pt/courses/basic-toolkit/introduction/welcome. Acesso em: 16 jun. 2021.

LOOSE, Eloisa Beling. *Jornalismo de Soluções e mudanças climáticas*: Estudo sobre a cobertura da mitigação no site brasileiro G1. In: FERNÁNDEZ-REYES, Rogelio; CANO, Daniel Rodrigo (coord.). *La comunicación de la mitigación ante la emergencia climática*. Espanha: Egregius, 2019, p.89-108. Disponível em: https://idus.us.es/bitstream/handle/11441/91468/cap.%204.pdf?sequence=1&isAllowed=y. Acesso em: 29 set. 2021.

LOWES, Mark; FERGUSON, Sherry Devereaux. *Solutions Journalism*: Strategies for Effecting and Managing Change. CJMS Series 2, n. 1, 2021. Disponível em: https://uottawa.scholarsportal.info/ottawa/index.php/CJMS-RCEM/article/view/5879/4894. Acesso em: 23 jan. 2023.

McINTYRE, Karen Elizabeth; GYLDENSTED, Cathrine. Constructive Journalism: Applying Positive Psychology Techniques to News Production. *The Journal of Media Innovations*, [*s.l.*], v.4, n. 2, 2017.

MURRAY, Caroline; STROUD, Natalie Jomini. *The keys to powerful solutions journalism*. Center for Media Engagement. 2019. Disponível em: https://mediaengagement.org/research/powerfulsolutions-journalism. Acesso em: 23 jun. 2022

OLIVEIRA, Felipe Moura de; PASTL, Carolina Monego Lins; GARCIA, Isadora Smaniotto. *Para a crise do jornalismo, "jornalismo de soluções"?* Apontamentos a partir da experiência do Grupo RBS. In: SBPJor – Associação Brasileira de Pesquisadores em Jornalismo,19º Encontro Nacional de Pesquisadores em Jornalismo, 2021, on-line.

SIMÕES, Antonio. *Jornalismo de soluções*. Curitiba: Appris, 2022.

STEINKE, Alisson Jeanne. *The Institutionalization of Solutions Journalism*. 2022. 264 f. Tese (Doutorado em Filosofia). University of Minnesota, Minnesota, 2022. Disponível em: https://conservancy.umn.edu/handle/11299/241318. Acesso em: 23 jan. 2023.

THIER, Kathryn; ABDENOUR, Jesse; WALTH, Brent; DAHMEN, Nicole Smith. *A narrative solution:* The relationship between solutions journalism, narrative transportation, and news trust. University of Oregon. *Journalism*, [*s.l.*], v. 22, n. 10, 2021.

TOFF, Benjamin; NIELSEN, Kleis. How News Feels: Anticipated Anxiety as a Factor in News Avoidance and a Barrier to Political Engagement. *Political Communication*, [*s.l*], v. 39, n. 6, 2022. Disponível em: https://www.tandfonline.com/doi/full/10.1080/10584609.2022.2123073. Acesso em: 20 jan. 2022.

URLBAUER, Lisa. *Data Visualizations*: Investigating their Effects on the Perception of Solutions Journalism. 2019. 71 f. Monografia (Graduação em Jornalismo). Escola de Graduação em Comunicação, University of Amsterdan, Amsterdan, 2019. Disponível em: https://sjn-static.s3.amazonaws.com/Urlbauer_DataVisualization.pdf. Acesso em: 23 jan. 2023.

WENZEL, Andrea; GERSON, Daniela; MORENO, Evelyn. Engaging Communities *Through Solutions Journalism*. 2016. Disponível em: https://www.cjr.org/tow_center_reports/engaging_communities_through_solutions_journalism.php. Acesso em: 23 jan. 2023.

Alameda nas redes sociais:
Site: www.alamedaeditorial.com.br
Facebook.com/alamedaeditorial/
Twitter.com/editoraalameda
Instagram.com/editora_alameda/

Esta obra foi impressa em São Paulo no outono de 2023. No texto foi utilizada a fonte Minion Pro em corpo 10,5 e entrelinha de 15,5 pontos.